민중신학, 고통의 시대를 읽다

민중신학, 고통의 시대를 읽다

2018년 8월 20일 교회 인가
2018년 10월 4일 초판 1쇄

지은이   이정희 외
펴낸이   박현동
펴낸곳   성 베네딕도회 왜관수도원 ⓒ 분도출판사
찍은곳   분도인쇄소

등록   1962년 5월 7일 라15호
주소   04606 서울시 중구 장충단로 188 분도빌딩 102호(분도출판사 편집부)
           39889 경북 칠곡군 왜관읍 관문로 61(분도인쇄소)
전화   02-2266-3605(분도출판사) · 054-970-2400(분도인쇄소)
팩스   02-2271-3605(분도출판사) · 054-971-0179(분도인쇄소)
홈페이지   www.bundobook.co.kr

978-89-419-1816-5   03230

저작권법에 의해 보호를 받는 저작물이므로 무단 전재와 무단 복제를 금합니다.

민중신학,
고통의 시대를
읽다

이상철
최순양
박지은
김윤동
홍정호
정경일
박재형
황용연
신익상
이정희
정용택
최형묵
이영미
김희헌
김진호

아시아 신학 총서 11

분도출판사

차례

프롤로그 • 21세기 민중신학의 동시대성을 향한 말걸기 이상철 7

1부 민중을 말하다 23

   1 우리에게 보이지 않는 얼굴들: 민중신학과 여성의 타자화 최순양 25
   2 경계 밖에 선 그이들: 민중신학과 성소수자 박지은 43
   3 늦게 태어나서 죄송합니다: 청년, 민중신학과 만나다 김윤동 63
   4 타자로서의 난민과 환대의 선교 홍정호 85

2부 시대를 말하다 103

   1 유혹하는 신자유주의와 사회적 영성 정경일 105
   2 쫓겨나는 민중: 젠트리피케이션과 오늘의 민중신학 박재형 129
   3 방법으로서의 통일: 탈분단 상황에 대한 민중신학적 성찰 황용연 149
   4 잔여―주체, 포스트휴먼과 마주하다 신익상 169

아포리즘 • 민중신학, '어디로?': 그 원천을 질문하면서 이정희 189

3부 개념을 말하다 213

    1 왜 고통이 중요하며, 왜 고통이 문제인가? 정용택 215
    2 공公과 인권, 촛불의 열망과 더불어 생각하는 '공'소의 의미 최형묵 241
    3 논란의 중심, 민중 메시아 이상철 259
    4 민중신학의 성서텍스트론 이영미 281
    5 민중신학의 교회론 김희헌 301

에필로그 • '운동의 신학'에서 '고통의 신학'으로
           포스트―'1987년 체제'의 민중신학 김진호 321

편집 후기 • 아시아 신학 총서를 다시 이으며 편집부 343

필자 약력 348

프롤로그

21세기 민중신학의 동시대성을 향한 말걸기

민중신학을 향한 주례사적 비평. 그러나 …

'민중신학'이 출범한 지 벌써(혹은, 드디어) 50년 가까이 되어 갑니다. 첫 문장을 이렇게 쓰고 나니 왠지 모르게 울컥하네요. 얼떨결에 말해 버린 '벌써'(혹은, '드디어')라는 부사 때문입니다. '민중신학 50년'이라는 말 앞에 '벌써'라는 말을 써야 할지, 아니면 '드디어'가 더 어울릴지 판단을 내리지 못하겠습니다. 수천 년 동안 이어져 내려왔던 주류 서구 신학의 세월과 두께에 비하면 조족지혈인, 채 반백 년도 안 된 동북아 어느 변방에서 등장했던 신학의 역사가 뭐가 그리 대단한 것이겠습니까. 하지만 당신이라면 느닷없이 튀어나온 '벌써' 혹은 '드디어'라는 단어 안에 깃든 뉘앙

스에 십분 공감하리라 생각합니다.

민중이 논쟁적이고 문제적인 신학적 주제로 처음 자리 잡은 것은 안병무의 「민족, 민중, 교회」(『기독교사상』 1975. 4.)와 서남동의 「민중의 신학에 대하여」(『기독교사상』 1975. 4.)라는 글을 통해서가 아닐까 싶습니다. 그 후 안병무는 전태일 사건을 사후적으로 해석한 「예수와 민중」(『현존』 106호, 1978. 11.)을 발표하였습니다. 1979년 10월 아시아기독교교회협의회(CCA) 주관으로 서울에서 개최된 신학 모임에서 민중신학 관련 논문들이 발표되었고, 그것을 편집하여 1981년에 영문으로 *Minjung Theology*(CCA)라는 제목의 책이 출판되었습니다. 이를 계기로 민중신학이 세계에 알려지게 되었죠. 그 책은 현재까지도 유력한 민중신학의 바이블로 전 세계에서 몰려온 신학도들에게 민중신학을 알리는 텍스트로 남아 있습니다. 영문 *Minjung Theology*가 출간된 이듬해인 1982년 한국기독교교회협의회(NCC)에서 1979년 CCA 발표 논문을 한글로 엮어 『民衆과 韓國神學』(안병무 외, 한국신학연구소, 1982)이라는 제목으로 출판하였습니다. 아마도 그 무렵이 민중신학이 뜨거운 감자로 부상하던 시절이 아니었나 싶습니다.

당시는 '민중'이라는 말이 가장 동시대적이고 당대성을 대표하는 말이었다고 할 수 있습니다. 역사학계에서는 식민사관을 대체할 새로운 상상력이 필요했고 그것이 민중사관을 낳게끔 한 원동력이 되었습니다. 70년대부터 문학계에서도 민중이 소설의 주인공 혹은 시적 주체로 등장하기 시작하였습니다. 정치·사회적으로도 노동자, 농민의 현실 인식과 역사 참여가 중요한 화두로 떠올랐던 시절이었죠. 민중신학은 이러한 동시대의 사회적 인식과 함께 조응하면서 전통적인 교리와 교단의 정치에 매몰되어 있었던 신학계에 신선한 바람을 불러일으켰습니다. 책을 기획하면서 『민중신학, 고통의 시대를 읽다』라는 제목을 붙인 이유는 이러한 민중신학의 기원에서 영향받은 바 큽니다. 민중신학은 1970년대와 80년대를 휘몰아쳤던 동시대 민중 담론에 대한 신학적 물음과 답변이었고, 그 과정을 통해 진정한 '신학 함'(Doing Theology)을 구현하려 했던 한국의 신학이었습니다.

'민중신학'이라는 새로운 신학을 선언할 즈음, 이미 우리 앞에는 유수한 신학적 전통과 권위들이 상존했습니다. 과정신학, 세속화신학, 희망의 신학, 신 죽음의 신학 등이 서구 신학의 전통 내에서 발생한 자기갱신의 목소리였다면, 여성신학, 흑인신학, 해방신학은 서구 신학의 방계 전통에서 일구어 낸 혁혁한 공로라 할 수 있을 것입니다. 이런 고수들의 틈바구니에서 민중신학은 물론 살짝 엿보기는 했었겠지만서도 그런 권위들에 주눅 들지 않았습니다. 그렇다고 그들을 밟고 뭐 기막힌 신학을 만들려 하지도 않았습니다. 그냥 우리의 방식대로 우리의 언어와 우리의 상황 속에서 그들과는 다른 방식으로 신학에 시비를 걸고 싶었던 것뿐이죠. 그 결과 '민중신학'이라는 나름 독특한 신학적 영토를 구축했다고 자부합니다.

하지만 현재 민중신학은 더 이상 광장의 아우성도 아니고, 고독한 독방에서의 고투도 아닙니다. 피를 끓게 했던 광장의 언어는 이제는 서늘히 식어 버려 죽은 놈 뭐 만지는 식의 불임의 언어가 되어 버렸고, 독방에서 만들어 낸 영감의 언어는 더 이상 소통하지 못하는 밀폐의 언어가 되어 버렸습니다. 이것이 바로 현재 민중신학이 당면하고 있는 현실이고 조건이라고 한다면 너무 큰 자학일까요.

'민중신학의 위기'를 둘러싼 소문과 진실

그렇습니다. 확실히 세상은 민중신학이 전성기를 구가했던 시절과는 많이 변했고, 이런 시대의 변화는 당연히 신학하는 우리들에게도 체질개선을 요구하였습니다. 포스트모던, 신자유주의, 세계화, 다문화 … 등등의 용어들을 풀이하면서 그 말들이 지닌 사회학적 의미에 대해 하나씩 장황하게 늘어놓고 싶지는 않습니다. 분명한 것은 한국 교회와 한국 신학은 발 빠르게 시대의 요청에 부응하면서 자본의 충동과 욕망을 충족시키는 역할을 감당하기 시작했다는 것입니다. 이제는 그것이 돌이킬 수 없는 대세가 된 듯합니다.

20세기 말에 휘몰아치고 21세기 현재 지구를 휩쓸고 있는 신자유주의는 세상의 변혁과 인류의 진보를 낙관하고 믿고 따르던 많은 사람들을 광장으로부터 떠나가게 했습니다. 텅 빈 광장을 바라보고 광장의 부활이 요원하다는 현실을 직시하기까지, 동시에 우리에게 새로운 차원의 위기가 시작되고 있다는 사실을 알아차리는 데까지 걸린 시간은 그리 길지 않았습니다. 그 무렵부터 쏟아지기 시작한 온갖 종류의 위기 담론은 이제 우리의 일상이 되었습니다.

민중신학의 위기도 그 연장 선상에 위치합니다. 거대 담론 붕괴 후 중심의 부재와 상실, 주체의 죽음, 그리고 믿었던 진리에 대한 배신과 실망 등등의 복합적인 요소들이 '민중신학의 위기'를 발설케 하였습니다. 전 시대 우리를 견인했던 동력들이 세기말적인 사건과 문명의 전환 속에서 하나씩 제거되고 변질되어 가는 것을 보면서 땅이 꺼지는 것 같은 충격과 벽이 무너진 것과 같은 허망함 속에서 아무것도 할 수 없었던 시절이 있었습니다. 시간이 지나고 각자 그 터널을 빠져나오면서 우리는 세상을 알아 버린 성인成人처럼 그 누구도 믿지 않는 냉소적인 주체가 되었습니다.

돌이켜 사후적으로 회상하면 중심의 부재와 주체의 죽음으로 대변되는 세기말적 위기와 상황은 그것들이 지니는 비판의 적절성과는 무관하게 민중신학을 향해 체질 개선을 요구하였습니다. 위기의 담론이 민중신학을 향한 사유의 밀도를 고양시키는 계기가 되었다는 말입니다. 예를 들어, 주체의 죽음이 운운되는 시절에 자기초월적인 역사의 주체인 민중이 여전히 유효한가라는 의심 섞인 시선은 민중신학적인 주체에 대한 자기반성과 자기갱신으로 우리를 인도하였고, 현대 맑스주의 철학자들로부터 야기되는 메시아 담론은 논란이 많았던 '민중 메시아'를 다시 논쟁의 장으로 소환합니다.

저희는 위기의 시절을 항해하고 있는 민중신학을 바라보며 다음과 같은 생각을 합니다. 본디 중심이란 데리다의 말처럼 무엇인가 꽉 차 있어 중심이 아니라 비어 있는 공간으로, 현실에 대한 부정不定으로, 도래할 그 무엇에 대한 대망으로 존재하는 중심이 아닐는지요. 비어 있는 중심을 차지하려는 세력을 성서는 에덴의 동쪽으로 추방시켜 바벨의 언어를 사용하도록 만들었습니다. 성서는 또한 신의 자기비움(케노시스)을 통해야만 드러나는 그리스도 현존을 강한 어조로 주장합니다. 우리는 민중신학이 이러한 성서의 메시지에 충실했다고 봅니다. 민중신학은 태생적으로 중심의 부재와 해체를 선언하면서 등장한 진정한 위기의 신학이었고, 그로 말미암아 본성상 주변에 위기를 선사할 수밖에 없는 사이렌의 음성이었습니다. 그것이 민중신학을 여전히 현재진행적인 위태로운 사건의 문법으로, 혹은 위험한 증환(sinthome)의 방식으로, 아니면 도래할 미래를 불러내는 유령의 언어로 남아 있게 하는 건지도 모르죠.

맞습니다. 민중신학은 위기입니다. 그럼에도 저희는 민중신학은 여전히 위기 가운데 있어야 한다고 봅니다. 민중신학이 안전한 토대 위에서 그 업적이 전파되는 순간, 이미 민중신학은 민중신학이 아닌 것이 되어 버리는 까닭입니다. 민중신학을 말하면서, "민중신학은 무엇이고, 앞으로 이런 방향으로 나아가야 한다!"라는 선언을 할 수도 있을 것입니다. 하지만 그 구호는 결단코 민중신학이 될 수 없습니다. 왜냐하면 민중신학은 부단히 스스로를 부정적으로 해체적으로 내어 주면서 자신의 정체성과 정당성을 유지하는, 탈영토화된 공간에서 작동하는 사건의 연쇄이기 때문입니다.

'지금–여기'서 '민중신학'을 묻다/말하다

세계화되고 다원화된 오늘날의 현실에는 다양성만큼의 편견과 억압과 폭력이 잠재해 있습니다. 전 시대와는 비교가 안 되는 세련된 방식으로 그것들은 교묘히 은폐된 채 자신들의 모습을 숨기고 있지요. 그것이 이데올로기적으로 영토화된 것이든 탈영토화된 것이든, 그것이 의식적이든 무의식적이든, 그것이 제도에 의한 것이든 관습에 의한 것이든, 우리 삶의 방식은 이제는 우리가 어찌할 수 없는 일종의 매트릭스 안에 갇힌 듯합니다. 그 안에는 체제에 대한 냉소와 체제를 향한 분노를 분출할 수 있는 장치까지 다 마련되어 있답니다.

놀라운 사실은 모든 과정이 전과 같은 체제의 강제가 아닌 주민들의 자발적 동의에 의해 이루어지고 있다는 것입니다. 현 체제가 과거 독재정권과 같은 막가파라고 생각하면 큰 오산입니다. 아주 폼 나고 우아하게,

아주 부드럽고 나이스하게 체제는 인민들을 스스로 낭떠러지로 걸어가게 만듭니다. 이런 참담한 현실 속에서 민중신학은 어떻게 오늘의 문제와 대화할 수 있을까, 그것이 과연 가능이라도 한 것일까라는 의심과 회의 속에서 『민중신학, 고통의 시대를 읽다』는 기획되었습니다.

 책을 구상하고 글을 쓰고 모아진 글을 편집하면서 깨달은 사실은 21세기 민중신학은 전통 신학에서 말해 왔던 복음 안에서의 화해나 종합보다는, 복음을 들고 시대와의 불화를 선언하고, 복음을 근거로 시대의 균열을 조장하며, 복음과 함께 시대를 가로지르는 것이 아닐까 합니다. 모든 개별적인 사건들과 현상들은 하나의 절대적 관념, 즉 신으로 복속될 것이라 주장하고, 서로 상이한 진리들이 언젠가는 더 큰 진리로 통합되고 그 안에서 극적인 화해를 이루게 될 것이라 믿는 전통적인 신학은 위에서 언급한 민중신학의 전복성을 부정하겠지만, 그것이야말로 자본에 의한 전 지구적 통치가 완성된 세계 속에서 유의미한 신학 작업이라 저희는 판단합니다.

 문득 이 순간 지젝이 말했던 '부정적인 것과 함께 머물기'(Tarrying with the Negative)가 떠오르네요. '부정'이라고 할 때 거기에는 두 가지 의미가 있습니다. 하나는 '否定'(negative)의 의미이고, 다른 하나는 '不定'(Infinite, 정해지지 않음 혹은 한계 없음)의 의미입니다. 지젝이 '부정적인 것과 함께 머물기'라 했을 때, 얼핏 보면 전자의 '부정'을 사용하고 있는 듯하나, 오히려 지젝을 독해하다 보면 후자의 '부정'이 더 적합하다는 것을 느낍니다. 민중신학 안에는 앞서 언급한 두 가지 형태의 부정이 다 포함되어 있습니다. 하지만 민중신학이 간직하고 있는 부정성에 대한 자각과 그 부정성의 계기들을 어떻게 발화시킬 수 있을지를 둘러싼 모색은 서로 다른 성질의 문제입니다. 즉 '부정의 방식으로 말을 건네는 어법을 민중신학이 산출할 수 있을지?'가 관건이라는 말입니다.

사실 지금까지 민중신학은 (타도의) 대상에만 관심이 있었지, 말하는 방식에 대해서는 몰지각했던 것이 사실입니다. 이제 민중신학은 목적과 대상에만 집중했던 과거의 방식이 아니라, 말하는 방식의 개선을 통해 민중신학의 새로운 준거점을 확보해야 할 때입니다. 이러한 문제의식이 이 책에 참여했던 저자들의 과제였습니다. 민중신학의 부정성을 언급하면서 민중신학의 화법에 대한 문제 제기를 하는 이유는 보편적 입법에 의해 소외되는 개별자(singularity)들의 차이와 다름이 존중되는 사회를 향한 비평적 무기를 민중신학 내에서 확보하겠다는 마음에서 기인하지만, 거대 서사의 논리에 입각한 민중신학의 내러티브에 변화를 주기 위함이기도 합니다.

어쩌면 우리는 그동안 민중신학이 발설하는 충격과 전율의 메시지를 절대적으로 수용하면서 감정의 과잉 상태에 오랫동안 매몰되어 있었는지도 모릅니다. 지난 시절 우리가 민족, 민주, 자주 그리고 통일이라는 말 앞에서 느꼈던 숭고함을 회상해 보십시오. 얼마나 대단했던가요. 그것들이 선언되던 공간에서는 다른 그 무엇이 누설되어서는 안 되었습니다. 그러나 그것은 박정희 시대를 그리워하는 사람들이 느끼는 감정의 소여와 사실은 별반 차이가 없습니다. 그들 역시 조국 근대화, 반공, 잘살아 보세, 경제 번영이라는 거대함과 위대함 앞에서 눈물을 주르륵 흘립니다. 어쩌면 한국 사회는 이 두 가지 대척점에 위치하는 숭고함이 평행선을 달리는 형국이었다 해도 과언이 아닐 것입니다. 적대적 공생을 하고 있었던 셈이죠. 양자는 오늘에 와서는 촛불집회와 태극기집회를 지배하는 서로 다른 두 종류의 열정으로 광장을 분할하고 있습니다.

우리가 예전에 공히 좋아했던 니체가 그랬던가요. "괴물의 심연을 오랫동안 들여다본다면, 그 심연 또한 우리를 들여다보게 될 것이다"라고 말입니다. 당시 이 문장을 접하고 몸이 얼어붙는 것 같은 착각에 빠진 바 있습니다. 우리의 치부를 들켜 버린 부끄러움이랄까요. 민중신학 진영 역시, 전선 저편의 그들처럼 진영의 논리 속에 오랫동안 갇혀 있다 보니 무언가를 받아들이는 감각이 더디어져 가고, 그 과정에서도 편협한 '의심의 해석학'에만 의존하고 있는 것은 아닌지. 그리고 그것이 마치 우리의 미덕인 양 자위하고 있지는 않은지. 지난 시절이 워낙 혹독하였던 까닭에 우리의 의식과 영혼 역시 잔혹함과 맞서 싸우느라 그들처럼 우리의 영혼도 차갑게 식어 간 것은 아닌지.

부정성을 인간 행위의 근거로 내세우는 제안은 진영 논리 안에서 통합의 변증법에 길들여 있는 우리들을 혼란과 불안 가운데로 인도합니다. 하지만 한 꺼풀 벗겨 보면 총체성의 윤리는 보편자 안으로 개별자를 일방적으로 줄 세우는 상징계의 원칙이고 전체성의 논리라는 사실을 어렵지 않게 발견할 수 있습니다. 오늘의 민중신학은 그동안 거대한 목소리들에 묻혀 들리지 않았던 작은 목소리들에 주목하면서, 각각의 개별자들이 거대한 구호를 따라 다니느라 놓쳐 버린 자기의 음성을 찾도록 도와야 할 것입니다.

민중신학이 여전히 동시대적이고 당대적일 수 있다면 그것은 전체로 환원될 수 없는 부분들의 편에 서기를 자임하기 때문입니다. 번영을 담보로 차이의 제거에 공모하는 신학이 아닌 은폐된 차이와 모순을 세상으로 드러내는 신학! 근본적으로 사유하지만 도그마에 빠지지 않고, 사유의 깊이를 흠모하되 자기만의 방에만 갇히지 않는 신학! 신앙적 강박에 빠져 누군가를 교화해야 한다는 집착으로부터도 자유하고, 신학적 이슈와 담론을 선점하면서 상품화, 권력화하려는 세력에 맞서 분명히 "아니요!"를 외칠 줄 아는 신학! 그것이 바로 온갖 쭉정이 같은 신학들이 난무하는 세계 속에서 교회와 사회를 지켜 냈던 신학의 참모습 아닐는지요. 이러한 노력들이 21세기 민중신학을 새롭게 구성하는 요소들이 되어야 할 것입니다.

『민중신학, 고통의 시대를 읽다』를 내놓으며

심원 안병무기념사업회에서 2018년 민중신학 강좌와 민중신학 도서 출판 지원 사업을 결정하였고, 그즈음 분도출판사에서 '민중신학, 고통의 시대를 읽다'라는 제목으로 민중신학의 과거와 현재 그리고 미래까지를 아우르는 서적 출판에 대한 제안을 받았습니다. 출판기획위원회는 화석화된 민중신학이 아닌 현재와 미래에도 유통 가능한 민중신학의 당대성을 드러내는 '오늘의 민중신학 총론' 성격을 띤 책을 목표로 2018년에 열리는 젊은 민중신학자들의 월례 포럼 강좌(한국민중신학회 월례 포럼, 제3시대그리스도교연구소 월례 포럼)와 연동시켜 저술 작업을 진행하였고, 그 결과물을 여기에 담았습니다.

본서의 특징을 한마디로 말하면, 민중신학 '다시 읽기, 다시 쓰기'입니다. 어쩌면 우리의 작업이 혹 민중신학의 진리성을 믿는 사람들에게는 민중신학에 대한 오독이라는 판정을 받을 수도 있겠습니다. 하지만 이 책이 의도하는 바는 민중신학에 대한 설명, 혹은 민중신학의 진본과 역본을 가리는 작업이 아닙니다. 그보다 중요한 것은 민중신학이 오늘의 구체적 맥락 속에서 어떻게 작동되고 유통될 수 있는가 하는 것입니다. 민중신학에 대한 기술記述이 아니라, 민중신학에 대한 해석解釋이 본서의 목적이라는 말입니다. 그래서 민중신학이라는 객관적 세계보다는 민중신학을 바라보는 다양한 필자들의 사유에 이 책은 오히려 주목합니다. 어쩌면 진리를 향한 과정이란, 세계라는 객관적 진리가 존재함을 입증하는 것이 아니라, 진리를 바라보는 다양한 관점이 가능함을 드러내는 것 아닐는지요. 이런 이유로 본서에서는 '민중신학이 무엇이다'라는 선언과 정의보다는 민중신학에 대한 참신한 해석과 상상에 방점을 두었습니다.

1부와 2부는 '지금―여기'서 벌어지고 있는 동시대의 이슈와 민중신학이 어떻게 만날 수 있을지에 주목합니다. 급격하게 변화하는 21세기 사회는 민중신학이 태동하고 발전하던 시절에는 드러나지 않았던 새로운 이슈들이 동시다발적으로 등장하고 있는 세상입니다. 민중신학은 이러한 낯선 시대의 요청에 어떻게 답을 해야 할까요. 이 질문이 필자들로 하여금 본서의 집필에 참여하게끔 했던 가장 큰 명분이라고 할 수 있습니다.

1부는 '민중을 말하다'라는 주제하에서 오늘날 특별하게 부각되는 민중 현상학에 대해서 다룹니다. 민중신학은 기본적으로 거대 담론이라 할 수 있고, 이런 이유로 작은 이야기들은 큰 이야기들에 묻혀 소외될 수밖에 없었습니다. 여성문제가 가장 대표적인 예가 아닐까 싶습니다. 최순양이 작심하고 민중신학이 무지하여 놓쳤던 여성의 부재 상황을 해체주의 페미니스트 관점에서 신랄하게 비판합니다(1장). 성소수자의 문제는 시대의 과제이고 요청이 되었습니다. 그럼에도 한국 교회는 여전히 동성애 혐오의 메카로 군림하면서 온갖 호도된 정보를 제공하고 있습니다. 진정 그리스도교와 동성애, 성서와 성소수자는 화해할 수 없는 평행선일까요. 박지은의 글을 읽고 판단해 주시기 바랍니다(2장).

현재 청년 세대가 태어나서 성장했던 기간과 한국 땅에서 IMF 경제 위기 이후 신자유주의의 악령이 전파되던 시기는 정확히 겹칩니다. 청년의 위기는 시대마다 늘 있어 왔지만 오늘의 청년은 과거의 청년들과 달리 자신들의 미래가 절망이라는 운명을 믿는 청년이라는 점에서 다릅니다. 그래서 마음이 무겁습니다. 김윤동이 탄식하는 21세기 청년과 대면하는 민중신학자로 발언대에 섭니다(3장). 지난 시절 피선교지에 대한 교화와 개종을 목표로 했던 제국주의적 선교 정책에서 벗어나 타자를 향한 사귐과 환대로서의 선교를 제안하는 홍정호의 글은 제주 예멘 난민문제와 맞물려 21세기 민중신학적 타자 이해에 대한 새로운 패러다임을 제공합니다(4장).

2부는 '시대를 말하다'라는 타이틀을 달았습니다. 오늘의 사회적 이슈에 대한 민중신학적 문화 비평이라 할 수 있을 것입니다. 정경일은 사회구조만이 아니라 인간의 마음 안에도 은거하며 작용하는 신자유주의의 유혹 방식인 '혼종성', '공모성', '영성'을 살펴보고, 신자유주의의 유혹을 떨치기 위한 한국적 상황에서의 사회적 영성을 '알아차림', '함께 아파함', '자기비움' 세 차원에서 모색합니다(1장). 청소년들에게 물으면 장래희망 1순위가 건물주라고 합니다. 이러한 결과는 지구화된 자본으로부터 야기되는 다양한 절망과 탄식에 기인합니다. 한국 사회에서 젠트리피케이션 문제는 갑과 을의 문제를 극명하게 보여 주는 사회적 증상이 되었고, 이를 통해 우리 사회를 뒤덮고 있는 짙고 두터운 악령과 만납니다. 박재형은 젠트리피케이션 문제와 민중신학을 연결하면서 오늘날 민중이 누구인지 묻고 있습니다(2장).

현재 진행되고 있는 한반도 평화체제에 대한 민중신학적 제언(3장)과 포스트휴먼 시대에 걸맞은 민중신학적 답변(4장)은 민중신학이 어떻게 당대적 질문과 호흡할 수 있는지/없는지를 판별할 수 있는 시험대입니다. 지엽적이고 민족적이었던 민중의 문제가 이제는 범세계적 차원으로 범위가 확대되었습니다. 민족의 문제와 통일의 문제는 민중신학의 고유성이기도 했으나 민중신학을 스스로 제한하는 태생의 한계였습니다. 황용연은 분단 상황을 성찰하면서 안병무의 통일헌법 제안을 중심으로 남북 평화체제를 향한 한 길을 모색합니다.

포스트휴먼 논쟁은 지금 막 시작되었습니다. 휴먼의 문제도 심각한데 포스트휴먼까지 우리가 다루어야 하는가라는 비판도 있지만, post를 after로 해석하게 되면 결국 포스트휴먼은 '지금-여기' 인간이 겪는 실존의 연장에 불과한 것인지도 모르겠습니다. 거기에는 테크놀로지의 문제, 자본의 문제, 문화와 가치와 윤리 그리고 종교의 문제까지가 모두 투여됩니다. 신익상의 안내를 따라 실타래처럼 얽힌 포스트휴먼에 대한 이해를 한 후에 민중신학적 대안에 대한 숙고를 시작해 보시기 바랍니다.

3부는 민중신학의 개념어들에 대한 현대적 해제라 할 수 있습니다. 민중신학에 대한 신학적 개념화는 형용모순입니다. 서구 신학의 체계화와 교리화에 대한 안티테제로 등장한 것이 민중신학이라고 할 때, 이러한 작업은 엄격히 말하면 반민중신학적 발상이라고도 할 수 있겠습니다. 하지만 신학이, 말해지고 읽혀지는 텍스트와 그것이 실천되고 실현되는 콘텍스트 간의 상호 대결과 상생을 도모해 가는 과정이라고 한다면, 결국 신학이란 말의 힘을 믿는 것입니다. 3부는 그동안 누적되어 왔던 민중신학적 발언이 갖는 말의 힘을 검증하는 과정이라 할 수 있습니다. 그 힘이 과잉이었다면 거품을 제거하고, 그 힘이 평가절하되었다면 고양하는 계기가 되기를 바랍니다.

한恨과 고통에 대한 발견에서 민중신학이 탄생했다 할 수 있을 만큼 고통은 민중신학의 중요한 주제 가운데 하나였습니다. 그렇다면 고통 안에서 고통으로부터 고통에 맞서고자 하는 민중신학의 이론적 분투가 오늘날 사회비판에 기여할 수 있는 것은 무엇일까요? 정용택의 글(1장)은

'고통의 현상학'의 관점에서 이 질문을 다듬고 그에 대한 잠정적 답변을 제출해 보려는 시도입니다. 민중신학의 '공'公 개념은 자본주의적 탐욕에 맞설 수 있는 대항 논리이자 실천 강령이라 할 수 있습니다. 민중신학과 경제 윤리를 아우르는 최형묵은 현저한 공의 사유화에 대항하여 일어났던 촛불혁명의 맥락에서 그 의의를 재조명하고 있습니다(2장). 민중신학에서 가장 논란이 되었던 주제는 '민중 메시아'라 할 수 있습니다. 이상철이 현대 좌파 철학자들의 메시아론과 민중 메시아를 엮으면서 새롭게 민중 메시아를 독해할 수 있는 틈을 마련합니다(3장).

유독 민중신학자들 가운데는 안병무를 비롯해서 성서학자들이 많았습니다. 민중신학자들은 성서를 어떻게 바라보았는지, 그것이 전통적 성서 해석과 무엇이 달랐고 왜 특별했는지를 이영미가 친절하고도 분명하게 말해 줄 것입니다(4장). 기독교 복음이 길을 잃었다는 직감이 널리 퍼져 있습니다. 한국 교회는 정신의 무능과 제도의 병폐를 떨쳐 내는 종교혁명을 벌일 수 있을까요? 교회의 삶에서 예수의 에토스를 되살려 낼 수 있는 민중신학의 지혜를 듣기 원한다면, 김희헌의 목소리에 귀 기울여 주십시오(5장).

사전 기획 단계에서 민중신학의 지성사적 통사에 대한 부분을 훑어야 되지 않나라는 논의가 있었는데 민중신학의 동시대성에 더 집중하자는 취지에서 본문에서는 빠졌습니다. 하지만 민중신학이 출현하던 시절의 풍경과 그 이후 궤적에 대한 이해는 민중신학의 당대성으로 나가기 위한 전 단계이므로 그 물음으로부터 자유로울 수는 없는 사안이었습니다. 이러한 요청에 의거해 두 명의 필자를 본서로 초대하였습니다. 민중신학의 산증인이라 할 수 있는 이정희가 민중신학이 지녔던 근원적 문제의식을 책 중간에 선생 특유의 해박한 문체와 시적 아포리즘으로 보여

줍니다. 김진호는 에필로그에서 세대론으로 품을 수 있는 민중신학의 내부와 세대론으로 품을 수 없는 민중신학의 외부를 드러냅니다. 그러는 가운데 자연스럽게 민중신학의 과거에 대한 회상과 현재에 대한 진단 그리고 미래에 대한 상상까지를 아우르는 시간을 마련합니다.

에필로그 in 프롤로그

이제 민중신학은 지난 50년을 뒤로하고 새로운 50년을 향해 나아갑니다. 기독교가 개독교가 되어 버린 세상 속에서, 교회가 사회를 걱정하는 것이 아니라 사회가 교회를 걱정하는 세상 속에서 신학이 무엇을 할 수 있을까, 깊은 좌절과 번민에 빠지다가도, 여전히 신학함에 대한 믿음, 신학의 가치를 아끼는 의로운 사람들이 있었기에, 비틀거리지만 쓰러지지 않고 민중신학이 여기까지 왔음을 우리는 압니다. 신자유주의가 선사하는 냉소주의와 자본이 제공하는 쾌락과 욕망의 법칙으로부터 스스로를 지켜 나가느라 앞으로도 우리는 여전히 힘겨울 것입니다. 하지만 민중신학은 쓰러지지 않고 끝까지 이 땅에서 벌어지고 있는 고통과 탄식의 증언자로, 감시자로, 그리고 고발자로 남을 것입니다. 민중신학이 어떤 권위와 폭력에도 굴하지 않고, 어떤 편견도 아집도 없는 열린 신학을 향해 나아갈 수 있도록 계속 기도해 주십시오. 기억하소서. 그대가 우리의 힘입니다.

2018년 여름, 필자들의 마음을 모아
이상철

일러두기
그리스도교의 유일신은 통일성을 위해 '하느님'으로 표기했고, 성서 속 인지명은 『공동번역성서』를 따랐다.

1부

민중을 말하다

1 우리에게 보이지 않는 얼굴들: 민중신학과 여성의 타자화

최순양

들어가는 말

민중신학, 그보다 더 이전으로는 맑스주의라고 하는 진보 이론이 어떤 남성 중심성을 가지고 있으며, 그로 인해 여성이 어떤 방식으로 배제되었는지 분석함으로써 이 글을 시작하고자 한다.

맑스주의에서는 엥겔스가 주장한 것처럼 자본주의로 인해서 가족과 여성의 분할이 생겨나고 그에 따라 성차별도 나타나게 되었다고 분석하지만, 이 이론은 공산주의나 싱글 여성에게 나타나는 여성 억압을 설명할 수 없는 한계를 지닌다. 이러한 맑스주의의 영향을 적지 않게 받은 민중신학에서도 비슷한 양태로 여성에 대한 분석이 이루어져 왔다. 민중신학은 한국 사회의 억압받는 계층을 '민중'이라고 명명하며 그들의 현실과 고통을 신학화하는 중대한 작업을 하였고, 그 영향력은 지금도 높게 평가되고 있다. 그러나 나는 이 글에서 '민중'을 이해하는 방식과 그 개념에 얽힌 특징들이 여성을 읽고 드러내는 데 충분히 포용적인 개념이었는가에 대해서 논의해 보고자 한다.

이후로는 진보 이론가들에게서 비서구 여성의 삶과 목소리가 어떻게 배제되거나 왜곡되었는지를 분석한 가야트리 스피박을 통해서 맑스주의와 포스트구조주의자 푸코와 들뢰즈를 살펴볼 것이다. 지식인들은 '재현'(representation)이라는 방식을 통해서 여성, 특히 비서구 빈곤 여성의 목소리가 들려질 수 없는 구조를 형성하고 있었고, 그러한 배제나 왜곡이 존재한다는 것을 미처 의식하지 못하고 있었다.

이러한 흐름을 통해서 나는 결국 민중신학을 포함한 우리의 지식 담론이 권력에서 먼 사람들을 대상화하거나 배제하는 우를 범하고 있다는 것과 그 한계 속에서 끊임없이 타자를 양산할 수밖에 없음을 논할 것이다. 그리고 그러한 대상화와 인식론의 폭력을 멈추기 위해서 우리가 각성하고 염두에 두어야 할 사항은 무엇인가를 다루면서 이 글을 마감하고자 한다.

경제적 계급으로서의 여성 민중

여성을 어떤 식으로 자리매김하고, 여성에게 어떤 정체성을 부여하며, 누가 여성을 대변할 수 있는가 하는 문제는 여성학의 발전 과정에서 매우 중요한 사안이다.

여성학 운동에서 제일 처음에 대두되었던 것은 '자유주의 페미니즘'에서 주장했던 '평등과 권리'의 문제였다. 여성들도 남성이 누리고 있는 권리와 기회를 동등하게 누릴 수 있어야 한다는 문제 제기였다. 그러나 이러한 문제 제기만으로는 사회 전반에 걸쳐 있는 성차별 문제를 해결하기에 역부족이었고, 사회구조를 분석할 수 있는 시각이 여성의 입장에서도 필요했다. 이러한 여성의 입장과 사회구조적 질문을 동시에 해결하기 위한 이론으로 '맑스주의 페미니즘'이 등장했다. 엥겔스가 그의 책 『가족, 사유재산, 국가의 기원』에서 주장한 것처럼 이 이론은 여성 차별을 낳는 것이 '자본주의'와 관계가 깊다고 보았다. '자본주의 생산양식'이 계급 차별뿐 아니라 성차별까지 낳는다는 분석이었다. 엥겔스는 여성 차별이 자본주의 생산양식에서만 나타나는 형태라고 주장했고, 수렵과 채집 사회에서는 성 평등주의가 가능했다는 논리로 이를 뒷받침했다. 그런 사회에서는 육아와 돌봄의 기능이 여성만의 성 역할이 아니었다는 이유 때문이다.

즉, 엥겔스에 따르면 공사公私 이분법식 성별 분할은 계급사회와 국가 등의 형태를 가지게 된 자본주의사회에서 출현한 것이다. 여성이 남성에게 차별받는 것은 '가부장제'라는 남성주의적 가치관 때문이 아니라, 계급과 노동을 위주로 착취가 일어나는 자본주의 때문에 생기는 것이라는 분석은 타깃을 '가부장제'가 아니라 '자본주의'로 지정한 것이다.

자본주의사회를 타도하면 여성이 남성에게 차별되는 생활 방식이 사라질 것이라고 낙관한 구절을 직접 인용해 보겠다.

새로운 세대의 남성은 평생토록 여성의 굴종을 돈으로 사거나 다른 사회적 권력을 이용해 여성을 굴복시킨다는 것이 어떤 것인지 전혀 모를 것이다. 새로운 세대의 여성은 … 경제적 불이익이 두려워서 사랑하는 사람과 헤어

진다는 것이 어떤 것인지도 전혀 모를 것이다.[1]

이러한 자본주의 생산양식과 여성 차별을 연결하는 데서 나오는 문제점은 첫째, 사적인 영역에서 일하는 여성들을 착취받는 계급으로 보게 된다는 것이다. 그러나 여성에 대한 남성의 경제적 지배는 가사 활동으로만 나타나는 것이 아니라 다양한 형태로 나타날 수 있고, 독신 여성도 남성에게 경제적으로 지배받을 수 있기 때문에 여성에게 나타나는 억압의 형태가 자본주의식 가족 구조에서 일어난다는 것은 여성의 억압 현실을 축소시키는 결과를 낳게 된다.

두 번째로 고려해야 할 문제점은 여성이 경제적으로 착취되어 가사노동을 하게 되는 경우도 있지만, 경제적으로 더 어려울 때에는 직장으로 나가야 하는 여성들도 있다는 사실이다. 즉, 자본주의적 성차별 상황에서 여성은 대개 어머니나 아내로 가사 노동과 육아를 담당한다고 예상되지만, 기혼 여성 중에서 남편의 임금에만 의존할 수 없어 가족 소득에 기여할 방법을 찾아야 하는 여성들도 있다. 그러나 이러한 여성들 중 대부분은 가정부나 아이 돌보는 일 등 가사 노동이 확장되어 나타나는 직종에 종사할 때가 많다.[2] 이러한 현상을 파악할 수 있었던 것은 사실 맑스와 엥겔스가 예상한 바가 아니라, 가부장제가 자본주의와 어떻게 교차되어서 나타나는가 하는 것에 대한 사회주의 페미니즘 이론가들의 분석 덕분이었다.

---

1 Friederick Engels, *The Origin of the Family, Private Property and the State*, 1978 (『가족, 사유재산, 국가의 기원』, 두레, 2012, 57)
2 제프리 디스티 크로익스 외, 『계급, 소외, 차별 – 마르크스주의는 계급, 소외, 여성, 성소수자, 인종차별을 어떻게 설명하는가?』, 책갈피, 2017, 160.

사회주의 페미니즘은 맑스주의에서 자라나 자본주의를 비판하고 분석하면서 여성의 문제도 동시에 고민하였다. 가부장제가 자본주의에서만 현저하다는 맑스주의의 분석과 달리 공산주의사회에서도 나타날 수 있으며 자본주의와 별도로 '가부장제'라고 하는 변수가 작동한다는 것을 사회주의 페미니즘은 분석해 냈다.

이처럼 여성운동은 기존의 진보 이론에서 여성의 문제를 중요시하면서 진보 이론이 인식하지 못하는 문제를 끊임없이 제기해 왔고, 지금도 지속되고 있다. 맑스주의는 경제적 억압자가 여성의 문제와 상당 부분 닮아 있다고 분석했지만, 여성의 억압 상황에는 경제문제를 넘어서는 복잡한 현상들이 공존한다는 분석은 어쩔 수 없이 '여성들'에 의해서만 가능할 수 있었다.

민중신학 속에서의 여성

민중을 이해하는 방식은 다양하게 소개되어 왔고, 다양한 민중신학자들의 민중 이해를 모두 일반화시키기는 어려울 것이다. 그럼에도 민중신학 속에서 표현되어 왔던 '민중'은 대부분 경제적 약자로 대변되는 경향이 강했다.

민중신학에서 '여성'을 이야기할 때도 대부분은 프롤레타리아 여성, 즉 경제적 약자로서의 여성이 '민중'의 얼굴을 한 여성이었다. 다시 말해서, 민중신학자들은 여성을 분석할 때 이러한 맑스주의적 분석처럼 가난하고 불쌍한 여성의 모습을 민중 여성으로 이해했다. 여성들은 대부분 경제적으로 억압을 받는 노동자, 빈민의 얼굴을 하거나 그 노동자의 '아내'

혹은 '어머니'로 이해된다. 즉, 맑스주의적 분석의 틀에서 프롤레타리아 계층에 속하는 여성이거나 여성을 프롤레타리아로 만드는 자본주의 가족 구조에서 사적 노동, 가사나 양육의 활동을 담당하는 사람들로 묘사하는 경우가 많다.

대표적 민중신학자 안병무는 비교적 여성에 관한 글을 많이 남겼다. 물론 안병무의 여성 이해가 포괄적이고 체계적으로 어떤 일련의 과정을 거쳐서 전개된 것이라고 보기는 어렵지만, 어떤 형식으로 여성을 이해했는가를 분석하는 것은 가능하다.

여성들을 "사상이구 쥐뿔이구 없어, 비었어, 맹랑하게 비었지, 결국 여자는 연애의 대상밖에는 안 되어"[3]라는 식의 이해에서 살펴볼 수 있는 것은 전형적인 대상화의 형태로, 여성이라는 사람들을 집합체로 묶어서 어떤 예외도 없는 것처럼 분석하고 있는 관점이 있는가 하면, 고문 피해자 권인숙 씨를 권력에 항거한 "한국이 낳은 해방자"[4]로 평가하면서 매우 긍정적으로 바라보는 관점을 보이기도 한다.

그러나 이 대조적 시점 역시 하나의 공통점을 찾을 수 있는데, 나는 이를 '투사'에 대한 전형적 이해가 존재하기 때문이라고 분석한다. 즉, 민중, 권력에 항의하는 민중은 이러이러해야 한다라고 하는 의식이 정해져 있고, 그에 대해 '대조적으로' 어떠한 사상적 투철함 없이 감상적이고 연애만 생각하는 "여성"이라고 하는 투사 남성의 대조되는 부정적 타자로 여성은 존재하고 있으며, 권인숙 씨 역시 같은 맥락에서 권력에 항거하는

---

3   김남일, 『민중신학자 안병무 평전』, 97; 박재형, 「왜 민중신학은 여성을 말하지 않았나?」, 『혐오와 여성신학』, 한국여성신학회 엮음, 동연, 2018에서 재인용.

4   안병무, 「한국이 낳은 해방자 권양」, 104; 박재형, 「왜 민중신학은 여성을 말하지 않았나?」에서 재인용.

'투사'로서의 이미지인데 거기에 '여성'이라고 하는 정체성이 더해진 것이다. 즉, 권인숙 씨는 자신이 성고문 피해자라는 것을 드러내면서 권력에 항거했으나 이러한 모습은 안병무가 투사라고 여기는 범주에 속하기 때문에, 즉 권력에 항거하며 자신의 이익을 추구하지 않는 민중의 정형적 (stereotype) 모습을 보여 주었기 때문에 찬양되고 있는 것이다. 권인숙의 실존적 여성 현실에서 출발한 문제 제기와 항거의 모습이라기보다는 그의 개인적 현실이 안병무가 정형화하고 있는 민중의 개념에 적합하게 들어맞기 때문이다.

안병무는 후기의 그의 변화 속에서 여성들이 스스로의 해방을 추구하고 정조 관념이나 남아 선호 사상에서 벗어나 자신들의 목소리를 내는 여성운동을 옹호하는 입장을 취하게 된다. 그러나 동시에 안병무는 여성들이 전통적인 여성의 역할, 즉 출산이나 양육 등의 일을 하지 않게 되는 것을 '품'을 잃게 된다라고 표현하고 있다.

> 아이를 낳되 남자를 낳아야 한다는 남성 위주의 혈족 계승의 의무를 여자의 등에서 벗겨 주어야 한다는 것, 현실적으로 일방통행밖에 안 되는 정조 관념에서의 해방, 모성애를 이데올로기로 삼아 현실적으로 여자를 가정에 비끄러매려는 음모에 대한 거부 등을 모두 그대로 옳은 주장으로 받아들였는데 나도 모르게 독백과 같은 한마디 말이 입에서 새어 나왔습니다. "아! 품이 없어지는구나."[5]

이러한 해석은 여성들의 관점에서 억압과 부당한 현실을 고발하고

---

[5] 안병무, 「품」, 3; 박재형 「왜 민중신학은 여성을 말하지 않았나?」에서 재인용.

저항하는 듯 보이지만, 결론은 다시 "남성의 입장에서" 여성의 해방과 자아실현은 결국 "품이 없어지는 것"이라고 이해하면서 남성 중심적으로 여성을 대상화하고 있음을 또 발견하게 된다.

안병무가 자신의 어머니를 민중의 민중으로 발견하게 된 글 「선천댁」에서는 그렇다면 어떻게 어머니를 '민중'으로 분석하고 있는가? 안병무는 자신이 진정으로 민중의 현실을 보게 된 것은 일차적으로는 전태일 사건이 원인이었지만, 더 깊게는 어머니인 '선천댁'의 삶이 자신에게로 합류되었을 때부터였다고 고백하였다. 어머니의 기억을 더듬으며 어머니를 민중으로 인식하는 많은 예화 중에 안병무가 강하게 기억하는 것 중 하나가 "나를 살겠노라"고 했던 어머니의 선언이다. 다른 여자를 만나 바람이 나서 만주로 몰래 남편이 떠나려고 할 때, 그 남편을 쫓아가기로 결심하면서 한 말인데, 아이러니하게도 그 이유는 말에서 표현되는 것처럼 자기 자신 때문이 아니라 그 아들, 안병무를 위한 선택이었다. 안병무를 "아비 없는 자식으로"[6] 만들지 않기 위해서 한 선택을 어머니 선천댁은 "나를 살겠노라"라고 고백하고 있었던 것이다.

이에 대한 해석은 이제까지는 긍정적 해석이 주류를 이루어 왔는데, 최영실 박사와 박혜경 박사는 이 대목을 선천댁의 자기 발견의 사건으로 이해한다. 선천댁을 안병무 선생이 간접화법으로 삼인칭으로 묘사하다가 이 부분에서 어머니가 자신을 '나'로 칭하면서 일인칭으로 표현하고 있기 때문이다. 어머니가 그녀 자신이 말하고 있는 것처럼 묘사하는 것인데, 제삼자의 입장이 아니라 일인칭으로 "나의 삶의 살겠다"라고 선언한 것을 "자신들의 자아 정체성을 위한 삶을 살아 내는"[7] 것으로 해석한다.

---

6 안병무, 『선천댁』, 범우사, 1996, 19.
7 박혜경, 「잠언 8장의 여성 지혜와 안병무의 '선천댁'에 대한 해석학적 대화」, 『신학사상』 163,

그러나 나는 과연 이것이 자아 정체성의 발견이나 확립으로 이해할 수 있는가 하는 의문이 든다. "나는 내 인생을 살겠다"는 직접화법으로 쓰여 있고, 안병무가 이 사건에서 어머니를 민중 여성의 실체로 파악했다고 해도 그 당시 어머니는 '여성=어머니'라고 하는 정체성을 확인하고 있었던 것이 아닐까? 선천댁은 이 글에서 남편에 대한 독립성을 가지고 "나의 인생을 살겠노라" 선언했지만, 그 선언은 아이러니하게도 아들 안병무를 지키기 위해 선택한 "나의 삶"이었던 것이다.

안병무가 전태일을 만났을 때보다 어머니 선천댁을 생각하면서부터 민중의 실체를 이해했다고 서술하고 있지만, 내가 보기엔 전태일이 안병무에게 '타자'였던 것만큼 선천댁도 '타자'일 수밖에 없다. 어머니 선천댁이 아무리 아들 안병무와 떼려야 뗄 수 없이 밀접한 관계라고 할지라도, 안병무는 나를 위한 '어머니' 선천댁을 보아 왔고, 내가 이해하는 현실 속에서만 접하게 된 선천댁의 이야기를 마치 선천댁 자신의 이야기처럼 묘사할 수는 없는 것이다.

선천댁이 자신의 이야기를 자신이 쓰고 있지 않는 한 안타깝게도 안병무가 묘사하고 그리워하는 민중 여성 '선천댁'은 남성 민중신학자인 아들의 관점에서 해석되고 타자화된 어머니 선천댁에 지나지 않는다.

재현과 대변으로 발언하는 진보 이론은 과연 성공적일까?

자신이 자신의 삶과 현실을 서술한다고 해도 그 사람의 현실과 삶을

2013, 25.

정확하게 담아낼 수 없을진대, 자신이 아닌 다른 사람이 혹은 한 세대 이상의 시간적 간격을 둔 사람들이 '그' 사람의 삶을 온전히 글 속에 담아낼 수 있을 것인가?

남성들이 쓴 이야기 속에 여성 자신의 관점이 담길 수 없듯이, 서구 백인 지식인의 관점에서 전개된 학문에서도 비서구 유색인종 여성은 그들의 관점에서 서술되고 재현되는 타자로 머물고 만다. 그래서 가야트리 스피박은 자본주의와 사회주의의 관계가 파르마콘처럼 독이 될 수도 있고 약이 될 수도 있는 관계라고 한다면, 여성들은 그 관계 속에서 파르마콘으로도 닿을 수 없는 불가능성의 형상들이라고 표현했다.[8]

맑스를 비판하는 스피박은 계급 주체를 발견하는 작동인이 '재현자'에게서 온다고 분석한다. 즉, 맑스는 주체가 일관적이지 않다는 것을 알고 있었기 때문에 그들(소자작농들)은 "스스로를 재현할 수 없다. 그들은 재현되어야만 한다"고 말한다.[9] 물론 개별 행위자들이 일관적이지 않기 때문에 대표자가 대표를 해야만 한다는 생각이 지금에 이르러 혁명적인 사고방식은 아닐지라도, 적어도 맑스는 노동자들이 일관적이거나 단일하게 주체 형성을 이룬다고 하지는 않았다. 그러나 맑스의 문제점은, 가부장제를 이루는 가족을 변수로 보지 않았다는 점과 피억압자를 분석하면서 남성적 노동 체계와 남성화된 투쟁 주체의 이미지 등등에서(스피박은 이를 '피억압자의 목록'이라고 한다) 여성의 현실을 설명하고 있지 못하다는 데 있다. 따라서 맑스의 '피억압자 목록'에 어떤 일반화된 여성을 추가하거나 포함시킨다고 해서 말해지지 않은 불가능성의 형상을 지닌 여성을 설명

---

8   가야트리 스피박 외, 『서발턴은 말할 수 있는가?: 서발턴 개념의 역사에 관한 성찰들』, 로절런드 C. 모리스 엮음, 그린비, 2017, 44.
9   같은 책, 65.

할 수 있는 것은 아니다.

문제는 '혁명'과 변화를 구상할 때도 주관적 관점에서 형성되는 개념적 틀을 벗어나지 못하고 모든 이질성과 차이들조차 일반화하거나 '동일화'시키려 하는 경향성이다. 진보 지식인 들뢰즈가 '노동자 투쟁'이라고 하는 개념을 분석할 때 "노동자들은 권력을 폭파시키고자 하는 욕망으로 이끌려 간다"고 묘사한 부분이 나오는데, 스피박은 이를 포스트구조주의가 보여 줄 수 있는 '순진함'이라고 비판한다.[10]

들뢰즈 등의 포스트구조주의자들은 맑스주의를 극복한다고 하지만 노동자를 단일한 계급으로 묘사하거나 이들의 욕망 또한 일반화함으로써 소비주의와 자본주의에서 나타나는 다양한 문제를 분석하지 못한다. 소외 문제, 비인간화 문제, 국제 노동 분업에서 나타나는 다양한 노동 착취의 문제는 글로벌리즘과 다국적기업이라고 하는 체제 분석이 있어야 파악 가능한 요소들이다. 들뢰즈에 따르면, 욕망이 주체를 결여하고 있기 때문에 욕망이 기계로 묘사가 되고, 이 기계에서 떨어져 나갈 수 있는 자들이 유목적 주체가 된다. 그러나 문제는 이 욕망을 정의한 들뢰즈의 자리가 너무도 특수함에도(서구 백인 지식인 관점) 그 특수함을 인정하지 않고 있다는 데 있다. "이 주체는 노동이나 경영이 아니라 사회화된 자본의 법적 주체로서, '강력한' 여권을 쥐고 있고 ⋯ 아무 문제 없이 정당한 절차에 접근할 수 있는 주체이다."[11]

즉, 들뢰즈가 보고 있는 '욕망', '지구', '기관 없는 신체' 등의 용어가 구미에서 적용될 때에는 문제가 없어 보일는지 몰라도 적어도 그 상황을 벗어난 지구적 자본주의를 살아 내고 있는 사람들에게 그 용어가 닿았을

---

10 같은 책, 50.
11 같은 책, 54.

때 그 분석틀은 너무도 무력한 것이 되고 말 것이다. 분석의 시작과 관점이 특수한 유럽 남성의 머릿속에 한계 지어졌기 때문이다.

푸코 역시 권력과 욕망을 분석하면서 "대중들이 파시스트 체제를 욕망했다"고 말하거나, "대중들은 완벽하게, 잘, 명확하게 알고 있습니다"라는 말을 했다. 맑스주의가 일관성 있게 설명할 수 없었던 '주체'들이 욕망을 하는 이들로 변경되어서, 지식인만큼이나 욕망하며 자신을 설명할 수 있는 사람들이 된 것이다. 스피박은 이 지점에서 푸코가 각자 상이하고 복잡한 현실을 살아가는 '타자'들을 권력을 추구하는 "유럽의 주체"로 흡수하여 버렸다고 비판한다.[12]

프롤레타리아혁명을 꿈꾸었던 맑스주의자들은 대변할 수 없는 복잡한 대중을 지도자가 대신 대변해 주어야 한다고 말함으로써, '인식론적' 오류를 범했고, 푸코와 들뢰즈는 대중들도 나름의 소리를 낼 수 있고 독립성을 가진 욕망하는 주체로 일반화시켜 버림으로써 서구백인중심주의를 눈감아 버렸다. 스피박은 이런 이유로 지식인들은 무의식적으로 인식론적 폭력에 가담할 때가 많다고 비판한다.

학문적 담론을 구성하는 지식인의 한계는 자신의 인식론적 틀 안에서 피억압자들의 경험을 재단하거나 일반화시킨다는 것이다. 지식인은 자신 안에 있는 남성중심주의, 서구(백인)중심주의, 제국주의를 인식하지 못하기 때문에 자신의 한계가 인식해 내지 못하는 타자들을 마치 자아를 닮은 것처럼 "그림자로 끈질기게 구성하는 데" 알지도 못하는 사이에 공헌할 때가 많다.[13]

인도가 영국으로부터 독립될 무렵 인도의 운동가들은 '어머니 인도'

---

12 같은 책, 57.
13 같은 책, 74-75.

를 칭송하며 축하의 분위기에 젖었지만, 그 무렵 몸에 자라난 암세포로 인해 처절하게 죽어 간 한 여성이 있었다.

이 여성은 가정의 경제력을 걱정해 자신의 아이를 양육하며 수유하는 대신 부유한 계층의 여성들과 그 아이들을 양육하고 돌보는 일에 종사했던 사람이다. 거국적으로 인도라고 하는 나라는 독립을 맞이하고 기뻐하였지만 인도의 하류층에 속했던 한 '인도' 여성은 생계를 위해 대리적 '어머니' 역할을 하다가 자기 몸에 자라난 암세포를 막지 못해 죽음을 맞이해야 했다. 이런 현실을 놓고 볼 때, '어머니' 인도의 해방과 독립은 이 여성에게 어떤 의미가 있는가?

소수의 사람들에게 찬양되고 지지되는 '해방'과 '혁명'은 과연 그 말에 자신의 현실이 담기지 못하는 사람들에게도 과연 진정한 해방과 혁명이 될 수 있을 것인가!

나가는 말: '불확실성'에 귀 기울이기

수업을 '여성주의'로 이끌어 가던 중에 나는 한 학생에게 이런 질문을 받았다. 그날은 스피박의 서발턴 이론을 설명하고, 성경 속의 인물 '다말'의 성폭력에 대해서 이야기하고 토론하는 시간이었다. 그 학생의 질문은 이러하였다. "여성주의 이론을 설명하는 수업의 취지는 공감하지만, 여성을 이야기할 때 꼭 남성에게 당한 성폭력만을 이야기하는 것은 좀 바람직하지 않지 않나요? 모든 여성이 남성에게 성폭행을 당한 것은 아니잖아요."

이 질문은 그 당시에 매우 충격적으로 다가왔다. 속으로 이런 생각을 하고 있었다. "아니, 여성주의를 말할 때 여성이 남성에게 당해 온 폭력을 다루는 것이 뭐가 잘못된 것인가? 요새 성폭력 고발과 미투 운동도 한창 일고 있는데 … 'with you'를 외쳐도 모자랄 것 같은데, 왜 저런 질문을 하는 것일까 …." 이러한 질문들로 머리가 복잡했다.

시간이 흐른 뒤 뇌리를 스치고 지나간 섬광 같은 깨달음이 있었다. '여성주의에서 말하는 성폭력은 반드시 남성이 여성에게 가한 폭력을 말하는 것에 멈춰 있어도 되는 건가?'라는 질문이 시작되었다. 그 학생이 하고 싶었던 말은 어쩌면 "남성에게 성폭행을 당한 여성이 많기는 하겠지만 그러한 폭력이 모든 여성이 경험한 유일한 폭력은 아니지 않느냐?"라는 질문이 아니었을까 하는 생각에까지 다다랐다.

요즘 페미니즘 운동을 둘러싼 분위기가 심상치 않다. 일부 페미니즘 중에는 성소수자의 문제까지 페미니즘에서 품을 여유가 없다거나 성소수자는 여성문제가 아니라는 입장을 취하는 부류들이 있다. 기독교 여성운동 계통에서는 정죄하는 견해를 가지고 있는 사람들도 있다. 이런 현실이다 보니 성소수자 운동으로 출발해서 페미니즘에 합류하면서 같이 활동하려는 사람들의 입장이 매우 난처할 때가 많다고 한다. 페미니즘에서 전제하는 '여성'은 늘 남성과의 관계성 속에서만 설명되기 때문이다.

성소수자들 중에는 이제까지 그래도 여성의 문제는 페미니즘에서 지적해 온 대로 남성과 여성 사이의 불균형 관계를 다루어야 하는 것이 옳다고 동의하면서 페미니즘을 포용하는 사람들도 있다. 그리고 그들은 성소수자와 여성을 억압하는 것은 '이성애적 남성중심주의'라고 하는 데 한목소리를 내 왔다.

그러나 문제는, 만약 '페미니즘이 변하지 않는다면?'이라고 하는 질문에서 시작된다. 성소수자들이 같은 억압의 뿌리를 '남성중심주의'로 동의했다고 해도, 페미니즘이 이성애에서만 발생할 수 있는 폭력이나 현상들만 다룬다면 더 이상 성소수자들이 연대할 수 있는 여지는 없어지고 말 것이기 때문이다.

맑스주의 진보론자들이 '자본주의'라고 하는 틀거리 속에서 '억압'을 보려 했을 때에도, 민중신학자들이 남성 민중을 주체로 형상화하면서 여성을 '어머니'로 읽으려 했을 때에도, 들뢰즈나 푸코가 욕망과 권력으로 '전 지구적' 억압을 보려고 할 때에도 어김없이 그들이 볼 수 없는 사각지대가 존재해 왔다. 스피박은 이를 서발턴subaltern이라고 명했고 그들은 타자화되기가 너무도 쉬웠다. 그들만의 목소리를 낼 수 있는 환경이 형성되지 않았기 때문이기도 하고, 그들을 현실화할 수 있는 권력을 가진 사람들이 그들을 배제하거나 아니면 엉뚱하게 재현하기 때문이었다. 그 사각지대는 '여성'이거나 비서구 유색인종 여성이었고 그리고 이제는 페미니즘이 보려 하지 않는 성소수자이다.

주디스 버틀러Judith Butler는 레비나스를 성찰하면서, 얼굴에 반응한다는 것은 그 사람이 가지고 있는 불확실성에 대해서 깨닫게 되는 것이라고 했다.[14] 그리고 이 불확실성은 나에게로부터 출발해서 다른 이들의 불확실성을 추측하는 것이 아니라 '담론'의 한계에 대해 깨달을 때 가능한 것이다. 이 불확실함은 언어로 표현될 수 없는 어떤 것을 포함한다. 자본과 권력, 지식을 사용할 수 있는 자리에서 멀어질수록 '불확실함'을 품은 얼굴들이 마치 실재인 것처럼 왜곡되는 경우가 많다. 목소리를 가지지 않는 서발턴일수록 더욱더 철저히 그 목소리를 낼 수 없게 만드는 현실이 존재한다.

---

14   주디스 버틀러, 『불확실한 삶: 애도와 폭력의 권력들』, 양효실 옮김, 경성대학교출판부, 2010, 184.

버틀러는 따라서 "우리는 위험에 처한 삶의 불확실함을 알기 위해 언어와는 다른 어떤 것으로 이야기하는 얼굴을 경청할 필요가 있다"[15]라고 우리에게 요청한다. 우리는 우리가 알고 있는 것, 배워 온 것, 사회에서 보도되는 것, 우리가 볼 수 있는 것 들을 끊임없이 의심해 보면서 누구를 어떻게 재현하고 누구의 불확실성을 소멸시키고 있는지 주의해야 한다. 내 안에 있는 "이만하면 나도 진보적이야"라고 하는 어설픈 속단은 말해지지 않고 들려지지 않은 타자의 얼굴을 자꾸 외면하도록 만드는 시작일 수 있기 때문이다.

어느 누구도 완벽한 귀 기울임에 도달할 수 없다. 어느 사회에서나 어느 현장에서나 아무리 우리를 성장시켜도 우리의 눈과 귀를 넓게 만들려 해도 볼 수 없고 만질 수 없고 들려지지 않는 서발턴이 늘 존재하기 때문이다. 예수님께서 "가난한 자들은 항상 너희와 함께 있다"(마르 14,7)라고 하신 말씀은 우리가 미처 읽어 내지 않은 얼굴들이 늘 우리 곁에 있다는 뜻으로 읽을 수 있지 않을까.

마치 안다고 하면 할수록 멀어지는 하느님의 얼굴처럼 우리의 언어와 생각의 한계로 인해 볼 수 없는 얼굴들이 존재한다. 늘 우리 생각과 인식의 한계를 넘어서려는 우리의 노력과 성숙함을 거쳐서야 이들은 만나질 수 있고, 이 만남의 가능성조차 얼마나 우리가 질문하고 깨달을 수 있는지에 달려 있다고 할 수 있다. 누구나 다 자신의 상황에 대해 말할 수 있는 날이 온다면 가장 좋겠지만, 그러한 현실이 되기 전까지는 우리의 언어와 생각이 가리고 있는 사람들이 누구인가를 끊임없이 찾고 질문해야 하며 그것이 언어와 담론을 형성하는 지식인의 책무와도 같은 것이다.

---

15 같은 책, 205.

| 참고 문헌 |

가야트리 스피박 외, 『서발턴은 말할 수 있는가?: 서발턴 개념의 역사에 관한 성찰들』, 로절린드 C. 모리스 엮음, 그린비, 2013.
박재형, 「민중신학은 왜 여성을 말하지 않았나?」, 『혐오와 여성신학』, 한국여성신학회 엮음, 동연, 2018.
박혜경, 「잠언 8장의 여성 지혜와 안병무의 '선천댁'에 대한 해석학적 대화」, 『신학사상』 163, 2013.
안병무, 『선천댁: 늘 살아 있는 나의 어머니』, 범우사, 1996.
제프리 디스티 크로익스 외, 『계급 소외 차별』, 책갈피, 2017.
주디스 버틀러, 『불확실한 삶: 애도와 폭력의 권력들』, 양효실 옮김, 경성대학교출판부, 2008.
Friederick Engels, *The Origin of the Family, Priviate Property and the State*, 1978 (프리드리히 엥겔스, 『가족, 사유재산, 국가의 기원』, 두레, 2012)

2

경계 밖에 선 그이들:
민중신학과 성소수자

박지은

거기에 육우당이 있었다

노동자의 비참한 현실을 알리려 분신한 평화시장 재단사 전태일. 1970년대 민중의 아픔과 고난을 대표하는 가슴 아픈 사건 중 하나였다. 민중 예수의 사건으로 기억되는 전태일 열사의 삶과 죽음은 어느덧 역사의 한 장으로, 그때 그 시절의 이야기가 되어 간다. 하지만 농민이 물대포에 맞아 목숨을 잃고, 구의역에서는 스무 살도 채 안 된 청년이 죽고, 쌍용 자동차 해고 노동자의 서른 번째 자살 소식이 들려오는 현실은 여전하다. 언론에 보도되지 않은 채, 삶의 터전을 지키기 위해 지금도 투쟁하는 이들의 이야기도 계속되고 있다. 노동자, 빈민으로 대표되었던 70, 80

년대 민중의 아픔과 고난은 여전히 진행 중인 사건이다. 그러나 오랫동안 보이지 않았고, 보려 하지 않았던 또 다른 아픔과 고난의 이야기가 있다. 성소수자들의 이야기이다. 소외된 사람들의 친구가 되었던 예수의 이야기가 전해지는 교회에서도 소외되는 이들의 이야기이다. 보이지 않는 곳에서 홀로 아파하는 이들의 이야기이다. 그리고 성소수자들의 아픔 한가운데에는 육우당이 서 있다.

육우당(1984~2003)은 동성애자 인권운동 활동가이자, 2002년 등단한 시인이었다. 그는 2003년 동성애자에 대한 차별을 비관하며 동성애자인권연대(동인련) 사무실에서 자살한 19세, 독실한 천주교인 청년이다. '육우당'은 그의 여섯 친구인 술, 담배, 수면제, 파운데이션, 녹차, 묵주에서 유래한 그의 호이자 가명이다. "죽은 뒤엔 거리낌 없이 당당하게 말할 수 있겠죠. 'OOO'은 동성애자다라고요."[1] 그러나 동성애에 대한 혐오와 사회적 편견으로 육우당의 본명이 알려지기까지는 또 다른 시간이 필요했고, 2010년대에 가서야 그의 이름은 세상에 알려진다.[2] 동성애자들을 향한 사회적 편견과 차별로 그들은 자신이 누구인가조차 밝힐 수 없는 것이 현실이다. 그리고 이것은 성소수자들 아픔의 시작이기도 하다. 육우당도 자신이 동성애자임을 밝히지만, 오히려 학교 폭력에 노출되어 고등학교를 그만두어야 했다. 천주교 집안에서 성장한 육우당의 성 정체성은 가족에게도 받아들여지기 어려웠다. 후에 육우당의 어머니는 그의 성 정체

---

[1] 육우당, 『내 혼은 꽃비 되어』, 동성애자인권연대, 2006, 132. 이 책은 육우당 사후 발간된 추모집이다. www.lgbtpride.or.kr/xe/?module=file&act=procFileDownload&file_srl=60037&sid=2b4778ac06fe022d7127169323d7bf26. 본 글에서 인용되는 모든 육우당의 시, 유서 등은 특별한 각주 없이 육우당의 추모집에서 발췌하였음을 밝힌다.

[2] 육우당의 생애와 그에 관한 자료 목록은 위키백과를 참고하였다. 직접 인용을 제외하고 각주는 생략한다. 육우당의 시를 인용하면서 쉼표를 첨가하기도 하였다. 예를 들어 육우당의 시, 「현실」을 인용할 때 쉼표를 사용하였다. http://ko.wikipedia.org/wiki/육우당_(활동가)

성을 인정하였지만, 이성애자처럼 살기를 원했던 부모님과의 갈등은 그를 더 외롭게 하였다. 육우당은 아버지와 함께 병원 상담을 받기도 했으나, 그는 부모님이 원하는 이성애자의 삶을 살 수가 없었다. 그는 자신이 비정상이 아니며 정상과 비정상을 경계 짓는 사회를 안타까워하기도 하였다. 육우당은 결국 집을 나와 동인련 사무실에서 살았다. 그의 친구가 된 술과 수면제는 외로운 그를 잠들게 하는 그의 여섯 친구들 중 일부였다. 동성애자로서의 힘들고 외로웠던 심경을 육우당은 그의 시에서 이렇게 표현한다. "왜 이리 서러울까 왜 이리도 서러울까. 멸시 차별 야유 비난 너무나도 서럽구나. 이반은 불가촉천민인 게 우리나라 현실이니."

육우당의 이야기는 이름 없이 죽어 잊힌, 지금도 죽어 가지만 외면당하는 성소수자들 중 한 사람의 이야기다. "육우당은 '나의 열아홉 살'이었다. 그때 나는 살아남았지만, 어쩌면 살아남지 못했을 수도 있었다. 존재를 거부당하는 깊은 절망 속에서 성소수자들은 끈질기게 살아남거나 아니면 해맑은 영정사진으로 남는다."[3] 육우당의 죽음 이전에도 수많은 성소수자들은 외롭게 죽어 갔다. 커밍아웃 이후에 가족과 지인들에게 버림받고, 동성애자인 것이 알려져 하던 일도 못하게 되면서, 결국 사회의 무시와 질타 속에서 1998년 23세의 나이로 자살한 오세인이 대표적인 예다. 지금 이 시각에도 존재 자체가 거부당하는 외로움과 고통으로 세상을 떠나는, 그러나 이름조차 제대로 알리지 못하는 수많은 성소수자들이 있다. 여전히 가명으로 활동하거나 자기 존재를 알리지 못하고 숨어서 살아가는 이들도 있다. 연인임을 당당히 밝히지 못하는 이들의 아픔도 있다.

묵주가 그의 친구 중 하나일 만큼 육우당은 독실한 신자였고 그의 성

---

[3] 이경, 「내 안에도 주님이 계십니다」, 『하느님과 만난 동성애』, 숨 프로젝트, 한울, 2010, 109.

정체성과 무관하게 육우당을 환영해 준 수녀님들, 신부님들, 친구들이 있었다. 그러나 동성애자들을 죄인 취급하는 기독교에 육우당은 깊은 상처를 받는다. 육우당이 자살한 2003년, 한국기독교총연합회(한기총)는 '국가인권위와 청소년보호위의 동성애 문제에 대한 기독교적 입장'이라는 성명서를 발표한다. 한기총의 성명서는 동성애를 청소년 유해 단어로 규정한 청소년보호법에서 동성애를 삭제하도록 한 국가인권위원회의 권고가 수용된 것에 대한 반박문이었다. 한기총은 성명서에서 "일찍이 동성애로 성 문화가 타락했던 소돔과 고모라가 하느님의 진노로 유황불 심판으로 망하였다. 또한 성경은 동성애를 엄격하게 금하고 있다(참조: 레위 18,22; 20,13; 로마 1,27)"며 성명서를 통해 동성애를 죄로 규정하였다.[4] 육우당은 그의 일기에서 한기총의 성명서에 대한 유감을 드러낸다. "그런데 기분 나쁜 건 보수적인 기독교 단체가 동성애자들을 마치 죽어서 지옥에나 갈 흉악한 무리인 듯 성명서를 썼다는 점이야. 예수님은 분명 원수도 사랑하라고 가르쳤는데. 그런 예수님을 믿는다는 것들이 고귀한 인권을 유린하고 마치 자기네들이 하느님인 양 설쳐 대니까 말야." 사회적 편견과 차별로 외면당하고 성소수자들에 대한 안식처 역할을 하지 못하는 기독교에 대한 실망과 비판이었다. "세상은 우리들을 흉물인 양 혐오하죠. 그래서 우리들은 여기저기 숨어 살죠. 하지만 이런 우리들도 사람인 걸 아나요." 육우당의 시, 「하소연」이다. 세상에서 받은 상처와 아픔을 치유하지 못할 망정, 성 정체성이 다르다는 이유만으로 인간으로 취급받지 못하는 동성애자들의 아픔을 기독교는 외면하였고, 오히려 성소수자들을 죄인으로 낙인찍은 것이다.

---

4   한국기독교총연합회, 「국가인권위와 청소년보호위의 동성애 문제에 대한 기독교적 입장」, 2003. 4. 7. http://www.cck.or.kr/chnet2/board/view.php?id=16&code=notice02

이렇듯 종교를 가진 성소수자의 경우는 자신들이 믿어 왔던 종교에 의한 외면으로 더 외롭고 아프다. "어떤 사람을 사랑한다는 이유로 평생 믿어 온 종교에 의해 존재 자체가 죄악시된다"며[5] 성소수자들은 결국 종교를 떠나거나 죄책감을 가지고 살아가기도 한다. 그리고 견딜 수 없을 때 스스로 목숨을 끊는다. 진보적이라고 자부하는 교회조차, 민중의 아픔에 동참하려는 교회조차 성소수자들의 아픔은 진지하게 성찰되지 않는다. 민중 교회에 출석했던 한 동성애자의 경험은 교회에서 성소수자들이 느끼는 소외감을 잘 드러내 준다. 2007년 한기총은 '동성애 차별금지 법안 저지' 기자회견을 통해 동성애를 "윤리 도덕에 어긋난 사회악"으로 규정한다. 그리고 '차별 금지법' 입법 예고에서 성적 지향을 삭제해야 한다고 주장하였다. 법무부는 차별 금지 항목에서 성적 지향을 삭제하였고, 이에 반발하여 '성적 소수자 차별 및 혐오 저지를 위한 긴급 번개'가 2007년 10월 진행되었다. "인권의 끝자락에 성소수자가 자리하고 있다"고 한 동성애자인권연대 회원의 안타까움은[6] 당시 민중 교회에 출석하던 한 동성애자의 쓸쓸함과 별반 다르지 않다. 한기총의 입장에 반대하여, 서명과 기도회를 통한 교회의 참여가 있었음에도 불구하고, 지속적인 "실천과 성찰"을 민중 교회 안에서도 기대하기 어려웠다고 한 동성애자는 말한다.[7]

2천 년 전 예수는 사회의 특정 계층이 만들어 놓은 경계 밖으로 내쳐졌던 사람들과 함께하며, 그어진 경계를 허물었다. 모순적이게도 예수

---

5 이은, 「다시 기독교를 생각하다」, 『하느님과 만난 동성애』, 숨 프로젝트, 한울, 2010, 143.
6 「동성애자의 고민도 '음란물'이던 그때」, 『한겨레21』, 2013. 5. 10. http://h21.hani.co.kr/arti/society/society_general/34481.html
7 이은, 「다시 기독교를 생각하다」, 139.

의 정신을 따른다고 자처하는 기독교의 가르침에서 성소수자들이 들어설 자리는 여전히 좁기만 하다. 한 생명을 귀하게 여겨야 할 기독교가 오히려 앞장서서 성소수자들을 향한 혐오와 배척의 감정을 키우고 있다는 사실이 부끄럽기만 하다. 육우당의 이야기는 한 개인의 이야기가 아니다. 21세기 이 시대 민중의 아픔이자 고난을 대표하는 이야기이다. "이름 없이 잊혀져 간 이들을 '성소수자'라는 존재 그 자체로 기억합니다"[8]라는 10주기 육우당의 추모 현수막에 적힌 글은 지금 이 순간에도 우리가 만들어 놓은 경계 밖에서 자신의 존재 자체가 거부당하는 아픔을 겪는 이들을 망각하는 우리를 깨우치는 글이다. "얼마나 더 많은 육우당의 죽음을 보아야만 만족할 것인가?"라고 묻고 싶다.

가짜 평등이 설쳐 대는 세상: 동성애 혐오와 기독교

사람 위에 사람 없고 사람 아래 사람 없다. 귀 따갑게 들어 본 말이지만 이 세상은 그렇지가 못하네 … 인종 차별, 학력 차별, 지역 차별, 성 차별, 종교 차별 별의별 차별이 있다네. 세상엔 가짜 평등이 설쳐 대나 언젠가는 만민 평등 천국 같은 세상이 오리라.

육우당,「만민 평등 기원가」

커밍아웃을 한 연예인들이 등장하고 드라마에 동성애 이야기가 언급되면서 성소수자들을 바라보는 사람들의 인식은 서서히 변하고 있다.

---

8 「나의 일곱 번째 친구는 누구입니까」,『한겨레신문』, 2013. 4. 26. http://www.hani.co.kr/arti/society/society_general/584808.html

다름이 차별로 가지 않는 세상을 만들고자 애쓰는 사람들도 증가하고 있다. 그러나 성소수자를 경계로 내몰고 있는 핵심에는 2003년이나 지금이나 기독교가 자리하고 있다. 성소수자들과 함께하는 교회와 기독교인들이 존재한다는 사실은 물론 간과할 수 없다. 그럼에도 성소수자 혐오는 일부 기독교 교단에 의해 2017년 또다시 수면 위로 떠오른다. 2017년 9월 대한예수교장로회(예장통합)는 "동성애 및 동성 결혼에 대해 신앙의 양심에 입각하여 단호히 대처할 것이라는" 입장을 발표하였다. 또한 "동성애는 반성서적이며, 동성애를 지지하는 이들은 신학대 교수나 교회 직원이 될 수 없다"고 주장하였다.[9] 이들은 성소수자들의 인권운동을 하고 있는 임보라 기장교회 목사를 이단으로 규정하면서, 성소수자들을 교회 밖으로 내몰고 있다. "건전한 성윤리"를 흔드는 이들이라고 성소수자들을 매도하면서 말이다. 2003년 육우당의 죽음을 경험하고도 2017년 동성애를 정죄시하는 이러한 행위를 어떻게 이해할 수 있을까? 그래서 육우당의 자살을 사회적 타살로 규정하는 이유가 여기에 있다. 성소수자들을 향한 사회적 편견과 차별, 폭력, 혐오가 이들을 자살로 내몰고 있기 때문이다.[10]

2016년 11~12월, 김승섭 고려대 보건정책관리학부 교수팀과 한국게이인권운동단체 '친구사이'가 함께 진행한 동성애자 온라인 설문 조사(만 19세 이상, 2,341명)에서, 자살을 생각하고 시도한 성소수자들은 일반

---

[9] 「예장통합 총회. 동성애와 동성 결혼 합법화에 대한 입장」, 『크리스천투데이』, 2017. 9. 21. http://www.christiantoday.co.kr/news/304200. 이들은 동성애자들을 "혐오와 배척의 대상이 아니라 하나님의 형상으로 창조된 자들임을 인정하면서 그들을 사랑의 대상으로 받아들이고 변화시켜 나갈 것이라"고 발표하였으나 이미 여기에는 모순이 보인다.

[10] 「동성애자 윤모씨 죽음은 사회적 타살」, 『오마이뉴스』, 2003. 4. 30. http://www.ohmynews.com/NWS_Web/View/at_pg.aspx?CNTN_CD=A0000120552

인의 열 배에 가깝다고 발표하였다. 우울증의 비율도 일반인에 비해 약 4.76배나 높았으며, 차별과 폭력의 경험으로 자살을 고려한 경우도 일반인에 비해 일곱 배나 더 높은 수치로 나타났다. 성소수자가 자살을 시도하는 이유는 자신들의 성 정체성 때문이 아니라, 사회적 차별과 편견, 폭력 때문이라고 한다. 동성애는 질병이라는 일부 기독교의 입장도 국제정신과학회나 정신과에서는 "논쟁의 여지조차 없는 이야기"라며 동성애는 질병이 아님을 명확히 하였다. 따라서 동성애자들을 종교를 통해 변화시키려는 시도나 치유가 가능하다는 일부 기독교의 입장도 잘못되었다고 김승섭 교수는 주장한다.[11]

십자가와 성모마리아상을 사서 동인련 사무소에 두려고 했던 육우당의 일기에서는 동성애에 대한 한기총의 혐오에도 불구하고, 그가 믿는 하느님에 대한 신뢰가 보인다. "분명 하느님께서는 동인련을 도와주실 거야. 난 믿어. 남들은 자연의 섭리를 거스르는 사람들이라고 말할지언정 하느님은 그렇게 속 좁은 분은 아닐 테니까." 그의 유서에서도 육우당은 "언젠가는 언젠가는 좋은 날이 올 거예요. 난 여러분들이 유황불 심판을 받을 거라고 생각하지 않아요. 여러분도 하느님의 자녀니까요"라는 확신을 표현하기도 한다. 그럼에도 동성애자들을 죄인으로 간주하며, 변화시킬 대상으로 바라보는 한기총의 입장에 육우당은 절망한다. 유서에서 육우당은 이렇게 말한다.

> 내 한 목숨 죽어서 동성애 사이트가 유해 매체에서 삭제되고 소돔과 고모라 운운하는 가식적인 기독교인들에게 무언가 깨달음을 준다면 난 그것만으

---

11 「성소수자가 아파하는 이유는 정체성 탓이 아니다」, 『한국일보』, 2017. 3. 3. http://www.hankookilbo.com/v/1cc98bf295404e988ecf7e41f005e126

로도 나 죽은게 아깝지 않다고 봐요. 몰지각한 편견과 썹스러운 사회가 한 사람을 아니 수많은 성적 소수자를 낭떠러지로 내모는 것이 얼마나 잔인하고도 반성경적, 반인류적인 … 우리더러 죄인이라 하기 전에 자기네들이나 먼저 회개하고 이웃 사랑 실천을 해야 할 거예요. (물론 내가 저세상으로 가려는 큰 이유는 우울증과 허무함이지만요. 이 사회도 싫고 … 아비규환 아수라장 그 자체 …)

세상의 편견과 일부 기독교의 동성애 혐오에 절망한 19세 육우당의 죽음은 명백한 사회적 타살이었다. 한국 성폭력상담소와 광주NCC인권위원회 등 33개 단체들은 2003년 성명서를 발표하고, 육우당의 죽음을 우리 사회 모든 성소수자들의 "죽음을 예고하는 것으로" 규정하였다. 그리고 성소수자들을 죽음으로 내모는 사회의 편견이 바로 범죄임을 명백히 하면서 "동성애자들은 성적 지향만 다를 뿐, 우리의 형제자매요 이웃이요 존엄성을 가진 한 사람의 평범한 인간이라는 사실을 다시금 되새겨야 할 것임을" 성명서를 통해 발표하였다.[12]

그러나 예수의 사랑을 실천하고 한 생명의 고귀함을 가르치는 한기총의 성찰은 없었다. 오히려 육우당의 죽음 이후에도 한기총의 동성애 혐오와 편견, 정죄는 계속되고 있어 안타깝고 부끄럽기만 하다. 교단 차원의 결정을 통해 동성애 혐오와 차별을 실행하려는 일부 기독교의 모습에 절망스럽기만 하다. 한 생명의 죽음을 목도하고도 또 다른 죽음을 불러올 수 있는 성소수자 배척과 혐오를 여전히 진행하고 있는 이들에게서 예수의 사랑을 찾을 수 있을까? 예수의 사랑과 신앙의 양심을 입에 올리며 정

---

12 『오마이뉴스』, 앞의 글.

작 말해야 할 불의에는 눈감고 입을 열지 않는다는 비판은 그래서 타당하다. 동성애 혐오가 성서에 근거한다고 믿으며 동성애자들에게 죄를 운운하고, 창조 질서에 어긋나는 비정상인으로 간주하면서 동성애보다 "수백 배 더 강조되는 가난과 정의는 나 몰라라 하는"[13] 이들의 행위가 얼마나 가식적이며 비성서적인지에 대한 비판은 그래서 정당하다. 교회 지도자들의 성추행, 성폭행에는 침묵하면서 어떻게 신앙의 양심과 건전한 성 윤리를 운운할 수 있을까?

"내가 믿는 하느님은 나를 받아 줄 것이다": 동성애와 성서

"내가 믿는 하느님은 나를 받아 줄 것이다." 육우당 유서의 일부이다. "당신이 믿는 하느님은 당신을 있는 그대로 받아 준다"는 말을 교회는, 기독교인들은 왜 그리 하기 힘들었을까? 왜 실명조차 공개하기 어려운 사회에서, 아니 교회에서 살아가야 할까? 누가 성소수자를 죄인이라 정죄할 수 있는가? 누가 이들을 교회 밖으로 밀어내고 있는가? 왜 성적 취향을 우리가 판단하는가? 교회에서 그리고 기독교인들이 동성애를 죄악시하는 것은 부정적으로 동성애를 묘사하는 성서의 일부 본문 때문이다. 동성애자들은 다 죽여야 마땅하다는 레위기 본문을 살피기에 앞서, 중요한 것은 성서를 바라보는 우리의 시선이다. 우리와 다른 시대, 배경, 세계관을 가진 고대 특정 계층 유대인들의 시각이 반영된 책이 성서이다. 성서에는 출애굽과 같은 억눌린 민중들의 해방의 이야기도 있지만, 특정 계급

---

[13] 박총, 「보수 신자가 보수 신자에게: 우리가 반대하는 이들을 위해서 살 때」, 『하느님과 만난 동성애』, 35.

의 이념과 사상이 스며들어간 이야기도 있다. 그렇다면 성서를 사용하는 우리의 의도/시선에 따라 성서는 생명을 살리는 책이 될 수도, 아니면 하느님의 이름으로 누군가를 소외, 배척하고 혐오하는 책이 될 수도 있다.

흥미로운 것은 첫 번째 성서(구약성서)에서 명백하게 동성애를 금지하는 본문은 레위기에 딱 두 번 등장한다는 점이다. 한기총에서 언급하는 소돔과 고모라의 본문(창세 19장)은 남자들과의 성교를 죄로 보기보다는, 방문자들에 대한 소홀한 대접과 윤간을 시도하려 했던 것이 문제였기에 동성애와 관련이 없다는 주장이 제기된다. 레위기의 본문을 살펴보자. "여자와 자듯이 남자와 한자리에 들어서도 안 된다. 그것은 망측한 짓이다"(18,22). "여자와 한자리에 들듯이 남자와 한자리에 든 남자가 있으면, 그 두 사람은 망측한 짓을 하였으므로 반드시 사형에 처해야 한다. 그들은 피를 흘리며 죽어야 마땅하다"(20,13). 두 구절을 자세히 살펴보면 이 말을 듣는 대상은 남자이다. 여자가 여자와 한자리에 드는 것은 금지 대상이 아니라는 말이다. 그렇다면 레즈비언은 허용하는가? 이 구절을 근거로 동성애 금지를 주장하며, 하느님은 성소수자들을 받아 주지 않는다고 정당화할 수 있는가? 성소수자들과 성서를 이야기할 때 대부분 의문을 제기하는 것은 왜 유독 동성애 금지를 주장하는 본문만을 문자적으로 이해하며 지키려 노력하고 있느냐는 것이다. 레위기에는 정결한 동물과 부정한 동물을 나누어, 먹지 말아야 할 동물들도 등장하는데, 이것을 오늘 기독교인들은 문자 그대로 지키지 않는다. 레위기의 본문은 또한 당시의 시대적인 상황과 결부시켜 이해해야만 한다.

레위기의 특징 중 하나는 부정한 것과 정결한 것 사이의 명확한 경계의 설정이다. 동성애 금지, 정확히 남자 간의 사랑을 금지하는 듯 보이는 18장 22절과 20장 13절은 성결법전(17-26장)의 다양한 규정 중 성에 관한 조항들(18장과 20장)에 등장한다. 성결법전에 앞선 11-16장에는 음식으로 먹을 수 있는 정결한 동물과 부정한 동물에 대한 규정이 등장한다. 정결과 부정이라는 이분법적 틀로 분류된 동물을 우리 시대의 눈으로 보면 어떤 기준으로 정결한 동물과 부정한 동물을 나누었는지 확실하지 않다. 이를테면 돼지고기는 현시대에 전혀 문제가 되지 않는 식용 동물이다. 정결과 부정의 경계의 기준이 무엇이었는지 다양한 의견이 있지만, 어느 정도 합의에 이르는 것은 이러한 구별이 제사장들과 관련이 있다는 점이다.

레위기는 포로기를 겪었던 사제들의 세계관이 반영되어 편집된 책이다. 바빌론 포로기의 상황과 경험을 자신들의 죄로 인한 하느님의 벌로 인식한 포로기 공동체는 더 이상 하느님의 진노가 자신들의 공동체에 내리지 않도록 해야만 했다. 무너진 공동체는 또한 하느님 백성으로서의 정체성의 (재)형성이 요구되었다. 공동체를 부정으로부터 차단하고 정결을 유지함으로 이들은 거룩한 하느님의 백성이 된다는 의식을 형성하게 된다. 그리고 거룩함은 분리이자 구별로 규정되었다. 혼란으로부터의 분리, 이방 민족들과의 구별, 비정상적인 것으로부터의 분리, 부정한 것으로부터의 분리, 곧 경계 설정이다. 이것이 공동체의 정결을 유지하고 하느님의 백성으로서 거룩함을 지키는 방법이라고 생각한 것이다. 예를 들어, 사제들에 의해 형성된 것으로 추정되는 창조 이야기에서도 하느님이 보시기에 좋은 세상은 혼란으로부터의 구별, 분리로부터 시작된다. 앞서 보았던 정결한 동물과 부정한 동물의 구분도 아마 그 시대 그들의 사회 속에 존재했던 경계를 중심으로 분류되었을 것으로 추정할 수 있다. 예를 들어, 땅에 사는 동물은 당연히 굽이 갈라지고 새김질을 하는 동물이 정상이라는 사회적 합의하에, 그렇지 않은 동물을 비정상, 부정한 동물로 취급하였던 것이다. 바다에 사는 물고기도 마찬가지이다. 헤엄칠 수 있는 비늘과 지느러미가 있는 물고기가 정상적인 범주에 속하였고 이 범주에서 벗어나는 물고기들은 부정한 동물로 간주되었다. 부정한 동물과 정결한 동물의 범주를 나누는 11-16장에는 악성 피부병에 걸린 사람이나 몸에서 유출이 일어나는 상태를 비정상이자 부정하다고 간주하며, 부정한 사람은 다른 사람도 부정하게 할 수 있기에 공동체로부터 격리되었다.

동성애 금지 조항을 포함하여 레위기 18장과 20장에 등장하는 금지된 성관계 규정들은 이방 민족이나 이방 종교에서 성행하던 성과 관련된 관습들로부터 자신들을 차별화, 분리하려는 노력의 일환으로 보인다. 땅의 풍요를 가져오는 가나안의 대표적인 신, 바알과 여신과의 성적 결합으로부터의 차별화 이외에도, 근친상간이나 몰렉에게 자녀를 드리는 희생제사 금지 등이 그것이다. 그렇다면 동성애 금지도 이방 민족과의 구별을 통한 거룩/정결을 유지하기 위한 하나의 규정일 것이다. 문제는 앞서 보았듯이, 왜 레위기에서 여성 동성애자, 즉 레즈비언에 대한 금지는 언급되지 않았는가 하는 것이다. 또 18장 22절과 20장 13절의 "여자와 자듯이", "여자와 한자리에 들듯이"가 의미하는 것은 무엇인가 하는 것이다.

여자들 간의 성행위에 대한 금지 규정이 없는 것은 레위기의 독자가 유대 남성이었다는 사실과, 당시 가부장적인 사회구조 속에서 이해할 수 있다. 하지만 성교에서 '삽입'에 초점을 맞추어 여성 동성애 누락과 남자와 한자리에 든 남자의 경우를 설명하기도 한다.[14] "여자와 자듯이"나 "여자와 한자리에 들듯이"라는 구절은 삽입을 일컫는 행위와 관련되며, 남자가 여자와 자듯이 다른 남자와 한자리에 드는 것은 남자들 간의 삽입

---

14 다니엘 헬미니악,『성서가 말하는 동성애: 신이 허락하고 인간이 금지한 사랑』, 김강일 옮김, 해울, 2003, 53-79. 이하 이 단락의 논의는 헬미니악의 책에서 인용하였음을 밝힌다. 직접 인용을 제외하고 각주는 생략한다.

이 일어나는 성교를 의미한다고 주장한다. 그리고 이것이 레위기에서 유일하게 문제 삼는 것이라고 지적한다. "남성끼리 삽입 성교를 하는 것은 남자와 여자의 역할을 뒤섞는 것과 같았으며, 종류가 다른 것들을 뒤섞는 일은 망측한 짓"이라는 의미이다.[15] 경계의 유지를 통해 부정을 막고 거룩한 공동체를 유지할 수 있었기에, 다른 종류와의 혼합은 경계를 파괴하고 사회의 혼란을 자초할 수 있는 위험한 일이었다. 즉 당시 온전한 여자와 온전한 남자의 성 역할은 "여자는 삽입당해야 하며 남자는 삽입해야 한다"는 것이었고, "여성은 남자에게 봉사하는 존재로 이해되었다"는 것이다.[16] 그런데 남자가 여자의 역할, 즉 삽입을 당하는 것은 그 시대 온전함에서 벗어나는 일, 경계를 넘어서는 일이었기에 이를 금지하고 부정하게 생각했다는 것이다.

그러나 여자와 여자와의 성행위는 삽입 행위가 아니었기에 성서에서는 금지하지 않았다는 말이다. 이것은 여자들의 성행위는 남자의 역할과 여자의 역할의 경계를 넘어설 수 없는 행위라는 의미이다. 이러한 의미에서 헬미니악은 당시 성행위를 동성 간 성행위 대 이성 간의 성행위로 분류하지 않았으며, 문제시되는 것은 종류가 섞여 역할이 뒤바뀔 때만이 부정한 행위라는 의미가 있다고 주장한다. 이것은 다른 씨앗을 같은 밭에 섞어서 심거나, 다른 종류를 섞어서 옷을 만드는 일에도 적용되었다. "너희는 내가 정해 주는 이 규정을 지켜야 한다. 네 가축 가운데서 종류가 다른 것끼리 교미시키지 말라. 네 밭에 다른 종자를 섞어 뿌리지 말라. 종류가 다른 실을 섞어 짠 옷을 네 몸에 걸치지도 말라"(레위 19,19). 각기 유지되어야 할 경계가 뒤섞임으로 빚어지는 공동체의 혼란은 남자 간

---

15   같은 책, 56.
16   같은 책, 65.

의 성교를 넘어서 동물, 씨앗이나 실을 섞어 옷을 짜는 규정에까지 적용되었다. 이것이 하느님이 요구하는 부정을 방지하여 공동체의 정결을 보존하는 길이며, 정체성을 유지하면서 이방 민족과 자신들을 구별하는 방식이라고 이들은 믿었던 것이다. 그러나 이것은 어디까지나 그들이 믿었던 종교적인 관심사를 반영한 규정에 불과하며 이것이 성교 자체의 옳고 그름을 판단하는 윤리적인 잣대는 아니었다고 헬미니악은 주장한다. 따라서 레위기의 의미를 토론했던 랍비들은 남자들 간의 삽입을 제외한 어떠한 성행위도 문제 삼지 않았던 것으로 보인다. 이를테면 남자의 자위나 남자들 간의 삽입을 제외한 성접촉, 여자들 간의 성접촉 등은 이들의 관심사가 아니었다는 말이다. 삽입이 일어나지 않으므로 경계는 유지되었고, 남자와 여자의 역할의 혼란은 일어나지 않기 때문이다.

　　동성애 금지 규정이 레위기를 제외하고 포로기 이후 정체성 형성을 강조하는 다른 성서 본문에서 등장하지 않는다는 것도 흥미롭다. 이방 여자와의 결혼 금지가 빈번하게 언급되는 에즈라-느헤미야서에서 남자 간의 성교 금지는 언급되지 않는다. 바빌론 포로기 이전 지도층과 백성들의 죄를 신랄하게 비판하는 예언서에도 여성들의 성에 대한 혐오는 등장하지만, 동성애에 대해서는 언급하지 않는다. 아마도 실제적으로 동성애는 공동체의 질서를 혼란케 하거나 정체성 형성을 위협하는 직접적인 근거가 되지 않았기 때문일 것이다. 설혹 실제로 남자 간의 성교가 존재했다 하더라도, 이것을 발견하여 사형을 집행했을 가능성은 희박해 보인다. 지극히 사적인 행위이기 때문이다. 이런 의미에서 20장의 동성애 금지를 포함한 범죄들은 제사장, 즉 "집권 세력의 이데올로기적 홍보물에 가깝다"고 평가되기도 한다.[17] 공동체의 정체성을 이방 민족과의 구별을 통해 형성하고, 그러한 구별, 분리가 곧 거룩하다는 이념은 이방 민족과의 성적인 차별화를 통해 구축된다. 이러한 과정에서 동성애(남자 간의 성교) 금지 규정이 형성된 것이다. 문제는 이렇게 특정 사회 속에서 형성된 성서의 법 규정이 2018년 성소수자들을 더 구속하는 법으로 변했다는 것이다. 동성애에 대한 불편한 감정들, 자신들의 도덕적인 잣대를 신앙의 신념이라는 이름으로, 하느님의 창조 질서에 대한 자신들의 해석으로 교회는, 교회 지도자들은, 교회 신도들은, 우리는 경계를 만들고 성소수자들을 경계 밖으로 밀쳐 내고 있는 것이다. 누가 경계를 정하는가? 교회와 일부 기독교인들이 아닐까? 그리고 교회와 기독교인들은 사회와 종교가 그어 놓은 경계의 선을 유지하도록 교육받고 하느님의 이름으로 이 선을 넘는 것을 정죄하는 것은 아닐까? 이 낯선 경계의 선이 동성애 차별과 혐오를 유발하였고, 이 선 위에서 성소수자들은 아파한다. 결국 "교회가 내게 사람을 차별하게 만들었다".[18]

레위기의 중심부인 19장에는 예수의 핵심 가르침이라고도 할 수 있는 "네 이웃을 네 몸처럼 아껴라"(19,18)라는 계명이 등장한다. 19장 9-18절까지는 어떻게 이웃을 내 몸처럼 아낄 수 있는지를 구체적 방법으로, 또한 누가 이웃인지를 열거한다. 가난한 자, 몸붙여 사는 외국인, 귀머거리, 소경 등 사회·경제·정치적 약자들이다. 우리가 일상 속에서 만날 수 있는 이들이다. 성서에 지배 계층과 남성의 목소리가 반영되면서 이들의 이념이 그대로 노출되기도 하지만, 성서는 약자들의 생존에 대한 관심과

---

17 김진호,「남자와 동침하면 사형에 처하라(레위기 20장 13절): 유대 귀환공동체의 순결주의 정치학」,『혐오와 여성신학』, 한국여성신학회 엮음, 동연, 2018, 117.
18 고성기,「낯선 경계의 선을 넘어」,『하느님과 만난 동성애』, 85-86.

이들에게 부당하게 행해질 수 있는 불의에 민감하게 반응한다. 특히 율법보다 사람이 먼저라는 예수의 말씀은 성소수자들을 정죄하는 기독교와 기독교인에게 많은 성찰의 질문을 던진다. 예수는 사회의 가장 약자들과 함께 삶을 나누었다. 성적 취향과 성 정체성으로 고민하고 눈물을 흘렸던 이들에게 죄 없는 자가 돌로 치라는 예수의 말씀은 해방의 말씀이자 있는 그대로 자신의 존재를 긍정하는 힘이 되기도 한다.[19] 육우당도 확신한다.

> 소돔과 고모라, 우리를 공포로 몰아넣는 이야기, 가식적인 십자가를 쥐고 목사들은 우리를 벼랑 끝으로 내몰고 우리는 떨어지지 않으려고 있는 힘껏 발악하고, 만일 우리가 떨어진다면 예수님이 구해 주시겠지. 창녀와 앉은뱅이에게 사랑을 베푸셨듯이 우리에게도 그 사랑을 보여 주시겠지. 푹신한 솜이불처럼 따뜻한 사랑을 ….
>
> 육우당, 「현실」

성서 시대와 다른 시대를 살고 있는 우리에게는 그 시대에 보이지 않았던 또 다른 약자들, 이웃들, 민중들이 존재한다. 성소수자들이다. 지금도 보이지 않고, 우리가 보려 애쓰지 않는 그이들이다. 우리가 만들어 놓은 경계 밖에서 모든 차별과 혐오의 한가운데 서 있는 그이들이다. 보이지 않는 여러 곳에서 육우당의 죽음은 지금도 반복되고 있다. 교회가 이들을 향한 혐오의 마음과 행위를 거두지 않는 한, 우리가 이들과 함께하지 않는 한, 또 다른 육우당은 아픔의 사건으로 계속 우리에게 다가올지도 모른다. 삶의 현장을 떠난 신학은 신학을 위한 신학이 될 수밖에 없다

---

19 크리스, 「크리스의 레즈비언이 된 이야기 그리고 레즈비언으로 사는 이야기」, 『하느님과 만난 동성애』, 178.

는 민중신학의 가르침은 그래서 오늘날 우리에게 더 절실하다. 이웃을 아끼는 방법을 잊은 우리에게, 민중의 삶의 현장을 외면하는 우리에게, 너희들만이 우리의 이웃이 될 수 있다고 규정하는 교회에게, 하느님은 말씀하신다. "내가 그들을 받을 것이다."

"어서 오라 평화로운 세상이여": 더 많은 해방의 이야기를 기다리며

어서오라 어서오라 평화로운 세상이여 어두컴컴 암흑세계 잡아먹고 어서오라 은하수가 흐르듯이 꽃잎타고 흘러오라 평등평화 아름다운 세상이여 어서오라 동성애자 보호받고 장애인도 존중받고 흑인 또한 사람대접 받는 세상 낙원이여 그런날이 온다면은 모든이가 밤낮없이 덩실덩실 춤을추며 기뻐할 것이다

육우당, 「낙원가」에서

육우당의 죽음 이후 많은 변화들이 진행 중이다. 2004년 청소년보호법에서 유해 매체물 심의 기준에 포함되어 있던 동성애가 삭제되었다. 또한 동성애 문제가 공론화되면서 지금까지 육우당 추모회가 개최되고 있다. 동성애자들을 향한 인권유린, 차별과 혐오 금지도 지속적으로 촉구되고 있다. 육우당 죽음 직후 인권단체 서른세 곳이 동성애 차별 반대 성명을 발표한 것을 시작으로, 2017년 또다시 불거진 동성애 논란에 대응한 성명서가 발표되기도 하였다.[20] 교회와 기독교인들의 동성애를 바라보는

---

[20] 「여성신학회 간담회: '예장통합 총회 결의 반복음적'」, 『베리스타』, 2017. 9. 28. http://veritas.kr/articles/26839/20170928/동성애반대-반복음적.html

인식 변화를 위한 지속적인 노력과 함께, 중요한 것은 성소수자들과 함께 하는 모임들도 진행되고 있다는 점이다. 퀴어성서 주석 번역을 추진하면서 두 번에 걸친 퀴어성서 주석 강독 모임도 개최되었다.[21] 행동하는 성소수자인권연대(구 동성애자인권연대), 섬돌 향린교회, 열린문메트로폴리탄 공동체 교회, 차별 없는 세상을 위한 기독교 연대가 준비 단체로 참여하고 해외 성소수자들과 가족들의 도움으로 2014년부터 청소년 성소수자 위기 지원 센터인 '띵동'도 운영되고 있다.[22] 동성애자도 하느님의 자녀이며, 하느님은 동성애자들을 사랑한다는 확신을 통해 자기 존재를 긍정하고 새로운 신앙 공동체를 형성하며 오늘도 성소수자들은 해방의 이야기를 만들어 가고 있다. 한 동성애자는 말한다.

> '나의 정체성을 긍정'하는 것과 '나의 신앙을 긍정'하는 이 두 가지 일은 내가 오랫동안 고민하고 강요받은 것처럼 양자택일해야 하는 것이 아니었다. 나는 기독교인이면서 동시에 동성애자인 내 존재가 '서로의 교집합'처럼 이 세상에는 없는, 지워진 존재라고 여겼었지만 결국에는 없는 것을 있는 것으로 부르시는 이가 하느님이라는 것을 깨닫게 되었다.[23]

2018년 오늘, 성소수자들은 이미 사회가 만들고, 교회가, 기독교가 더 단단히 고정시킨 경계를 허물고 있다. 이제 성소수자들에 대한 무관심과 혐오와 차별로 만들어진 경계를 넘어서는 것은 그들을 정죄해 왔던

---

21 「고대사회 성규범을 현대에 적용한다?」, 『뉴스앤조이』, 2017. 10. 13. 두 번째 강독은 2018년에 개최되었다. http://www.newsnjoy.or.kr/news/articleView.html?idxno=213680
22 띵동의 웹사이트는 다음과 같다. http://www.ddingdong.kr
23 양지, 「나의 커밍아웃 이야기 - 하느님, 나 그리고 신앙 공동체에게」, 『하느님과 만난 동성애』, 187.

교회와 기독교인들의 몫이다. 언젠가 육우당의 낙원가를 함께 부르는 그 날이 오기를 기다리며, 성소수자들의 죽음의 이야기가 아닌 해방의 이야기들이 우리 사회에, 교회에 넘치기를 희망해 본다.

| 참고 문헌 |

김상기,『성서주석. 3-1, 레위기 I』, 대한기독교서회, 2015.
김진호,「남자와 동침하면 사형에 처하라(레위기 20장 13절): 유대 귀환공동체의 순결주의 정치학」,『혐오와 여성신학』, 한국여성신학회 엮음, 동연, 2018.
다니엘 헬미니악,『성서가 말하는 동성애: 신이 허락하고 인간이 금지한 사랑』, 김강일 옮김, 해울, 2003.
슘 프로젝트,『하느님과 만난 동성애』, 한울, 2010.
육우당,『내 혼은 꽃비 되어』, 동성애자인권연대, 2006.
이환진,『성서주석. 3-2, 레위기 II』, 대한기독교서회, 2013.

참고 웹사이트

www.lgbtpride.or.kr/xe/?module=file&act=procFileDownload&file_srl=60037&sid=2b4778ac06fe022d7127169323d7bf26
http://ko.wikipedia.org/wiki/육우당_(활동가)
http://www.cck.or.kr/chnet2/board/view.php?id=16&code=notice02
http://h21.hani.co.kr/arti/society/society_general/34481.html
http://www.hani.co.kr/arti/society/society_general/584808.html
http://www.christiantoday.co.kr/news/304200
http://www.ohmynews.com/NWS_Web/View/at_pg.aspx?CNTN_CD=A0000120552
http://www.hankookilbo.com/v/1cc98bf295404e988ecf7e41f005e126
http://veritas.kr/articles/26839/20170928/동성애반대-반복음적.html
http://www.newsnjoy.or.kr/news/articleView.html?idxno=213680
http://www.ddingdong.kr

3 늦게 태어나서 죄송합니다:
청년, 민중신학과 만나다

김윤동

들어가며

청년의 현실을 고발하는 이야기가 세상에 흘러넘친다. 가난하고 미래에 대한 변화의 기대가 없으며, 그야말로 무릎을 꿇고 두 팔로 땅을 짚고 쓰러진 채 절망한 형상 알파벳 'OTL', 이것이 우리가 '청년'이란 단어를 머릿속으로 떠올렸을 때 그리는 이미지다. 우리가 이런 이미지를 그리는 이유는 일상에서 청년들이 외치는 언어들에서 기인한다. 이 시대 한국 사회의 청년들은 그들이 사는 반도 땅을 '헬조선'(지옥 같은 조선 반도)이라 부르며, '헬조선'을 지배하는 사회적 규범은 혈통 부모의 경제력, 곧 '수저 계급'임을 외친다. 눈 떠 보니 금수저를 받아 든 아이가 있는가 하면, 대부분 99%의 아이들은 '흙수저'로 맨땅에서 살아남아야 한다고 절규한다. 그에 반해 기성세대는 이율배반적인 청년, 한편으로는 독립하지 않고 부모 세대로부터 자립하지 않고 이행을 유예하면서 다른 한편으로는 기성세대를 비난하는 '무례한' 무리로 인식한다. 또한 기성 질서에 대항하지 못하고 냉소, 비관, '달관'하는 모습, 자기보다 약한 이들을 혐오나 하는 모습을 말하며 유사 이래 가장 '이기적인 세대'로 그려지는 경우가 다반사다.

그래서 궁금해졌다. 왜 지금의 청년은 이런 이미지를 가지게 되었을까? 87년 체제 이후 청년은 곧 '대학생', 역동적이고 사회의 변혁을 이끄는 주체라는 이미지가 흐려지고, 가난하고 유약하여 '역사적인 대의'를 저버리고 자기 자신의 안위만을 챙기는 이미지를 입게 됐을까? 과연 청년들은 우리가 머릿속으로 그리는 이미지처럼 유약하고 아무런 미래에 관한 비전과 계획이 없으며, 좌절과 절망으로 일관하는 이들일까? 이런 담론은 청년 세대를 표현하고 청년의 절규를 풀 수 있는 온당한 담론일까? 이 글은 지금의 청년들이 당면한 문제를 풀기 전에 이 문제부터 짚고 넘어가고자 한다.

청년을 세대 문제 안에 가두라: 청년 문제를 왜곡하는 '세대 프레임'

최근 청년 세대에 대한 담론뿐 아니라 모든 사회적 갈등에 '세대 문제'라는 강력한 프레임을 씌우는 '플레이어'들이 있음을 지적하는 단행본 한 권이 출간되었다. 사회학자 전상진은 그의 저서 『세대 게임』(문학과지성사, 2018)에서 우리가 '세대 프레임의 강렬한 불빛에 현혹되어 엉뚱한 곳만 주시하는 것이 아닌"¹지 묻고 있다.

　　강력한 수사적(rhetorical) 강점을 가지고 있는 '세대'라는 프레임은 근본적이라고 믿었던 상징계의 이념들이 하루가 다르게 빨리 변화하는 한국 사회를 집단별로 묶어 낼 수 있는 아주 손쉽고도 매끈한 끈이다. 자기의 정체성을 어디에 정초定礎할 것인가 하는 문제, 즉 '나는 누구인가?', '나는 어디에 귀속되어 있는가?' 하는 문제에서 그 해답을 가장 눈에 띄게 볼 수 있는 곳이 '세대'다. 처음 만났을 때 이름을 묻기도 전에 "몇 살이에요?"라고 묻는 것이 그닥 불편하거나 결례가 아닌 사회, 그런 곳에서 사는 우리는 세대를 통해 관계의 불확실성을 제거하고 재빠르게 권력의 층위를 서로 매조진다.

　　특히 '세대 전쟁' 프레임은 '청년' 문제나 이슈와 관련해서 올바르게 접근하지 못하게 하고 그 문제를 왜곡시키는 데에도 지대한 영향을 미치고 있다. 실제로 '세대 전쟁'을 벌이는 '플레이어'들은 청년은 어떤 성향이나 행동의 경향들, 소위 '청춘'이라고도 불리는 청년의 특질이 있어야 한다는 '청년성性'에 대한 숨은 전제를 작동시키고 있다. 무엇인가? 바로 **이상적 인간**(Ideal type)으로서의 청년이라는 판타지다. 청춘青春²이라는 단어에서도 알 수 있듯이 청년의 시기는 인생의 화창한 봄날이면서, 인간으로서 신체적으로나 정신적으로나 가장 활력 있고, 아름다운 시기로 여겨진다. 당/연/히 미래지향적이어야 하고, 현재를 불충분한 것으로 여길 의무가 있으며, 그렇다고 불충분한 것에서 멈추거나 좌절하지 않아야 하고,

---

1　전상진, 『세대 게임』, 문학과지성사, 2018, 23.

2　국립국어원 표준국어대사전에서는 '청춘'에 대해 다음과 같이 정의한다. "새싹이 파랗게 돋아나는 봄철이라는 뜻으로, 십 대 후반에서 이십 대에 걸치는 인생의 젊은 나이 또는 그런 시절을 이르는 말."

새로운 것들을 늘 꿈꾸며, 아직 오지 않은 세계의 이상理想을 현재로 도래시키려 끌어당기는 막중한 책임이 있는 존재로 그려진다. 즉, "이러한 이상理想으로서의 청년성性은 숨 쉬는 청년이라면 마땅히 가져야만 하는 속성의 집합"[3]인 것인데 청년도 일정한 연령이 되면, 그 '시간'에 따라 그저 생득적으로 편입되는 정체성으로 인식된다.

한데, 문제는 여기서 한 걸음 더 나아간다. 청년에게서 청춘(청년성)이 탈구된 현상이다. "숨 쉬는 청년이라면 마땅히 가져야 하는 속성들의 집합"들은 어느새 청년의 몸으로부터 분리되어 모든 인간들이 추구해야 할 마땅한 가치가 되었다. 결론적으로, '이상적 인간'으로서의 청년성, 청춘이라는 판타지를 끊임없이 재생산하고, 그리고 다시 그것을 청년으로부터 탈구시켜 이 시대의 청년을 이전의 청년들보다 못한, '진정한 청춘'이기를 포기한 열등하고 이율배반적인 청년으로 취급하는데, 이 레토릭은 상당 부분 그 효과를 성취하고 있는 것으로 보인다.

누가 청년인가?

청년은 눈에 보이고 손에 잡힐 것도 같다. 상대적으로 어려 보이고, 젊어 보이고, 건강한 육체를 가진 이가 있다면 우리는 그들을 젊은이 또는 청년 세대라 칭한다. 공식적으로도 누가 청년인가에 대해서는 기준이 존재한다. 법률상으로 청년의 정의가 유일하게 나와 있는 곳은 「청년고용촉진특별법」이다. 이 법에서는 청년을 15세 이상 29세 이하의 '미취업

---

3   『세대 게임』, 66.

자'로 정의한다.[4]

　법률 안에서 누구를 청년으로 볼 것인가, 어떤 문제를 청년 문제로 볼 것인가 하는 문제는 이 사회가 청년의 삶을 어떻게 인지하는지를 보여 주는 매우 중요한 척도다. 그런데 이러한 법률 안에서 청년의 '자리'는 매우 협소해 보인다. 일단 청년이라는 이름이 들어간 법률은 2004년에 제정되어 이후 몇 차례 개정된 「청년고용촉진특별법」이 유일하다. 이것으로 알 수 있는 점은 일반적인 사회적 규준 안에서 청년이란 **첫째**, 연령대로 구분 지어지는 집단이며, **둘째**, 그 집단은 고용, 즉 일자리 문제와 관련된 집단이다. 다시 말해, 법률상 청년은 20~30대를 가리키고 나아가 청년의 문제라 함은 "20~30대의 일자리 문제"이므로 청년 정책은 고용 정책으로 환원되는 경우가 많다. 과연 20~30대의 일자리 문제가 해결되면, 소위 완전고용이 실현되면 청년 문제는 해소될까? 그렇지 않다. 청년의 문제는 총체적이다.

　오늘의 민중신학은 청년이라는 이슈를 접하며, 먼저는 그들이 고통당하는 현장과 현상들에 주목하고 그들이 민중으로서 구성되는 '사건'들을 발굴해 내고자 한다. 과거 민중신학 태동기에 사회적 고통에 대한 청년(대학생)의 끈질긴 저항을 통해 민중신학이 세상으로 호출되었다면, 지금의 청년은 실제로 고통을 받는 자리에서, 또한 앞으로 우리가 겪을 고통을 미리 알려 주는 '비상벨'로서 민중신학의 응답을 기다리고 있다. 하여, 오늘의 민중신학은 청년이라는 집단을 생애주기 속에 그저 거쳐 지나

4　새로운 사회를 여는 연구 모임, 『청춘의 가격』, 사계절, 2017, 15. 청년의 연령을 15~29세로 정의하지만, 최근에는 청년층의 사회 진출이 늦어지는 현실을 감안해 지방 공기업에서는 정부 지원금을 받을 수 있는 청년층을 15세 이상 34세 이하까지 확대하기도 했다. 때로는 결혼 유무에 따라 40대 이상까지도 청년에 포함하기도 한다. 이처럼 청년 세대를 가르는 기준이 동일하지는 않지만, 일반적으로 20대와 30대 초중반까지는 청년으로 인식한다.

가는 생물학적 집단으로 부르기를 중단하고, 일자리를 얻지 못한 '비노동자', '이등 시민'으로 오해하기를 멈춘다.

그들은 오늘날 우리 모든 사회가 겪고 있는 보편적 고통을 짊어진 존재, 곧 종교적인 의미가 아니라, 세상의 모든 구조에서 오는 피해를 짊어진 무리로, "세상 죄를 지고 가는 어린 양"[5]으로 다시 호명할 것을 제안한다. '귀속성을 비자발적으로 박탈당한'[6] 오클로스적 민중, 죄의 체제 아래에서 영토 바깥으로 추방당하고 낙인찍힌 '한'恨[7] 서린 민중으로 말이다.

미래를 빼앗긴 사람들, 그들이 우리다

'늦게 태어나서 죄송합니다'라고 제목을 붙인 것처럼 청년 세대는 지금의 행복과 지금의 존엄을 유예당하고 있다. 이유는 그저 다른 이들에 비하여 상대적으로 늦게 태어났기 때문이다. 사서도 고생하는 청년, 그들은 아파도 도전해야 하고, 실패하더라도 좌절하지 않아야 한다지만 지금의 청년들은 그렇게 하지 않는다. 애초에 불가능한 게임인 것을 눈치챘기

---

5 안병무는 『민중신학 이야기』에서 민중에 대한 단정 짓기를 거부하면서 동시에 말할 수밖에 없는, 세상에 일컬어져야 하는 민중에 관하여 다음과 같이 말한다: "보라, 세상 죄를 지고 가는 하느님의 어린 양이로다." 이 말을 오늘 우리 한국 땅에서 고난당하고 있는 사람들을 향해서 말하는 것이 왜 안 된다는 거지요? … "세상 죄를 지고 간다"라는 말은 종교적 의미로 쓴 말이 아닙니다. 그저 말 그대로 세상 죄지요. 이것은 비단 독재자의 죄만이 아니고 그 독재자를 막지 못하는 사람들의 죄이기도 해요. 비리와 부정을 행하는 놈만의 죄가 아니고 그 비리를 허용하는 자들의 죄도 돼요. … 세상의 모든 구조에서 오는 고통을 우리 모두가 다 받아야 될 터인데, 그 피해를 당하는 사람들이 오늘날 이 땅의 민중 아니오?(안병무, 『민중신학 이야기』, 한국신학연구소, 1988, 33).

6 김진호 외, 『죽은 민중의 시대, 안병무를 다시 본다』, 삼인, 2006, 20.

7 서남동, 『민중신학의 탐구』, 한길사, 1977, 107.

때문이다. 이런 처지에 대해 한편에서는 부모의 경제적 계급 탓만 하며 '삶의 다음 단계로 이행하지 못하는' 무능하고 칭얼거리는 이율배반적인 세대로, 다른 한편에서는 당당히 제 손으로 민주화를 쟁취한 세대처럼 사회의 불의한 구조를 주체적으로 타파하려고 '짱돌을 들지 않는' 청년으로 손가락질 매도당하기도 한다. 이들은 그렇게 죄인으로 낙인찍혔다.

이들에게 남은 것은 오직 생존 그리고 포기뿐이다. 김홍중이 말한 바 대로 "삶의 거의 모든 영역 또는 생애 과정 전체에서 진행되는 경쟁 상황에서 도태되거나 낙오되지 않는 상태",[8] 곧 생존을 자신의 최우선 가치로 삼는 "생존주의 세대"[9]가 되어 있다. 이제 청년들은 삶의 경쟁 상황에서 도태되지 않고 각자도생하기 위해 저항, 반항, 유희, 자유와도 같은 기존의 청년성을 '사치'로 여기고 스스로 벗어던졌다.

하지만 이들이 죄인으로 지목된 사유들은 죄의 체제가 만들어 낸 악이며 구조적인 모순이다. 다시 말해, 청년들은 구조적인 악으로 인해 미래를 빼앗겼다. 이것이 청년을 생애주기 내의 한 세대로 보는 프레임을 벗어던지고, 고통을 일자리로 국한하기를 멈추고 고통의 '사건'[10]으로 묶인 하나의 민중으로, 안병무의 '오클로스적 민중'으로 묶어 부르려 한다. 이 이야기를 조금 더 구체적으로 살펴보자.

그이들은 '밖'으로 밀려났다. 한데 이제 그이들의 일상 영역인 그 '밖의 공간'은 항상 그이들의 원래 살았던 공간의 '외부'일 뿐이다. 그것은 그이들 자신의 새로운 일상의 공간 속에 뿌리내리지 못하고, 늘 저 '안의 공간'을 욕망

---

8 김홍중, 『사회학적 파상력』, 문학동네, 2016, 272.
9 같은 책, 257.
10 안병무, 『역사와 민중』, 한길사, 1993, 92.

하고 있기 때문이다. 즉 자신이 스스로를 규정하는 것은 자기가 삶을 영위하는 곳이 아니라, 자기를 배제하는 곳과 얽혀 있다는 것이다. 그것은 자기가 부재한 곳의 언어가 자기의 존재를 규정하고 있다는 것을 의미한다. 이와 같이 존재하면서도 부재한 자, 타자의 언어로 자신의 존재를 해석해야 하는 자들이 바로 안병무 선생의 오클로스다.[11]

위의 인용문은 김진호가 『21세기 민중신학』에서 언급한 안병무의 오클로스론이다. 오클로스는 경계 바깥으로 밀려난 이들이다. 현재 존재하고 있으면서도 그 존재가 부정당해 '성문 밖'으로 추방당한 자들이다. 현재의 청년들에게는 미래가 없다. 미래에 대한 기대, 미래가 지금과는 달라질 것이라는 기대가 없다. 인간의 존재란 곧 미래의 '현현'顯現이다. 인간이 사는 '현재'란 곧 '미래'의 다른 이름이다. 바로 미래를 현존의 토대로 삼는 종이기 때문이다.[12] 오늘의 전적인 향유와 맞바꿀 정도로 인간에게 소중한 것은 내일이라는 이름의 '전망'이다. 인간은 비록 비루한 오늘을 겪을지라도 내일 달라질 것을 기대할 수 있다면 삶의 발걸음을 이어 가는 존재다. 이렇게 미래를 통해, 미래를 경유함으로만 존재하는 인간 종임에도 유독 지금 한국 사회를 살아가는 청년들에게는 미래가 허락되지 않았다. 시간의 바깥으로 밀려났다.

이는 먼저 청년 당사자들에게 매우 치명적인 독毒일 뿐 아니라, 나아가 사회를 하나의 유기적 몸이라고 생각해 봤을 때, 우리 사회의 '현재, 곧

---

11 김진호 · 김영석 엮음, 『21세기 민중신학 - 세계 신학자들, 안병무를 말하다』, 삼인, 2013, 48.

12 출산의 위험과 허약한 유년기라는 치명적인 생존의 결함, 단단한 이빨도, 추위와 더위로부터 보호해 줄 두꺼운 가죽도 없는 약점을 안고 있음에도 사피엔스가 지금까지 생존을 할 수 있었던 이유는 미래를 발견/발명해 냈기 때문이다. (다니엘 S. 밀로, 『미래중독자』, 추수밭, 2017).

미래'가 공백으로 남겨진 상태, 미래를 상실했음을 알리는 지표이다. 우리 사회가 겪고 있는 청년 문제란 우리 사회의 일부 구성원, 곧 생애주기상 청년 세대라는 집단이 겪는 문제임과 동시에, 우리 사회 전반이 보편적으로 겪고 있는/겪을 사건들을 예표한다. 이들이 바로 아감벤이 말하였듯 시대와 불화하는 '동시대인'이다. 시대에 '죄인'으로 낙인찍히고 시대와 불화하는 청년들이야말로 현실을 함께 사는 '동시대인'[13]이라 부를 수 있다. 그들은 "시대의 빛이 아니라 어둠을 인식하기 위해, 그곳에 시선을 고정시키는 존재"이다. "타성이나 수동적인 양상으로 빛에서 소외된 '어둠'이 아니라, 어떤 특수한 활동과 능력을 통해 세기의 빛에 눈멀지 않고, 그 이면의 '은밀한 어둠'을 포착하는 자"[14]들이다. 우리가 외면하고 싶어 했던 시대의 어둠을 짊어지고 있는 동시대인, 이들이 바로 지금의 청년이 아니겠는가?

청년이 겪는 고통의 자리

서울시를 필두로 각 지방자치단체에서는 청년기본조례를 바탕으로 청년지원정책을 실시하고 있는데, 그 세부 추진 사업 계획으로 바로 네 가지의 자리 — '설 자리(부채), 일자리(고용), 살 자리(주거), 놀 자리(커뮤니티)' — 를 들고 있다. 이를 통해 청년의 문제점이 크게 어떻게 나뉘어 있는지 알 수 있다. 하나하나 모두 세세하게 짚고 넘어갈 수 없으니 간략하게만 살펴보도록 한다.

---

13 조르조 아감벤, 『벌거벗음』, 김영훈 옮김, 인간사랑, 2014, 22.
14 같은 책, 27-28.

설 자리

첫째, 과거의 청년 세대와 비교했을 때 가장 지금의 청년이 차이 나는 고통의 자리는 '설 자리', 곧 부채의 문제다. 실제로 2010~2015년 사이 가장 많은 부채가 늘어난 계층은 30대 미만이다. 평균이 34%가 성장한 반면, 30대 미만은 61%이다. 두 배 가까운 수치다. 청년 부채의 시작은 학자금 대출이다. 청년층의 학자금 대출 부담은 기하급수적으로 높아지고 있다.[15] 게다가 이제는 취업 문턱을 넘어 소득을 가질 수 있는 이행기도 길어지면서, 취업 준비 기간에 경제적인 어려움을 겪는다.[16] 주거비, 교육비, 대출이자상환, 생활비는 청년들에게 생활비와 관련한 대출을 받을 수밖에 없는 상황을 조성한다. 신용거래가 없었던 청년의 신용 등급은 낮은 등급에서 시작하기 때문에 급전이 필요할 경우 저축은행, 대부업, 불법 사금융과 같은 고금리 대출에 몰릴 수밖에 없고 게다가 살인적인 금리를 가진 미등록 업체나 그 외 새로운 유형의 대출 자체는 통계에 잡히지도 않는다.[17] 청년 세대가 본격적으로 사회라는 범주 '안'으로 진입하

---

15 하나금융경영연구소 가계부채 주요 이슈 점검 보고서에 따르면 2016년 6월 기준 학자금대출 잔액은 11조 8000억원으로 2011년(5조 9000억원)대비 2배 가까이 늘었다. 이에 따라 1인당 1268만원(2011년 기준)이었던 20대 부채 규모는 5년 새 2385만원(2017년 기준)으로 88%나 증가했다. 통계청 가계금융·복지조사 결과, 소득 1분위(하위 20%)에 해당하는 30세 미만 가구의 월평균 소득은 78만 1000원으로 나타났다. 2014년 90만 8000원 이후 꾸준히 감소하고 있다. 구직이 어려워지면서 청년층의 소득은 감소하고 있는 것이다. 결국 청년층은 소득이 낮지만, 취업자금 등 지출은 필요해 생활비 대출에 의존하고 있다. 취업 기간이 길어지면서 주거비, 학원비, 교재 구입비 등의 비용은 더 증가해, 청년층의 부채 부담을 가속화시키고 있는 셈이다. (「대한민국 부채보고서 ② '빚' 썸(SOME)의 청춘」, 『아시아경제』 2018. 6. 22.)

16 금융위원회의 '청년 대학생 금융 실태조사'에 따르면 청년 중 60.2%가 취업 준비 기간에 경제적 어려움을 겪는다. 생활비(84.1%)나 학원비 및 교재비(25.8%)와 같은 취업 준비 자금뿐만 아니라 학자금대출 상환(7.4%), 일반대출 상환(3.1%), 주거비(8.7%) 등이 청년층이 대출을 하게 만드는 요인이다.

17 「2017 서울 청년의회 부채분과 발제문」에서(이규리).

는 이행기라는 점을 감안하면, 빚의 족쇄를 찬 채 문턱 앞에서 문턱을 넘볼 수도 없는 채로 돌아서야만 하는 처지가 바로 청년이다.

일자리

둘째, 역시 청년 문제의 가장 핵심이고 가장 잘 알려져 있는 일자리, 고용의 문제가 있다. 수많은 문제 제기와 연구들을 통해 알려져 있는 청년 문제의 대표 주자다. 보여지는 실업률은 물론 고공 행진을 이어 가고 있다. 2018년 5월 통계에 의하면, 청년 실업률은 10.5%다. 일자리 정부를 표방한 문재인 정부 또한 막대한 청년 고용을 위한 재정을 투입하고도 이러한 성적표를 받아 들여 크게 당황했다.[18] 하지만, 실업률 지표는 청년 일자리 문제를 온전히 담지 못하고 있다. 청년 일자리는 니트(NEET, Not in Education, Employment or Training의 준말)족이라 불리는 사회적 현상과도 매우 긴밀하게 연결되어 있다.

니트족은 현재 일을 하고 있지 않지만, 동시에 구직 활동도 하지 않으며, 정규 교육기관, 입시학원, 취업을 위한 학원이나 기관에 통학하지 않는 사람을 말한다. '비경제활동'인구라고도 한다. 이들의 수치는 공식적인 통계가 없고 연구 보고서들에 의존하는데, 일단「최근 청년층 니트의 특징과 변화」(김종욱, 2017)에 의하면 2016년 기준 94만 4천 명으로 집계되었다.[19] 이는 실업자의 수를 능가하는 수치다.

하지만 이러한 놀라운 수치적 결과보다 니트라는 개념이 한국 사회 내에서 인용되고 통용되는 양상은 더욱 지독하다. 그 문제를 이충한은 다음과 같이 지적하고 있다. "니트는 청년의 수많은 곤란함을 뭉뚱그린 후,

---

18 「극에 치달은 청년실업률, 돌파구 못 찾는 정부」,『일요서울』, 2018. 6. 22.
19 이충한,『비노동사회를 사는 청년, 니트(NEET)』, 서울연구원, 2018, 28.

그 문제의 원인이 개인의 인성에 있다고 뒤집어씌우는 개념으로 기능했다. … 청년 실업이라는 사회적 문제가 나약한 부적응 청년 개인의 문제로 치환되는 것이다."[20] 즉, 얼마 전까지만 해도 대통령이나 정부 여당 대표 등의 청년 일자리에 관한 발언은 청년 일자리에 관한 문제가 '개인의 윤리적'인 계제로 통용되고 있음을 보여 주었다. 육체적으로 힘든 일을 마다하고, 높은 소득을 찾는 청년, 현실을 맞닥뜨리지 않고 부모의 경제력에 기대어 독립하기를 주저하는 청년의 이미지가 청년들에게 덧씌워졌다. "아무리 애써도 표준화된 욕망에 도달할 수 없기에 일을 원하지 않는 방향으로 심리적 방어기제가 작동하게 되지만, 노동시장에 참여하지 않고서는 경제적 독립은커녕 온전한 개인으로 인정받기 어려운 사면초가의 상황."[21] 이것이 바로 일자리를 박탈당한 청년의 현주소다.

살 자리

셋째, 살 자리, 곧 주거의 문제가 있다. 청년의 주거. 실제로 1995년부터 2015년에 이르는 동안 지방에서 수도권으로 유입된 청년층은 85만 명이다.[22] 말 그대로 지방에 있는 청년들이 죄다 서울로 기어들어온 셈인데, 이렇게 지방에서 수도권으로 모여든 청년뿐 아니라, 수도권 내에서도 부모에 의존하지 않고 주거를 독립하고자 하는 이들의 주거 환경은 열악하고 처절하기까지 하다. 이들은 '집이 아닌' 집에서 산다. 2016년 기준으로 서울시에 사는 청년 세대 1인 가구는 43만 명인데, 43만 명 중에서 상가 등을 개조해서 만든 '비거주용 건물' 내 주택에 살고 있는 사람은 2

---

20 같은 책, 30.
21 같은 책, 31.
22 새로운 사회를 여는 연구 모임, 『청춘의 가격』, 137.

만 4000명, 주택 이외의 거처에 살고 있는 사람은 7만 4500명으로 집계된다.[23] 이 곳은 불법 건축물이기 때문에 제대로 보증금을 보호받지 못한다든지 생활비를 부담하는 면에서 주인에게 부당한 횡포에 그대로 노출되어 있는 경우가 허다하다. 제도의 공백 때문에 발생한 말할 수도 없는 주거의 고통은 삶을 든든하게 받쳐 주어야 할 일상의 공간을 생지옥으로 만들어 버린다.

놀 자리

그리고 마지막으로 부채, 고용, 주거가 무너지면서 궁극적으로는 사람과 사람이 이어지지 않는 '관계'의 문제, 커뮤니티 형성에 관한 문제가 있다. 실제 청년 운동을 진행하는 사람과 대화를 나눠 보면 청년 문제를 들여다보는 데에 근본적인 난점이 있는 이유를 두 가지로 요약할 수 있다. 하나는 미래에 대해 아무도 예측할 수 없다는 사실이다. 앞서 잠깐 언급하였듯이 사회의 변화가 예측할 수 없는 방향으로 나아가고 있기 때문이다. 과거의 속도에 비교할 수 없을 만큼의 속도, 그리고 비교할 수 없을 만큼의 정보의 양으로 청년뿐 아니라 기성세대 그 어느 누구도 '내일'을 예측하고 사회의 다음 방향과 다음 스텝을 제시하기가 쉽지 않다는 문제다. 그러다 보니 그와 연계되어 두 번째 문제, 청년들과 함께 작당作黨을 모의할 방도가 없다. 세력화 또는 조직화하기가 쉽지 않은 문제가 있다.

세대는 곧 공통의 기억이다. '많은 것' 또는 세력을 지칭한다. 같은 시간을 보냈다는 공감대이다. 한국전쟁이라는 큰 산을 넘은 세대, 독재에 맞선 민주화운동이라는 큰 산을 넘은 세대 등 어떤 거대한 시간의 파고

---

[23] 「'리얼 스토리 2030' 청년들의 주거 문제, 사랑도 사치로 만드는 현실」, 『아시아타임즈』, 2016. 12. 9.

를 넘은 기억들이 세대를 형성하게 한다. 그런데 그 시간이란 오랜 시간 동안 그 일대의 '사건'과 관련된 메커니즘이 작동하며 사람들 사이를 결속시켜야 하지만, 요즘은 그런 사건이 잘 드러나지 않을 만큼 빨리 사건이 묻히고 새로 생겨나기를 반복한다. 단단하게 세대가 형성될 만큼의 어떤 강력한 사건이 지속되는 게 쉽지 않다. 즉, 관계망이 형성되는 게 불가능한 시대다. 비교적 어제와 오늘, 저기와 여기가 연결되던 때가 있었다. 사건과 맥락이 형성되고 무르익고 '세력'으로 형상화할 수 있는 시기가 있었다. 하지만 지금은 그것이 불가능하다.

가스통을 든 '어버이', '소확행' 권하는 사회 그리고 멀리 데려가는 '마더'

글을 갈무리하는 지점에서, 이 글은 청년들 당사자에게 어떤 행동의 변화를 주문할 의도가 없다. 청년은 '비정상적인 문제적 현상 또는 해결해야 할 문제적 인간들'이 아니다. "진로 해체, 경제적 궁핍, 관계 단절"[24] 이라는 상황에 빠지는 것이 너무나 쉬워진 상황에서 우리 사회가 어떤 병을 앓고 있는지를 표상해 주는 '증세'(symptom)로, 과잉 긍정의 시대에 던지는 '질문'으로 받아들여야 할 것이다.

동시에 그들은 세상의 구조적 악으로부터 기인하는 고통을 당하고 있는 것이 분명하지만, 그럼에도 언론에서 그리는 것처럼 문제를 방관하거나 손 놓고 있으면서 '달관'하고만 있지는 않다. 만약 청년들에게 "더 나은 삶을 향해 좌절 말고 전진하라!"는 말을 한다면, 분명 그들은 "지금

---

[24] 이충한, 『비노동사회를 사는 청년, 니트(NEET)』, 34.

도 '자리'를 확보하기 위해 24시간이 모자랄 정도로 뛰어다니고 있는데 무언가를 더 하라고요? 본인들이 점거해 버린 그 '공간'부터 내놓고 말씀하시죠"라는 응답이 되돌아올 것이다. 그들의 현재는 그렇게 달관할 만큼 여유롭지 않다.

청년들을 사지로 몰아가는 이 사회가 청년에게 어떤 양상으로 청년을 대하고 있을까? 또한 어떤 방식으로 그들과 함께 현존하는 문제를 풀어 나갈 수 있을까? 아주 희미한 '어버이', '소확행' 그리고 '마더'라는 세 가지 키워드를 가지고 간략하게 정리를 해 보고자 한다.

가스통을 든 '어버이'

이 사회의 부모 세대를 대표하겠다고 나선 '어버이'들은 자유대한민국의 수호를 최우선적인 목표로 하고 있다. 소위 '가스통 할배'들로 상징되는 폭력적이고 극단적인 주장을 펼쳐 온 이 단체는 통합진보당 해체를 비롯하여 이른바 극우 성향의 이슈들을 거리에서 실천하는 단체로 알려져 있다. 이들은 이명박, 박근혜 두 정권 동안 극우적 성향의 집회를 주도하면서 기성세대의 상징으로 등극했다. 한데, 최근 잇따라 어버이들의 '어버이'가 국가와 삼성임이 폭로되는 사건이 있었다. 국내 대표적 보수단체를 자칭하는 '대한민국 어버이연합'은 2009년 이명박 정권 시절 국가정보원으로부터 매월 정기적으로 200~500만원가량의 '협조망비'를 받은 것이 밝혀졌다.[25] 또한 최근 『시사인』 주진우 기자의 취재를 바탕으로 방영된 MBC 시사프로그램 「스트레이트」에서는 삼성 미래전략실이 2013년 이후로 수차례 청와대와 국정원, 전경련 그리고 어버이연합을 잇

---

[25] "어버이연합, 삼성이 키웠다. 자금 우회 지원", 「MBC 뉴스」, 2018. 5. 8.

는 자리를 만들며 뭉칫돈을 이 단체에 후원한 것으로 밝혀져 사회는 일대 충격에 빠졌다.

이 사회의 질서와 대한민국이라는 국가의 정통성을 수호한다는 '부모' 세대가 보이는 이중적인 행태, 곧 한편으로는 매우 이념적이고 고상한 가치를 수호하는 구호를 외치면서 다른 한편으로는 ― 진실을 파헤쳐 보니 ― 싼값에 자신의 삶과 존재를 팔아넘기고 있었던 어버이의 모습이 있다. 이들은 물론 지금의 청년들에게 조롱과 혐오의 대상이긴 하지만, 동시에 대한민국의 가장 솔직하고도 서글픈 기성세대의 자화상이기도 하다.

'소확행' 부추기는 사회

고통스러워하는 청년에게 '아프니까 청춘이다'를 선언한 이후, '아프면 환자지, 무슨 청춘이야!'라는 격한 응답을 되돌림 받고도 서울대 김난도 교수는 '달관 세대'에 이어 '소확행'小確幸을 기어코 우리 앞에 내놓고 말았다. 소확행의 가장 유력한 기원이라고 알려져 있는 일본 작가 무라카미 하루키의 에세이집 『코끼리 공장의 해피엔드』에는 이런 문구가 나온다. "서랍 안에 반듯하게 개켜 돌돌 만 깨끗한 팬츠가 잔뜩 쌓여 있다는 것은 인생에서는 작지만 행복의 하나(줄여서 소확행)가 아닐까 하는데, 이건 어쩌면 나만의 사고방식인지도 모르겠다."[26] 소확행의 골자는 거시적이고 커다란 행복, 눈에 보이지 않지만 미래에 도래하는 희망 같은 것은 있는지 없는지 알 수 없으니, 사회와 역사의 변혁과 같은 이야기, 신기루 따위는 집어치우고, 작지만 내 손에 잡히는 것, 내 눈에 보이는 것, 기다리지

---

[26] 무라카미 하루키, 『코끼리 공장의 해피엔드』, 문학동네, 2012.

않더라도 내 앞에 당장 나타나 있는 '반듯하게 개켜 돌돌 만 깨끗한 팬츠'에 존재를 걸고 살아가란 뜻이다. 김난도의 『아프니까 청춘이다』, 조선일보의 「달관 세대론」 연재에 이어 그 같은 흐름이 지금 소확행 또는 워라밸(일과 삶의 균형)과 같은 유행으로 이어지고 있다.

물론 이런 이야기가 노동과 과잉 긍정에 중독된 사회에 경종을 울리고, 경쟁 사회에서 조금은 뒤처지더라도 성과보다는 삶의 성찰을 격려하고 노동 중독의 사회에서 벗어나 주변을 돌아볼 수 있는 '저녁이 있는 삶'을 장려하는 계기를 만들 수도 있다. 하지만 역시 이러한 담론은 자기계발 담론의 한계 그 연장선에 있다는 것이 가장 큰 문제점이다. 소확행의 바로 앞 버전인 '달관 세대'에 관한 다음의 지적은 새겨들어 볼 만하다.

> 더 나은 삶(공동체)을 만들어 가기 위해 집단적이고 정치적인 욕망을 재생시킬 것인가, 유동하는 '달관자' 혹은 체념하는 '이등 시민'으로서의 삶을 받아들일 것인가? 오늘날 우리가 맞닥뜨린 삶의 곤경 앞에 '집단적인 문제 해결'의 창구로서의 사회운동 혹은 정치의 가능성은 점점 사라지고 있다. 각자도생 속에서 살아남거나, 종교적인 위안을 찾을 수 있을 뿐이다.[27]

멀리 이탈시키는 '마더'

최근 인기리에 방영된 TVN 드라마 「마더」에서는 초등학교 시절 엄마에게 버려지고 유명 연예인 영신에게 입양된 수진이 주인공이다. 능력 있지만, 차가운 모습인 채로 성인이 된 수진의 마음에 불을 놓은 것은 바로 다름 아닌 엄마로부터 학대당하는 아이, '혜나'였다. 수진은 처음 겪는

---

27 홍명교, 「'달관'마저 강요당하는 청년의 미래」, 계간 『말과 활』 8호, 2015, 90.

알 수 없는 혜나에 대한 감정에 당황해했다. 몇 번 만나지는 않았지만, 계속 생각나고 속이 메슥거릴 정도로 아이가 '눈에 밟혔다'. 수진은 아이슬란드로 연구원이 되어 떠나야 하는 날 혜나를 데려가기로 결심한다. 수진과 혜나는 교사와 제자의 사이에서 이제 엄마와 딸 사이가 '되기로' 합의한다. 법적으로는 유괴와 납치이지만, 수진은 그렇게 해야만 한다는 정언적 명령에 충실하기로 한다. 수진은 법을 위반하면서까지 아이를 악에서 구출했지만, 보통 사람들이 흔히 하듯 '자기 의義'로 무장하지 않는다. 수진은 고통받는 혜나를 끄집어내 주었다는 정의감, 당연히 아이에게 좋은 것을 제공하고 있다는 확신으로 가득 차서 아이의 모든 경로를 계획하고 이끄는 '마더'가 아니다. 아이를 고통으로부터 이탈시키는 와중에도 '마더' 수진이 머릿속으로 그리는 경로가 당사자 혜나에게 과연 좋은지 계속해서 자신을 돌아본다. 또한 자신이 취한 행동, 그렇게 수혜적인 상황에 아이가 위축되거나 상처받지는 않을까 노심초사하며, 혜나의 의사를 끊임없이 되묻고 경로에 적극적으로 반영시킨다.

과연 '정상적인' 사회라면 청년과 맺는 관계가 이러해야 한다고 생각해 보았나. 청년을 고통의 자리에서 이탈시킬 수 있는 사회, 사회적 기회가 모두에게 주어져 있는 듯 떠벌리지만 유리천장으로 사방이 막혀 있는 사회, 이제는 청년들이 먼저 체념하고 포기하고, 이등 시민임을 깊게 내재화해 버린 사회라면, 이제는 사회가 기꺼이 나서서 청년의 이탈을 장려할 수 있는 장치가 필요하다. 여기서 말하고자 하는 '이탈'이란 청년에게 일방적으로 주는 '혜택'이 아니다. 당사자가 전폭적으로 참여하여 '자리'를 무조건적으로 내어 주는 행위이다.

율법적 어버이와 매개적 기성세대를 벗겨 내고 스스로 서기

이는 안병무가 『민중신학 이야기』에서 제시한 '민중해방과 성령 사건'을 설명한 부분을 연결해 볼 수 있겠다. 안병무는 성령의 개입으로 탄생한 교회임에도 불구하고 이후 사도 전통을 내세워 교권이 강화되어 온 역사를 상기한다. 그러면서 "그리스도교가 역사 속에 정착하고 자기 보존을 위해 보수화"[28]되어 왔음을 지적한다. 요아킴 플로리스의 역사관에 의하면, 역사는 '하느님의 시대, 아들의 시대, 성령의 시대'로 구분된다. 이는 단지 종교 교리적 차원이 아니라 사회사적 시각으로 겸하여 말한다.[29] 이어지는 안병무의 이야기는 다음과 같다.

> 가령 아버지의 시대는 사람의 자유의지를 제약하며, '특히 노동을 강요하는 봉건시대'로 규정했고, 이것을 종교사적으로는 율법 시대에 해당한다고 했고, 둘째 시대는 사회사적으로 보아 계층 시대인데 이 시대에 교회를 지배하는 사제층이 그 사회를 규정하는 상부구조를 이루고 있는 때라고 봅니다. 이때를 그는 율법주의를 지양하는 신앙의 시대, 다른 말로 하면 타율적으로 존재하는 시대라고 하는데 그 뜻은 사제들에 의해서 제공되는 성례전에 참여함으로써 아무 업적 없이 신의 은총에 참여한다는 것입니다. 셋째 단계, 즉 성령의 단계는 자유, 곧 자율의 시대라고 합니다. 자율은 그 원뜻이 그 자체 안에 질서를 가졌다는 것으로, 그것이 이루어지는 현장에서는 어떤 외적인 권위도 필요 없게 되며 어떤 매개적 역할도 거부됩니다.[30]

---

28 안병무, 『민중신학 이야기』, 한국신학연구소, 1988, 210.
29 같은 책, 210.
30 같은 책, 211.

하느님과의 언약을 통해 통제와 복종으로 매개된 '어버이'의 시대는 강요와 억압 그리고 통제로 일관한 시기다. 한국 사회로 치자면 가난을 벗어나고, 체제 경쟁에서 승리하기 위해서라면 물불을 가리지 않고, 오로지 모든 인간과 자원을 갈아 넣은 시대, 거기에는 오직 개인도, 삶도, 일상도 없이 허황된 프로파간다들이 쩌렁쩌렁하게 울려 퍼지는 시대다. 이러한 '어버이'들의 무지막지한 강요 이후, 이제 권력은 세련된 목소리로 '지금보다 조금 더 노력하면 된다'고 가르치기 시작했다. 멈추면 비로소 보인다는 둥, 지금 있는 그대로가 아름답다는 둥 자본주의의 사제들은 하염없이 부드러운 목소리로 내재화된 신앙 양식을 외치기 시작했다. 마음의 습속을 통치하고 있다. 겉으로는 아름답고 그럴싸한 자본의 성례전, 성공담을 들려주지만 결국 그 모두가 성전 권력을 강화시키는 사제들이었다. 겉으로 '소소하게 개킨 빨래에서나 행복'을 찾으라 말하지만, 불확실성이 짙어진 청년들에게 감각적 '확실함'에 기대어 청년이 자율적인 성인으로 나아가는 데에 중간중간에 자리 펴고 '수수료'를 받아 챙기는 이들일 뿐이다.

청년에게 보여야 할 이 사회와 기성세대의 역할에 대해 민중신학은 어떠한 외적인 권위도, 매개적 역할도 지양하고, 멀리 데려가 주는 '마더'일 것을 요청한다. 청년의 고통을 가벼이 여기는 '어버이'의 외적인 권위와 청년의 고통을 다 아는 척하면서 이행의 매개적 역할을 자임하는 '선배-기성세대' 모두 청년의 고통을 대상화하고, 보고자 하는 대로 청년의 삶을 조작하는 것밖에 되지 않는다. 여기서의 '마더'는 '어버이'의 대체물이 아니다. 오히려 '비어 있는 것'으로서의 자리라고 말할 수 있겠다. 이행하지 않고 일하지 않는 청년 개인을 탓하기보다 실제로 선형적이고 단일한 경로로 이행되지 않고 있는 노동과 사회의 환경부터 먼저 인정해야 한다. 이충한은 "노동환경이 유연화되면서 취업과 비취업의 구분이 모호해지고, 창업, 멀티잡, 새로운 업무로의 전직이 보편화되었다"[31]고 설명한다. 즉, 성장의 기울기가 급격하고 완전고용이 가능하던 시대에서 고용이 불안정하고 인간으로서 이행의 표준적인 모델 자체가 붕괴되었음을 인정해야 한다. 여기서 어떻게 기존 어른들의 문법을 청년들에게 강요할 수 있는가? 청년 당사자들이 소모되지 않으면서, 이행의 다음 단계를 기획할 수 있겠는가? 드라마 「마더」에서 수진이 혜나를 데리고는 가지만, 늘 스텝이 엉키고 불안해하며 전전긍긍하듯 이 사회 또한 청년들에게 제안해 줄 수 있는 지도가 없지 않은가 말이다.

나가며

이제 민중신학과 이 사회는 청년 당사자들과 함께 보조를 맞추어야 한다. 당사자들의 목소리가 반영되어야 한다. 더구나 청년은 기존 언어로 번역되지 않는 '소리'를 발하고 있다. 그 '소리'라 함은 통사적 언어 구조를 가지지 않은 탄식일 수 있고 신음일 수 있고, 자기도 모르게 터져 나오는 울음일 수도, 심지어는 침묵일 수도 있다. 기존 체제가 말하는 이행기, '학업-취업-결혼-육아'의 단계를 청년들이 차.근.차.근 밟지 않더라도 이미 갈 길을 잃은 '비노동사회'를 정처 없이 헤매며 저마다 새로운 이행의 문법을 만드는 중이다. 소유 집착과 소비 중독의 기존 사회의 문법을 넘어 상품을 '둘러싼' 이야기 또는 라이프스타일을 원하거나 상품을 '통한' 커뮤니티를 욕망하고 적극적으로 제작 과정에 참여하는 등 생산과

---

31   이충한, 『비노동사회를 사는 청년, 니트(NEET)』, 160.

소비라는 단순 이분법적인 자본주의사회에서 자기들만의 틈바구니를 찾아가는 중이다. 사회가 우려하는 대로 청년이 모든 것을 포기했다 하지만 그것이 만약 타율적으로 포기당한 게 아니라 오히려 포기를 전격적으로 '선택'하는 청년들이 생겨나는 것이라면 그것은 또 어떻게 보아야 할까?

우리는 인정하고 귀 기울여야 한다. 비록 사회의 구조적인 악으로 인해 "죄송합니다"를 연발하며 현재의 존엄을 미래로 유폐당한 청년들이지만, 자유를 희구하는 '자기초월'[32]의 민중 사건을 향해 청년들은 아주 조금씩 움틀거리고 있다는 것, 그 하나의 진실 말이다.

| 참고 문헌 |

김진호 · 김영석 엮음, 『21세기 민중신학 - 세계 신학자들, 안병무를 말하다』, 삼인, 2013.
김진호 외, 『죽은 민중의 시대, 안병무를 다시 본다』, 삼인, 2006.
김홍중, 『사회학적 파상력』, 문학동네, 2016.
다니엘 S. 밀로, 『미래중독자』, 추수밭, 2017.
무라카미 하루키, 『코끼리 공장의 해피엔드』, 문학동네, 2012.
백소영, 엄기호 외, 『잉여의 시선으로 본 공공성의 인문학 - 위기의 지구화 시대 청소년이 사는 법』, 이파르, 2011.
새로운 사회를 여는 연구 모임, 『청춘의 가격』, 사계절, 2017.
서남동, 『민중신학의 탐구』, 한길사, 1977.
안병무, 『민중신학 이야기』, 한국신학연구소, 1988.
──, 『역사와 민중』, 한길사, 1993.
이충한, 『비노동사회를 사는 청년, 니트(NEET)』, 서울연구원, 2018.
전상진, 『세대 게임』, 문학과지성사, 2018.
조르조 아감벤, 『벌거벗음』, 김영훈 옮김, 인간사랑, 2014.

---

32 같은 책, 221.

4 타자로서의 난민과 환대의 선교*

홍정호

들어가는 말

"빈곤은 위계적이지만 스모그는 민주적이다."[1] 독일의 사회학자 울리히 벡Ulrich Beck의 말이다. 부는 이미 형성된 어떤 위계에 따라 계층화되고 축적되는 반면 위험은 스모그처럼 계층과 위계를 가리지 않고 분산된다. 근대화 과정은 산개한 위험을 사회 하층부에 축적함으로써 위험을

---

* 이 글은 종교 간 대화 연구 모임인 레페스포럼(2016. 8. 9.)과 2016년 추계한국종교학대회 종교평화학 특별분과 세미나(2016. 11. 25.)에서 발표한 「난민과 환대」, 제3시대그리스도교연구소 제211차 월례 포럼(2018. 4. 30.)에서 발표한 「민중신학과 포스트선교론: 계몽에서 사귐으로」의 내용을 종합하고 보완하여 새롭게 쓴 글임을 밝힙니다.

1 울리히 벡, 『위험사회: 새로운 근대(성)을 향하여』, 홍성태 옮김, 새물결, 2006, 77.

관리하고, 이를 시장의 이윤 추구 기회로 삼기 위한 자본주의적 합리성의 기획이었다. "부는 상층에 축적되지만, 위험은 하층에 축적된다"[2]는 벡의 진단은, 풍요로운 사회의 가난한 이들이 더 많이 아프고 더 자주 위험에 노출되는 이유를 설명한다. 특정 지역과 계층으로 위험을 집약시키는 행위는 위험 지대 바깥 구성원들의 위험 노출 가능성을 줄이고, 그들의 안전을 증대시키는 일에 기여함으로써 위험사회 구성원들의 암묵적 공모를 통해 지속된다. 다시 말해 위험사회의 하층부에 속한 이들은 '나'의 건강을 담보하기 위해 더 많이 아프고, '우리'의 안전을 위해 더 많은 위험을 짊어진 채 동시대를 살아간다. 근대사회는 이러한 위험의 불공평한 분배를 합리적이고 자연스러운 체계로 받아들이도록 만드는 문화적 이념의 생산과 소비를 통한 계층 간 적대를 매개로 발전해 왔다.

    난민의 존재는 근대사회의 위험관리 체계에 균열을 일으킨다. 지구화 시대의 난민은 특정 지역을 넘어 지구 전체로 흩어지고 있다. 위험의 불공평한 배분을 통해 지속되던 근대사회의 이른바 '질서'는, 자기에게 할당된 영토의 외부로 탈출하는, 혹은 탈출을 강요당한 지구촌 난민들의 대이동과 더불어 붕괴될 위기에 처해 있다. 난민문제로 골머리를 앓는 유럽 사회의 밑바탕에는 근대화의 표상으로 간주해 온 그들의 위험관리 체계 ― 위험을 가난한 이들에게 떠넘기기 ― 가 붕괴되는 데 따른 스트레스와 저항이 작용하고 있다. 위험을 성공적으로 축적 관리해 온 근대 세계의 설계자들에게 난민은 스모그가 밀려오는 것과 같은 두려움을 불러일으킨다. 그들은 언제, 어디에서, 누구에게, 어떤 위험을, 얼마만큼 가져다줄지 예측이 불가능한 존재, 즉 위험사회의 관리 체계 바깥에 있는 '타

---

[2] 같은 책, 75.

자'이기 때문이다. 이들 타자로서의 난민을 환대해야 한다는 목소리에 대한 저항은 근대화를 성공적으로 수행한 사회의 일원일수록, 다시 말해, 위험을 하층부로 축적하여 관리해 온 방식의 효율성을 경험적으로 체득한 이들이 주도권을 쥔 사회일수록 크다.

나는 이 글에서 난민에 대한 환대의 당위성을 재차 강조하는 대신 타자로서의 난민의 '무게'에 주목하려고 한다. 타자의 타자성이 지닌 '무게'에 대한 숙고와 주체의 그 어떤 결단이 배제된 환대의 요청은, 그러한 요청을 하는 이의 도덕적 정당성에 무게를 실어 줄 뿐 타자성이 소거되지 않은 타자와 직접 대면하는 이가 겪는 사태의 곤란함에 대한 책임을 회피하는 무책임한 말이 될 우려를 안고 있다. 이하에서 나는 타자로서의 난민을 환대한다는 것이 왜 불가능한 일인지, 그럼에도 그리스도교 선교는 왜 그 불가능한 환대를 향한 발걸음을 포기할 수 없는지에 대한 나름의 숙고를 담아 보려고 한다.

난민은 누구인가?

현대적 의미의 난민 개념은 국제연합(UN)의 1951년 '난민의 지위에 관한 협약'(Convention Relating to the Status of Refugees, 이하 난민협약)과 1967년 '난민 지위에 관한 의정서'(Protocol Relating to the Status of Refugees, 이하 난민의정서) 등에 근거한다. 유엔난민기구(UNHCR)는 난민(refugee)을 이주민(migrant)과 구분하여 "인종, 종교, 국적, 특정 사회집단의 구성원 신분 또는 정치적 의견으로 인해 박해를 받을 우려가 있는 자로, 출신국의 보호를 받을 수 없거나 돌아갈 수 없어 '국제적인 보호'를 필요로 하는 사람"

으로 정의한다. 한국은 1992년 12월에 난민협약와 난민의정서에 가입하였고, 1993년에 「출입국관리법」에 난민 관련 조항을 신설하였으며, 2012년 「난민법」을 제정하여 이듬해인 2013년 7월 시행에 들어갔다.

한국의 「난민법」은 난민협약과 난민의정서 등에서 규정한 난민의 지위와 처우에 관한 사항에 근거하여 난민을 "인종, 종교, 국적, 특정 사회집단의 구성원 신분 또는 정치적 견해를 이유로 박해를 받을 수 있다고 인정할 충분한 근거가 있는 공포로 인하여 국적국의 보호를 받을 수 없거나 보호받기를 원하지 아니하는 외국인 또는 그러한 공포로 인하여 대한민국에 입국하기 전에 거주한 국가로 돌아갈 수 없거나 돌아가기를 원하지 아니하는 무국적자인 외국인"[3]으로 정의하고 있다. 난민법의 시행으로 한국은 난민협약상 규정된 난민의 지위와 권리를 보장할 수 있는 난민 인정 제도의 기반을 마련했다. 유엔난민기구 한국 대표부의 설명에 따르면, 아시아에서 최초로 법제화된 이 난민법의 시행으로 인해 "공항 또는 항구에서 입국이 허가되기 전에 '나는 돌아가면 박해를 받는 난민입니다'라고 하며 대한민국의 비호를 구하는 난민들의 주장에 대해 간단히 심사 후, 그 결과에 따라 입국을 허가하고 정식 난민 심사의 기회를 부여"[4]할 수 있는 제도적 발판이 마련되었다.

그러나 난민의 지위와 권리 인정에 관한 한국의 현실은 말 그대로 '발판'을 마련한 수준에 불과하다. 한국의 난민 인정률은 세계 190개국 평균 난민 인정률인 29.9%에 한참 못 미치는 4.1%를 기록하고 있으며, OECD 37개국 중에서도 35위에 머물러 있는 실정이다.[5] 법무부 난민과

---

3   「난민법」(법률 제11298호) 제2조 1항.
4   유엔난민기구 한국 대표부, 『2016년도 공항에서의 난민 신청 실태 조사 보고서』, 2016. 3.
5   "'4%' 바늘구멍 통과 같은 난민 인정 … 신청 과정 들여다보니", 「SBS 뉴스」, 2018. 7. 7.

의 보고에 따르면 한국은 1994년 난민 신청을 받아들인 이래로 2015년 말까지 총 15,250명에 대한 난민 신청을 받아들였다. 이들 중 총 8,001명에 대해 난민 심사를 종료하였고, 576명에게 난민 지위를 부여하고 910명에게 인도적 체류 지위를 부여하였다. 난민 심사 과정에서 1,800여 명이 난민 신청을 철회하고 출국하였으며, 6,500여 명에게는 난민 불인정 결정을 내렸다.[6] 한편 유엔난민기구가 매년 6월 20일 세계 난민의 날을 앞두고 발간하는 글로벌 동향 보고서(UNHCR Global Trends)에 따르면, 2017년 한 해 동안 6,850만 명의 인구가 박해, 갈등, 폭력, 인권침해 등의 이유로 강제로 이주했다. 이는 직전 해인 2016년의 6,560만 명보다 290만 명 늘어난 수치다. 주목할 것은 이들 강제 이주 인구의 3분의 2에 해당하는 68%의 난민이 시리아, 아프가니스탄, 남수단, 미얀마, 소말리아 다섯 개 국가로부터 나왔다는 점이다.[7] 난민의 문제가 '위험'이 집중된 저개발 국가들에서 압도적 비율로 발생한다는 사실은, 앞서 밝힌 '위험사회'의 작동 원리가 민족과 지역의 경계를 넘어 전 지구적 차원에서 작동하고 있다는 사실에 대한 방증이다.

유럽연합(EU) 국가들의 경우 1997년 발효된 '더블린 조약'(Dublin Regulation)에 따라 난민들이 첫 유입국에서만 자격 심사를 받을 수 있도록 제한함으로써 난민문제를 인접 국가에 떠넘기는 방식으로 소극적으로 대처해 왔다. 그러나 2015년 8월 독일의 앙겔라 메르켈Angela Merkel 총리

---

6   하용국, 「난민 정책 추진 경과 및 향후 발전 방향」, 『난민법 시행 3주년 기념 학술포럼 자료집』(2016. 6. 23.), 4. 그러나 난민 신청자의 수는 계속 증가하고 있다. 『한겨레신문』의 최근 보도에 따르면, 2018년 5월 말까지 누적 난민 신청자는 40,470명이고, 이 가운데 20,361명에 대한 심사를 끝내고, 839명을 난민으로 인정했다(「한국, 난민법 5년 전 시행 … 난민 인정률은 4.1%뿐」, 2018. 6. 20.). 한편 법무부가 지난 6월 19일 발표한 통계에 따르면, 난민 신청자의 수는 꾸준히 증가해 3년 내 누적 신청자가 12만 명을 넘을 것으로 추산된다.

7   UNHCR, *Global Trends: Forced Displacement in 2017*, UNHCR, 2017, 2.

는 유럽연합 국가들이 인구, 경제력, 실업률 등에 맞춰 난민을 분산 수용함으로써 공동으로 대처해 나가자는 내용의 '난민 쿼터제'를 주장하면서 더블린 조약에 얽매이지 않는 무조건 수용의 입장을 발표했다. 이에 따라 시리아, 아프가니스탄, 터키 등지에서 많은 난민들이 독일행을 목표로 유럽 진입을 시도하였고, 특히 헝가리를 통해 독일로 가려는 이들이 급증하면서 8월 25일 하루 만에 2,500명 이상의 난민이 헝가리 남쪽 국경으로 밀려드는 일대 혼란이 초래되기도 했다.[8] 이러한 상황이 지속되자 유럽은 시리아 난민들에 대한 국경 통제를 강화하기 시작했고, 독일에서도 메르켈의 지지율이 급락하면서 '난민 쿼터제'에 대한 강력한 반대의 목소리들이 확산되었다. 결국 독일 내 반이민 정서가 확산되고 극우주의자들의 정치적 입지가 강화되는 등 수세에 몰린 메르켈은 더블린 조약의 재적용을 천명했고, 무조건 수용 입장을 밝힌 지 1년여 만에 난민문제에서 자신의 미흡함을 공식 인정[9]하며 기존 입장에서 한 걸음 후퇴해야 했다.

  국내의 경우 2015년 11월 말 인천공항에 도착한 시리아 난민 28명이 7개월 넘는 기간 동안 법무부의 난민 인정 심사를 받지 못한 채 인천공항에 체류하다 26명이 뒤늦게 입국된 사례가 있었다. 한국 정부의 미온적 태도를 비판하는 난민지원네트워크의 성명에 따르면 이들의 입국은 "인천공항에 도착하여 한국 정부에 보호를 요청한 지 약 8개월 만이며, 심사를 거부당하자 사법부에 도움을 요청하고 소를 제기한 지 약 5개월, 그리고 입국을 허가하고 난민 심사 기회를 부여하라는 취지의 승소 판결이 인천지방법원 두 재판부에서 선고된 지 각 17일, 10일, 세계 난민

---

8 이신화, 「시리아 난민 사태: 인도적 위기의 안보적 접근과 분열된 정치적 대응」, 『한국과 국제정치』 32, 2016, 90.
9 「선거 패배 메르켈, 난민 대응 미흡 첫 인정 … "反난민은 안 돼"」, 『연합뉴스』, 2016. 9. 20.

의 날이 14일 지나서"¹⁰다. 한편 이 글을 쓰고 있는 지금, 한국 사회는 제주도에 입국한 예멘인의 난민 지위 인정 문제를 놓고 치열한 공방을 벌이고 있다. 올해 들어 6월 14일까지 제주도에 입국한 예멘인의 수는 561명이고, 이 가운데 549명이 난민 신청을 했다.¹¹ 갑작스런 난민 신청 인원 증가에 당황한 법무부는 예멘인에게 '(제주도) 출도 제한' 조처를 내리고, 예멘을 '무사증 입국 불허 국가'로 지정하는 등 후속 대책을 마련했지만, 난민 유입에 따른 시민들의 불안과 일부 종교 단체를 중심으로 한 조직적인 혐오 분위기 조성을 억제하기에는 역부족이었다. 6월 13일 청와대 국민 청원 게시판에 올라온 '제주도 불법 난민 신청 문제에 따른 난민법, 무사증 입국, 난민 신청 허가 폐지/개헌 청원합니다'라는 제목의 청원에는 7월 9일 오후 4시 현재 67만 3천 5백여 명이 동의했고, 게시판 최다 추천 청원 게시물로 등재되어 있다. 이제 난민의 문제는 미디어를 통해 접하는 서방세계의 이벤트가 아니라 우리의 일상이 되었다.

난민과 정체성 폭력

어떤 이가 '난민'으로 호명되는 순간 그는 정체성 폭력의 희생자가 된다. 난민은 출입국 관리의 '정상적' 운영을 위해 국가가 마련해 놓은 제도의 바깥에서 유입되는 이들로서 입국과 동시에 정상성正常性을 결여한

---

10 「시리아 난민 신청자 26명 입국 – 난민지원네트워크 "잃어버린 8개월 누가 어떻게 책임질 건가"」, 『뉴스앤조이』, 2016. 7. 6. http://www.newsnjoy.or.kr/news/articleView.html?idxno=204468(2016. 8. 9. 현재).
11 「누가 난민에게 돌을 던지나」, 『한겨레21』, 2018. 6. 25.

존재로 낙인찍힐 위험에 노출된다. 그들은 자기의 언어와 가족과 친구를 떠나 "타인에 의해, 나아가 사회적 합의에 의해 귀속성의 박탈이 자명하게 받아들여진 자, 곧 존재하지만 비존재로 취급되는 자"[12]로 '우리'에게 온 이들이다. 그러나 간과하지 말아야 할 점이 있다. 그들은 '난민'이기 전에 '타자'라는 사실이다. 블랑의 지적처럼 "타자는 아랍인일 수도, 흑인일 수도, 동성애자일 수도, 실업자일 수도 있"는 자이며, "정체성의 자격을 부여하는 틀들에 기입되지 않"는 존재이다.[13] 우리는 "정체성이란 단 한 번에 완전한 형태로 주어지지 않는다"[14]는 사실을 알고 있다. 그것은 일생에 걸쳐 생성과 소멸, 변화와 지속을 반복하는 가운데 끊임없이 형성 중인 관계성의 다른 이름이다. 그러나 어떤 이가 '난민'으로 호명되는 순간, 그는 다른 존재로, 혹은 존재와 다른 이름으로(E. Levinas) 호명될 가능성을 차단당한 채 특정 방식으로 재현된 이미지로 소비되는 정체성 폭력의 희생자가 된다. 다시 말해 '난민'으로 호명된 타자는, '헐벗은' 존재로서 옹호의 대상이 되거나, '위험한' 존재로서 혐오의 대상이 되는, 타자성의 특정한 사회적 재현의 맥락에 놓이게 되는 것이다.

여기에서 간과되는 것은 타자로서의 난민이 지닌 다른 존재로서의 가능성이다. 언어유희로 비춰질 수도 있는 위험성을 염두에 두고 말한다면, 타자로서의 난민은, 헐벗었으나 위험하지는 않은 존재일 수도 있고, 헐벗은 동시에 위험할 수도 있고, 생각했던 것만큼 헐벗은 존재가 아닐 수도 있고, 우려했던 것만큼 위험한 존재가 아닐 수도 있고, 상상했던 것 이상으로 위험한 존재일 수도 있는, '내'가 될 수 있는 존재의 모든 가능성

---

12 김진호, 「민중신학과 '비참의 현상학'」, 『21세기 민중신학』, 삼인, 2014, 336.
13 기욤 르 블랑, 『안과 밖: 외국인의 조건』, 박영옥 옮김, 글항아리, 2014, 12.
14 아민 말루프, 『사람 잡는 정체성』, 박창호 옮김, 이론과실천, 2006, 34.

을 지닌 '타자'다. 타자로서의 난민을 환대한다는 것은 이 타자성으로 충만한 존재의 가능성을, "우리의 이야기를 해체할 수도 있는 이야기를 환대하는 것"[15]이다. 그가 헐벗고 굶주린 이의 얼굴로 우리 앞에 있기 때문에 환대해야 한다고 말하는 것은 환대의 대상을 (헐벗고 굶주린 이의 얼굴로 재현된 타자에) 제한해야 한다는 요청에 다름 아니며, 이는 그 밖의 다른 방식으로 재현된 타자들에 대한 무관심과 무책임을 정당화하는 '거룩한' 알리바이가 되기도 한다는 점에서 그리스도교 선교신학이 지향해야 할 태도는 아니라고 본다. 예측건대 타자로서의 난민의 타자성은 우리가 환대의 조건으로 내건 그 정체성들에 좀처럼 부합하지 않을 것이기 때문이다. 타자가 '다른' 존재라면 환대를 철회할 것인가? 난민이 '불쌍한' 이들이기 때문에 도와주어야 한다는 주장보다는 지젝의 말이 차라리 설득력 있게 들린다. "우리는 난민과 인도적 동정을 한데 묶는 연결고리를 끊어야 한다. 난민을 도우려는 자세는 그들이 겪는 아픔에 대한 동정에 뿌리를 두어서는 안 된다. 우리는 돕는 것이 의무이기 때문에 도와야 한다."[16] 타자로서의 난민을 그의 이전 소속과 사회적 관계로부터 형성된 정체성에서 분리된 '난민'이라는 단 하나의 이름으로 호명하는 행위는, 그를 정체성 폭력의 희생자로 만드는 일에 공모하는 일이 될 수도 있다.

---

15 기욤 르 블랑, 『안과 밖』, 236.
16 슬라보예 지젝, 『새로운 계급투쟁: 난민과 테러의 진정한 원인』, 김희상 옮김, 자음과 모음, 2016, 100.

조건적 환대의 가능성

타자로서의 난민은 조건적 환대에 관한 사회적 논의를 심화시키는 계기를 마련하기도 한다. 앞서 언급한 시리아인들의 국내 입국 문제와 제주도에 체류 중인 예멘인들의 난민 심사 과정에서 고심을 거듭하는 정부 당국의 태도를 반인권적 처사로 매도하기는 어렵다. 유럽에서의 잇단 테러의 위협과 난민 발생 지역 인근 국가들에서의 이슬람국가(IS) 활동 등의 연계성을 고려할 때 분쟁 지역으로부터 유입되는 난민들을 국가 안보의 잠재적 위협으로 간주하는 건 치안을 담당하는 당국의 마땅한 책임에 해당되기 때문이다. 또한 테러 문제뿐만 아니라, 공중 보건, 일자리, 복지 문제 등 난민 유입에 따라 변화가 불가피해질 사회·경제·문화적 환경에 대한 대비책을 시민사회와 협력해 마련해 나가야 하는 당국의 책무 또한 만만치 않다. 이와 관련하여 송영훈은 '난민문제'와 '난민의 문제'를 구분하여 상호협력적 관계를 모색할 것을 제안한다. 그는 정부가 '난민문제'에 집중하여 난민 신청 제도가 오용될 가능성을 경계하는 신중한 태도를 취하는 반면, 시민 단체는 '난민의 문제'에 집중하여 난민의 실질적인 인권 보호 수준을 높여야 한다는 주장에 초점을 맞추고 있음을 지적한다. 정부와 시민 단체 간 이러한 차이는 난민의 인권이 보호되어야 한다는 공통의 인식에 기반한 것이지만, 인권을 '어떻게' 더 잘 보호할 것인가 하는 문제에서 드러나는 접근법의 차이라는 것이다.[17] 나는 국가와 시민사회 간 난민문제를 바라보는 시각의 차이를 지적한 송영훈의 관점에 동의하면서, 난민문제와 관련해 국가와 종교(그리스도교)의 역할이 서로 다른

---

17 송영훈, 「난민의 인권과 국가 안보: 한국 난민법 개정의 쟁점을 중심으로」, 『담론 201』 19, 2016, 55-82.

동시에 문제 해결을 위한 협력적 관계에 있음을 강조하고자 한다.

데리다에 따르면 난민문제를 두고 '국가'를 대변하는 이들이 보이는 미온적 태도는 일면 당연한 것이다. 주권을 지닌 주체의 환대는 조건적일 수밖에 없다. "무조건적 환대는 바로 주권 국가라는 관념 자체와 화해할 수 없기 때문"[18]이다. 다시 말해 국가는 무조건적 환대를 실행하는 주체가 될 수 없다. 주권이 있다는 것은 선택의 권한을 배타적으로 행사한다는 것을 의미한다고 할 때 누구를 받아들일지 말지를 결정하는 주체의 조건 자체가 이미 무조건적 환대의 입장과는 배치되기 때문이다. 그러므로 국가는 조건적 환대의 문제를 고심하는 주체가 될 수는 있어도 무조건적 환대의 주체가 될 수는 없다. 국가가 주체가 되는 환대(수용)의 담론은 누구를 초대하고 누구를 초대에서 배제할 것인지를 선택하는 주체의 자기중심성에 기반한 환대, 즉 "배제하고 폭력을 쓰면서만 행사될 수 있"[19]는 전통적 환대의 역설에 기반한 환대 담론에 머물 뿐이다. 무조건적 환대의 어려움에 대해 데리다는 다음과 같이 말한다.

> 무조건적 환대는 당신이 타자, 새로 온 사람, 손님에게 무엇인가 답례해 줄 것을 요구하지 않는 것, 심지어는 그 또는 그녀의 신원조차 확인하지 않는 것을 의미한다. 설혹, 그 타자가 당신에게서 당신의 지배력이나 당신의 가정을 빼앗는다 할지라도, 당신은 그것을 받아들여야만 한다. 이것을 받아들인다는 것은 끔찍한 일이지만, 그것이 무조건적 환대의 조건이다 — 당신은 당신의 공간, 가정, 나라에 대한 지배력을 포기한다. 그것은 견딜 수 없는 것

---

[18] 지오반나 보라도리, 『테러 시대의 철학: 하버마스, 데리다와의 대화』, 손철성 외 옮김, 문학과지성사, 2004, 291.

[19] 자크 데리다, 『환대에 대하여』, 남수인 옮김, 동문선, 2004, 90.

이다. 하지만 순수한 환대가 있다면, 그것은 이러한 극한으로까지 고양되어야 한다. … 만일 내가 무조건적으로 환대하고 있는 것이라면, 나는 방문을, 즉 초대된 손님이 아니라 그 방문자를 환영해야만 한다. 나는 어떠한 타자의 예기치 않은 도래에 대해서 준비되어 있지 않아야, 또는 준비되어 있지 않을 준비가 되어 있어야만 한다. 이것이 가능할까? 나는 모른다. 그러나 만일 순수 환대 또는 순수 선물이 존재한다면, 그것은 지평이 없는, 기대의 지평이 없는, 즉 그가 누구이든 새로 온 사람에 대한 이러한 열림 속에 존재해야 한다. 이것은 끔찍한 일일 것이다. 왜냐하면 그 사람이 좋은 사람일 수도 있고 악마일 수도 있기 때문에 …".[20]

난민에 대한 무조건적 환대는 국가의 몫이 아니다. 국가의 역할은 자유주의 시민사회의 인도주의적 가치 실현에 부합하는 '조건적 환대'의 틀을 마련하고, 합리적 판단에 의해 운영되는 난민 인정 시스템을 제도화하는 데 있다. 그러나 2015년 독일의 사례에서 보았듯 국가와 그 대변자들에게 이것은 쉽지 않은 과제다. 시민사회 구성원들의 이해관계가 첨예하게 대립하는 가운데 누구를 받아들이고 말지를 '합리적으로' 선별할 수 있는 기준을 마련하기도 어려울뿐더러 그것이 가능하다 한들 정치·경제적 압박에 따른 '비합리적' 선택이 결국 난민에 대한 혐오와 반감을 부추기는 목소리에 힘을 실어 주는 결말로 귀결될 가능성도 있기 때문이다. "악마는 디테일에 있다"(The devil is in details)는 말처럼, 국가 제도의 '디테일'은 난민에 대한 인도주의적 실천의 당위성을 끌어안고 있는 동안에도 그를 배제하는, 아니, 국가에 의한 배제가 실행되기 전에 스스로 나가떨

---

[20] 페넬로페 도이처, 『HOW TO READ 데리다』, 변성찬 옮김, 웅진씽크빅, 2007, 119-120.

어져 버리게 만드는 통치의 기술을 이미 그 제도의 합리성 안에 포함하고 있다. 요컨대 '조건적 환대'라는 말의 무게중심은 '환대'가 아닌 '조건'에 있다. 그것은 배제를 공모하거나 묵인하는 데 따르는 자유주의 시민사회의 도덕적 부채감을 덜어내기 위한 윤리적 수사의 성격을 지닌다. 이것이 환대의 문제를 국가에게만 맡겨 놓을 수 없는 한 이유다.

무조건적 환대의 불가능성

오늘날 지구 전역에서 '이방인-이웃'에 대한 관용과 사랑, 환대의 목소리가 높아지고 있다. 그럼에도 이런 목소리들이 실천으로 잘 옮겨지지 않는 이유는 "그 목소리 안에 잠복된 어떤 과잉과 결여 때문"[21]일 것이다. '이방인-이웃', 즉 타자인 동시에 이웃인 존재의 타자성의 '무게'에 대한 숙고가 결여된 환대의 담론은 자칫 '사이비 환대'[22]로 전락할 수 있다. 타자에 대한 환대를 요청함에 있어 간과하지 말아야 할 것은 "이방인이 이방인인 것은 그들이 우리와 같아질 수 없는 타자성을 지닌 존재"[23]라는 사실이다. 타자他者는 언제나 타자打者다. 오 리는 가 주겠노라 다짐했건만 십 리를 가 달라는 이(마태 25,41) 앞에서, 속옷은 내줘야겠다고 다짐했건만 겉옷까지 달라며 생떼를 부리는 이(마태 25,40) 곁에서, 배은背恩과 망은忘恩 사이에서 갈 길을 잃어버린 이들 사이에서 '자기'를 짓누르는 타자의 '무게'를 감내해 본 적 없고, 그럴 '각오'가 무너지는 파국을 맞이해 본

21　류보선, 「우리는 이방인-이웃을 사랑할 수 있을까?」, 『국어문학』 59, 2015, 225.
22　같은 글, 247.
23　같은 글, 248.

적 없는 이라면, 그가 대면한 타자란 타자성의 '무게'를 가뿐히 덜어 낸 이름뿐인 타자는 아니었는지 스스로에게 물어야 한다. 요컨대 나의 환대에 그 어떤 의미나 보람으로도 응답할 수 없을 만큼 작은, "지극히 작은 자 하나"(마태 25,40)와 대면하고 있을 때에만 나는 타자 앞에 있다.

    타자 앞에 있을 때 주체로서의 자기는 나의 결단에 의해서가 아니라, 타자로부터의 부름에 응답함으로써 성립된다. 타자는 "나는 포위해서 나의 나를—위함과 그 자체로서의 나를 문제시하고 나를 볼모로"[24] 삼는 존재, '나'를 "인질과도 같은 상태"[25]에 놓아두는 존재다. 타자의 현존은 '나'를 자기 완결적 주체로 남아 있지 못하도록 뒤흔드는 사건이요, "휴식을 뒤흔드는 두드림"[26]이다. 더욱이 타자와의 관계는 '나'의 자의적 선택에 의한 단절을 허용하지 않는다. "타인과의 관계는 타자와의 결코 끝나지 않은 관계며, 비—무관심성이자 모든 의무 너머로 나아가는 차이, 탕감할 수 있는 빚으로 흡수되지 않는 차이"이기 때문이다. 타자는 이렇듯 주체의 자발성을 의문에 부치게 될 때 비로소 출현하는 '존재와 다른' 윤리적 관계에 대한 숙고다.

    그렇다면 난민을 타자로 대면하는 것, 타자로서의 난민의 부름에 응답하는 것은 가능한가? 타자他者인 그가 타자打者로서의 가능성이 소거되지 않은 존재로 나/우리에게 말을 걸어올 때, 그의 존재로부터 도망치지 않고 응답하도록 만드는 힘(responsibility)은 어디로부터 오는가? 시인 이성복은 시詩가 "언어로 표현할 수 없는 것을 표현하려다가 끝없이 실패하

---

24 에마뉘엘 레비나스, 『신, 죽음 그리고 시간』, 김도형 외 옮김, 그린비, 2013, 206.

25 Emmanuel Levinas, *Otherwise than Being or Beyond Essence*, trans. Alphonso Lingis, Duquesne University Press, 1981, 6.

26 에마뉘엘 레비나스, 『신, 죽음 그리고 시간』, 208.

는 형식"[27]이며, "말할 수 없는 것을 표현하려다 끝없이 실패하는 형식"[28]이라고 말한 바 있다. 나는 환대를 향한 그리스도인의 길이 시인의 길과 다르지 않다고 생각한다. 그것은 실패를 삶의 양식으로 받아들이는 것이다. 무조건적 환대는 우리가 이미 그것이 실현된 사회에 살고 있다는 위로나, 앞으로 가능하게 될 것이라는 긍정을 넘어, 그런 환대가 지금껏 실현된 적 없고 앞으로도 그럴 것이라는 사태에 대한 직시로부터 시작되는 불가능한 꿈의 역설이다. 생각해 보면, 인간이 하느님의 뜻에 따라 산다는 것, 예수를 닮아 그분의 길을 따라 살아간다는 것, 그리하여 이웃을 내 몸과 같이 사랑하게 된다는 건 실패로 귀결될 수밖에 없는 일이다. 인간이 하느님의 뜻에 따라 살아 보겠다고 나서는 건 사마귀 한 마리가 겁도 없이 제 다리를 들어 수레를 멈춰 보겠노라 나선 꼴(螳螂拒轍)만큼 우습고 무모한 일인지 모른다. 그럼에도 왜 그리스도교는 하느님의 뜻에 순명하는 삶을 말하는가? 왜 어떤 신자들은 실패할 수밖에 없는 일에 뛰어드는 어리석음을 반복하는가? 왜 그리스도교는 하느님의 뜻이 실현된 세계의 꿈이 당대에 이루어질 수 없으리라는 사실을 알면서도, 마치 모르는 듯 세계의 변혁을 위해 힘쓰는가? 다시 시인의 말을 빌리자면, 그것은 "비참하게 깨져도 한심하게 무너지지는 않겠다"[29]는 신앙의 다짐 때문이 아닌가? 지는 척 이기지 않고, 기꺼이 지는 삶을 선택하는 데에서 오는 기쁨, 그것이 복음이 우리에게 가르쳐 준 기쁨이다. 무조건적 환대는 시詩와 종교의 꿈이다. 불가능한 환대를 향한 어리석은 선택을 그친 종교는 한낱 제도일 뿐 이미 그 쓸모를 다한 폐기물에 불과하다.

---

27 이성복, 『무한화서』, 문학과지성사, 2015, 11.
28 같은 책, 15.
29 같은 책, 182.

나가는 말

지금까지 나는 타자로서의 난민의 '무게'에 대해 말했다. 에둘러 말했지만, 솔직히 말하자면 난민을 다 받아들이고 문제는 함께 풀어 가자 말하고 싶다. 초등학생 딸에게 물어보니 그렇게 하는 게 좋겠단다. 난민을 받아들이는 게 왜 어려운 일인지, 어떤 위험을 감수해야 하는 일인지 우리 집 대문 개방을 예시로 들어 자세히 설명했지만, 짧은 질문이 돌아왔다. "그럼 그 사람들은 다 죽으라는 거예요?" 하는 반문이었다. 아이의 질문은 난민문제의 핵심을 꿰뚫고 있었다. 그것은 제도의 문제도, 누구를 받아들이고 말지를 결정하는 조건의 문제도 아닌, 삶과 죽음의 문제라는 것. 우리 시대 신학의 소임은 불가능한 환대를 둘러싼 제도와 조건의 한계를 지적하는 데 있지 않다. 신학은 차라리 '잠꼬대 아닌 잠꼬대'(문익환)가 되어야 한다. "하늘나라는 이런 어린이와 같은 사람들의 것"(마태 19,14)이라고 하신 예수의 꿈과 현실이 하나가 되는 세계, 그 불가능한 세계의 꿈속에서 '잠꼬대 아닌 잠꼬대'를 지속하는 것이 우리 시대 신학이 맡은 소임이 아닐까?

평화는 낯선 꿈이다. 너 이전에 존재하는 내가 아니라, 나와 네가 더불어(共) 존재하는(存) '우리'가 되려는 노력을 통해 평화는 실현된다.[30] 무조건적 환대는 마침내 실패할 수밖에 없는 꿈이기에 우리 시대 참된 종교들의 정상頂上이 되어야 한다. 평화 세계를 향한 종교의 꿈은 자기 본위적 세계의 충실한 보조자가 되는 데 있지 않다. 우리 시대 종교의 희망은 "네가 있기에 내가 있다"는, 그래서 "나는 기꺼이 너의 '볼모'가 되겠노라"

---

[30] 이찬수, 『평화와 평화들: 평화다원주의와 평화인문학』, 모시는사람들, 2016, 97.

(E. Levinas)는 다짐을 통해 자아론(egology)으로 구축된 이 세계로부터의 '탈출'을 감행하는 공존의 상호 주체가 되려는 열망에 있다. 성공한 종교로는 충분하지 않다. 참을 향해 실패를 반복하다 마침내 실패하는 종교만이 참되다. 타자에 대한 무조건적 환대만이 마침내 실패하는 종교의 평화를 향한 길이다.

| 참고 문헌 |

기욤 르 블랑, 『안과 밖: 외국인의 조건』, 박영옥 옮김, 글항아리, 2014.
김진호, 「민중신학과 '비참의 현상학'」, 『21세기 민중신학』, 삼인, 2014.
슬라보예 지젝, 『새로운 계급투쟁: 난민과 테러의 진정한 원인』, 김희상 옮김, 자음과 모음, 2016.
아민 말루프, 『사람 잡는 정체성』, 박창호 옮김, 이론과실천, 2006.
에마뉘엘 레비나스, 『신, 죽음 그리고 시간』, 김도형 외 옮김, 그린비, 2013.
울리히 벡, 『위험사회: 새로운 근대(성)을 향하여』, 홍성태 옮김, 새물결, 2006.
이성복, 『무한화서』, 문학과지성사, 2015.
이찬수, 『평화와 평화들: 평화다원주의와 평화인문학』, 모시는사람들, 2016.
자크 데리다, 『환대에 대하여』, 남수인 옮김, 동문선, 2004.
지오반나 보라도리, 『테러 시대의 철학』, 손철성 외 옮김, 문학과지성사, 2004.
Emmanuel Levinas, *Otherwise than Being or Beyond Essence*, trans. Alphonso Lingis, Duquesne University Press, 1981.
UNHCR, *Global Trends: Forced Displacement in 2017*, UNHCR, 2017.

2부

시대를 말하다

1 유혹하는 신자유주의와 사회적 영성

정경일

악령은 시궁창 모습으로 살지 않습니다

악령은 마귀 얼굴로 다가오지 않습니다

악령은 누추하거나 냄새 나는 손으로 악수하지 않습니다

악령은 무식하거나 가난하지 않으며

악령은 패배하거나 절망하지 않습니다

악령은 성내지 않으며 교만하지 않으며 무례를 범하지 않습니다

악령은 아름답습니다

악령은 고상하며 인자스럽고 악령은 언제나 매혹적이며 우아하고

악령은 언제나 오래 기다리며 유혹적이며

악령은 언제나 당당하고 너그러운 승리자의 모습으로

우리를 일단 제압한 뒤

우리의 밥그릇에 들어앉습니다

악령은 또 하나의 신념입니다

고정희, 「밥과 자본주의-다시 악령의 시대를 묵상함」에서

여는 말: "네 이름이 무엇이냐?"

예수가 게라사 지방을 갔을 때 악령 들려 무덤에서 사는 사람을 만났다. 예수가 그에게 "네 이름이 무엇이냐?" 물으니 그는 "제 이름은 군대라고 합니다. 수가 많아서 그렇습니다"라고 답했다(마르 5,9). 악령의 이름이 '군대'라는 말에서 중요한 것은 단순히 다수성이 아니라 그것이 함의하는 다양성이다. 악령의 수가 아무리 많아도 존재 양태와 활동 방식이 동일하다면 분명한 전략을 수립하고 단일한 대항군을 조직해 악령의 군대와 싸울 수 있을 것이다. 하지만 악령이 그 수만큼이나 다양한 모습으로 존재하며 활동한다면 악령과의 싸움은 복잡하고 지난할 수밖에 없을 것이다.

악의 다양성을 잘 보여 주는 영화가 하나 있다. 테일러 핵퍼드 감독의 1997년 공포영화 'Devil's Advocate'(악령의 변호인)이다. 이 영화가 악령이 등장하는 대개의 공포영화와 다른 점은, 고정희의 통찰처럼, 악령을 매혹적이고 유혹적인 존재로 묘사하는 데 있다.

미국 플로리다주 게인즈빌에서 활동하는 변호인 케빈 로맥스는 무려 64번의 재판에서 단 한 번도 패소한 적이 없다. 심지어 자기가 변호하는 피고가 유죄임을 알면서도 무죄판결을 이끌어 낼 정도로 유능한(?) 변호인이다. 그런 그의 능력을 높이 산 대형 로펌 회장 존 밀턴은 파격적 조건으로 케빈에게 스카우트 제의를 한다. 이를 받아들인 케빈은 아내 메리 앤과 함께 더 큰 성공을 꿈꾸며 욕망의 도시 뉴욕으로 간다. 이후 존은 특유의 카리스마와 통찰력으로 케빈을 사로잡는다. 하지만 사실 존은 악령이다. 마침내 그 사실을 알게 된 케빈은 자신의 자유의지를 사용해 악령의 유혹을 물리친다.

케빈은 자신의 양심을 따라 불의한 피고에 대한 변호를 포기한다.

'악령의 변호인'이기를 그만둔 것이다. 부와 권력을 거부한 양심 있는 변호인! 대중을 감동시킬 만한 미담 사례이지 않은가? 아니나 다를까, 재판 후 기자 래리가 케빈에게 다가와 그를 스타로 치켜세우며 케빈의 이야기를 뉴스로 다루겠다고 한다. 케빈은 겸연쩍어하면서도 조금은 뿌듯한 얼굴로 그러라 하고 법정을 떠난다. 바로 그 순간, 케빈의 등 뒤에 서 있던 래리의 얼굴이 존 밀턴의 얼굴로 바뀌고, 악령은 미소를 지으며 혼잣말을 한다. "허영심, 내가 정말 좋아하는 죄지!" 악은 여러 얼굴을 갖고 있고 여러 방식으로 인간을 유혹한다는 이야기다.

악령의 군대는 수가 많은 만큼 작전 방식도 다양하다. 그중 가장 대표적인 악의 방식은 아마도 '유혹'일 것이다. 악의 역사는 유혹의 역사이기도 하다. 까마득한 태초의 낙원에서 최초의 사람들을 죄 짓게 한 것은 악령의 유혹이었고, 광야에서 예수에게 다가온 악령의 이름도 "유혹자"(마태 4,3)였다. 그리고 오늘의 우리도 케빈처럼 악령의 유혹에 흔들리며 위태롭게 살아가고 있다. 차이는 이 시대의 악령이 시인 고정희의 예리한 통찰처럼, 더 아름답고 고상하게, 그래서 더 치명적으로 유혹한다는 것이다.

고정희는 1970년대 후반 한국신학대학을 다니면서 민중신학의 세례를 받았다.[1] 그의 시 「화육제별사」化肉祭別詞, 「이 시대의 아벨」, 「밥과 자본주의」 등은 민중신학의 비판적 사유에 운율을 붙인 것이라고 해도 좋을 것이다. 민중운동이 악의 사회적 구조에만 주목하고 있을 때 고정희가 인간의 마음 안에 "은거"하며 은밀하게 작용하는 악령의 얼굴을 들여다본 것도 김진호가 "이반적 내면성"[2]이라고 표현한 안병무 민중신학의 영향

---

[1] 박선희·김문주, 「고정희 시의 '수유리' 연구: '화육제별사'(化肉祭別詞)를 중심으로」, 『한민족어문학』 66, 2014, 444.
[2] 김진호, 「안병무 해석학 시론: '내면성의 발견'과 '민중적 타자성' 개념을 중심으로」, 김진

으로 볼 수 있을 것이다.

고정희가 본 악령은 우리가 흔히 상상하는 뿔 달린 붉은 마귀나 창백한 귀신처럼 공포스럽고 괴상한 얼굴이 아니다. 오히려 존 밀턴처럼 매혹적이고 유혹적인 얼굴이다. 심지어 악령은 겸손하고 인자하고 지혜롭기까지 하다. 이 시대의 악령은 여러 얼굴을 가졌고, 그중에는 우리가 선善이라고 여기는 얼굴이나 신神이라고 여기는 얼굴도 있을지 모른다. 악령의 진정한 힘은 공포가 아닌 유혹에 있다. 공포는 우리를 멀리 달아나게 하지만 유혹은 우리를 가까이 끌어당긴다. 고정희는 그런 유혹하는 악령의 집합적 얼굴을 자본주의에서 보았다.

자본주의는 인간을 끝없이 소유하고 소비하다 결국 소진시켜 버리는 자기파괴적 삶으로 유혹하는 악령의 육화이며 제도화이다. 그런데 자본주의의 얼굴도 하나가 아니다. 같은 자본주의의 군대에 속해 있어도 애덤 스미스의 고전적 자유주의와 존 메이너드 케인즈의 수정 자본주의와 프리드리히 하이에크의 신자유주의는 다른 얼굴을 하고 있는 것이다. 그중에서 신자유주의는 그 형태와 행태에서 유혹하는 악령과 가장 흡사하다. 하여, 이 글은 우선 이 시대의 악령인 신자유주의의 유혹 방식인 '혼종성', '공모성', '영성'을 살펴보고, 악령의 유혹을 떨치기 위한 한국적 상황에서의 사회적 영성을 '알아차림', '함께 아파함', '자기비움' 세 차원에서 모색해 보고자 한다.

호 · 김영석 엮음, 『21세기 민중신학 - 세계 신학자들, 안병무를 말하다』, 삼인, 2013, 52.

신자유주의의 유혹 방식: 혼종성과 공모성 그리고 영성

신자유주의. 신新(neo-)이라는 접두사가 무색하게 이제는 너무 익숙해져서 진부하게 들리는 이름이다. 또한 신자유주의는 '만악의 근원'이라는 비난도 줄곧 받아 와서 그 이름 자체에 부정적 이미지가 흡착되어 있다. 이는 신자유주의를 반대하는 이들만의 반응이 아니다. 신자유주의를 주창하거나 신봉하는 사람들도 스스로를 신자유주의자라고 부르지 않는다. 그보다는 자유주의자라거나 시장주의자라거나 신보수주의자라고 부른다.

신자유주의는 역사적으로 유효기간이 지났다는 주장도 많다. 사실 신자유주의를 하나의 '경제 이론'으로 보면 신자유주의는 완전한 실패는 아니어도 중대한 위기를 맞은 것처럼 보인다. 1970년대, 오일쇼크, 스태그플레이션과 같은 자본주의의 내적 위기를 계기로 힘을 얻어 태동하기 시작했고, 1980년대와 90년대의 전 지구적 경제 위기를 기회로 세계화되는 데 성공했지만, 2008년의 세계 금융 위기는 신자유주의의 지속 가능성을 의심하고 불신하게 만들었기 때문이다. 심지어 국제통화기금(IMF) 경제학자들조차도 '신자유주의'라는 표현을 공식적으로 사용하면서 자본의 과도한 자유와 '작은 정부'의 지나친 긴축재정, 그리고 그로 인한 불평등은 신자유주의의 문제라는 일종의 '반성문'을 제출했다.[3]

하지만 신자유주의를 고정희가 통찰한 것처럼 우리의 사고방식과 행동방식을 지배하는 '신념'으로 보면, 지난 몇십 년 동안 삶의 전 영역에서 인간의 몸과 정신과 마음을 지배해 온 신자유주의는 여전히 힘을 잃

---

[3] Jonathan D. Ostry, Prakash Loungani, and Davide Furceri, "Neoliberalism: Oversold?" accessed at: http://www.imf.org/external/pubs/ft/fandd/2016/06/ostry.html

지 않고 있음을 알 수 있다. 이는 신자유주의 정책이 반성되거나 중단될지라도 신자유주의 통치는 지속될 수 있다는 것을 의미한다. 그리고 무엇보다도 신자유주의의 실패와 종식을 말하기에는 오늘 우리의 삶이 너무도 철저하게 신자유주의적 원리와 방식인 경쟁과 개인주의에 물들어 있다. 어쩌면 신자유주의의 실패로 보이는 현상은 새로운 형태로 변신하는 동안 우리의 경계심을 흩트려 놓으려는 악령의 위장 전술인지도 모른다. 이처럼 집요한 신자유주의의 유혹 방식이 바로 혼종성과 공모성이다.

혼종성: 악령은 '모든 곳'에 '모든 것'으로 있다

데이비드 하비의 『신자유주의: 간략한 역사』*A Brief History of Neoliberalism* 2005년 미국판 표지에는 네 인물의 얼굴 사진이 들어 있다. 미국 대통령 로널드 레이건, 중화인민공화국 주석 덩샤오핑, 칠레의 독재자 아우구스토 피노체트, 그리고 영국 수상 마거릿 대처. 이 중 레이건과 대처는 1970년대 말 80년대 초에 각각 미국과 영국에서 신자유주의적 자본주의 체제를 정착시키기 위해 맹활약한 신자유주의의 열정적 사제였고, 피노체트는 밀턴 프리드먼과 '시카고 보이즈'가 주도한 신자유주의 '칠레 실험'의 열렬한 후원자였다. 하지만 덩샤오핑은 중국 사회주의혁명의 영웅이며 정치 지도자가 아닌가? 바로 그 점 때문에 이 책 표지의 이미지는 신자유주의의 유혹 방식 중 하나인 혼종성을 더 적나라하게 보여 준다.

신자유주의가 현대 중국도 지배하고 있는 것이라면 공산당이 여전히 권력을 장악하고 있는 중국의 정치·경제 체제는 '신자유주의적 사회주의'라고 불러야 할까? 이에 대해 중국이 자본주의를 수용하고 있는 것은 사실이지만 다른 신자유주의 국가와 달리 공산당—국가가 주도하는 "국가 신자유주의" 또는 "국가 발전 자본주의"라는 주장도 있고(앨빈 소, 인화 츄),[4] 중국은 처음부터 신자유주의적 '워싱턴 컨센서스'를 따르지 않음으로써 "강탈 없는 축적"을 추구해 왔다는 주장도 있다(조반니 아리기).[5] 한편, 하비는 "중국은 '중국식' 특성을 갖지만, 틀림없이 신자유주의화와 계급 권력을 재구성하는 방향으로 나아가고 있다"고 주장한다.[6]

    이런 주장들에 대해서는 이론적 분석이 더 필요하겠지만, 분명한 것은 신자유주의 시장논리가 사회주의 정치체제 안에서도 작용하는 혼종성을 보인다는 사실이다. 이러한 체제 간 혼종성은 중국만의 특별한 경험이 아니다. 공산 베트남도 시장 개방과 자유화의 이름으로 신자유주의 지배 아래 들어간 지 오래고, 쿠바나 북한도 직간접적으로 신자유주의의 지구적 영향권 안에 있다. 특히, 최근 4·27 남북정상회담 이후 6·12 북미정상회담에 이르는 과정에서 미 국무장관 마이크 폼페이오는 북한 정부에게 핵무장만 포기하면 "한국만큼 잘살게 해 주겠다"고 약속했고, 미 대통령 도널드 트럼프는 북한이 "경제적으로 위대한 나라"가 될 거라고 호언했다. 싱가포르에서 트럼프가 북한 김정은 국무위원장에게 직접 보여 준 동영상은 북한이 합류해야 할 새로운 세계는 "기회의 문들이 활짝 열릴 수 있는 곳, 전 세계의 투자, 그곳은 의학적 난관 돌파, 풍성한 자원, 혁신

---

4   앨빈 소·인화 츄, 「국가 신자유주의: 자본주의로 가는 중국의 도정에 대한 전망」, 『아시아리뷰』 제5권 2호, 2016.

5   조반니 아리기, 『베이징의 애덤 스미스: 21세기의 계보』, 강진아 옮김, 길, 2009.

6   데이비드 하비, 『신자유주의: 간략한 역사』, 최병두 옮김, 한울, 2007, 185.

적 기술, 새로운 발견이 있는 곳"이라는 내용을 담고 있다. 문제는 그 세계를 여전히 신자유주의 세력이 지배하고 있다는 사실이다. 산티아고에 내렸던 신자유주의의 비가 평양에도 내릴 수 있는 것이다(칠레 아옌데 사회주의 정권을 무너뜨린 피노체트 군부의 쿠데타 작전 암호는 "산티아고에 비가 내린다"였다).

신자유주의의 혼종성은 시장과 정부의 관계에서도 나타난다. 이 사실이 중요한 까닭은 신자유주의의 기본 원리인 '작은 정부'를 신자유주의 세력 스스로 위배해 왔기 때문이다. 주지하다시피 '작은 정부' 원리는 정부의 시장 개입과 계획을 거부하거나 최소화하는 것을 의미한다. 그러나 1970년대 이후 신자유주의의 역사를 보면 오히려 강력한 정부의 주도적 개입이 있어 왔음을 알 수 있다. 대통령 취임 연설에서 "정부는 문제의 해결책이 아니라 정부 자체가 문제"라고 선언하고 신자유주의적 친기업 정책을 주도한 레이건의 미국 **정부**, 대규모 민영화와 구조조정을 폭력적으로 단행한 대처의 영국 **정부**, "신자유주의적 국가 구성에 관한 첫 번째 실험"을 성사시킨 피노체트의 칠레 **정부** 등의 역사적 사례는 신자유주의의 확산과 정착에 정부의 역할이 결정적이었음을 보여 준다. 뿐만 아니라, 신자유주의의 지속에도 정부의 기여가 있어 왔다. 예를 들면, 2008년 심각한 위기의 수렁에 빠졌던 투기 금융 자본을 천문학적 공적 자금을 투입해 구해 낸 것도 미국 부시 정부였다. 정부가 케인즈를 불러내 하이에크를 살려 낸 셈이다. 이와 같은 시장과 정부의 이종교배적 결속은 케인즈―하이에크 종種을 탄생시킬지도 모른다.

신자유주의의 혼종성은 체제나 국가 사이에서만이 아니라 한 사회 내부에서도 ― 한층 더 복잡한 방식으로 ― 나타난다. 사실 사회적 영역

7　같은 책, 24.

에서의 혼종성이 신자유주의의 더 치명적이고 파괴적인 유혹 방식이다. 그것은 시장논리를 경제 영역만이 아니라 사회의 모든 영역에서 관철시키려는 기획이기 때문이다. 이에 따라 과거에는 시장논리가 통하지 않았거나, 설령 통하더라도 어느 정도 사회적 견제와 감시가 있었던 삶의 영역까지도 모두 '시장화'되었다.

신자유주의적 시장화의 대표적 예는 교육 영역이다. 이제는 경제적 시장논리를 반영하는 '교육 **시장**', '교육 **산업**', '교육 **투자**', '교육 **서비스 사업**', '학원 **재벌**' 같은 혼종적 개념이 자연스럽게 통용되고 있다. 교육 영역의 시장화는 '사교육' 분야나 '사립학교' 부문에 국한되는 현상이 아니다. 교육 현장이 시장으로 개조되면서 '공교육'이라는 개념이 설 자리가 사라져 버렸다. 모든 교육은 시장논리에 따라 이루어지며, 학교는 신자유주의의 기본 원리인 경쟁과 개인주의를 '교육 **소비자**'에게 주입하고 훈육하는 기관으로서 기능한다. 학교는 획일적인 신자유주의적 인간을 대량생산하는 공장이 된 것이다. 오늘의 대학이 비판적 성찰과 사회적 연대의 문화를 상실하고 있는 것도 신자유주의적 시장논리를 자발적으로 따르고 있는 것과 무관하지 않다. 대학 당국자들과 교직자들의 유능함은 기업과 정부로부터 얼마나 많은 물적 자본을 끌어오는가와, 기업이 원하는 맞춤형 인적 자원을 얼마나 잘 공급하는가에 따라 평가된다. 교육 소비자 스스로도 더 비싸고 잘 팔리는 상품이 되기 위해 유치원에서부터 대학까지 끝없는 경쟁과 자기계발에 전력한다.

같은 방식으로, 예술은 상업화되었고 의료는 산업화되었고 언론은 자본의 충실한 홍보 매체가 되었다. 심지어 종교도 신자유주의의 탐욕을 신앙화한 '번영복음'과 개인주의를 반영한 개인 구원이나 내적 평화에 몰두한다. 이처럼 신자유주의는 국가의 영토와 사회의 영역을 자유롭게 넘나

들면서 인간 삶의 모든 영역을 시장으로 바꾸어 왔다. 모든 곳이 시장이 된 세계에서는 모든 것이 판매 가능하고 구입 가능한 상품이다. 사물만이 아니라 사람도 상품이다. 신자유주의의 '대형마트'에서 더 값비싸게 팔리는 상품이 되려는 욕망을 이용해 인간을 유혹하는 방식이 공모성이다.

공모성: 우리는 악령의 일부이다

인류 역사에서 사회적 저항은 대부분 지배 세력에 대한 피지배 세력의 반발로 일어났다. 그런 저항에서는 지배 대 피지배, 억압 대 피억압, 착취 대 피착취의 구분과 대립이 분명했다. 지배하는 '그들'과 지배당하는 '우리' 사이의 정치적, 경제적 대립 전선이 존재했기에, 이기든 지든 지배 체제에 도전할 엄두를 낼 수 있었다. 그런 면에서 보면 오늘의 신자유주의는 인류 역사상 맞서 싸우기 가장 어려운 '적 아닌 적'이다. 왜냐하면 신자유주의 신념은, 정치적으로 보수든 진보든, 경제적으로 부유하든 가난하든 상관없이 모든 인간을 시장논리를 따라 살아가는 공모자가 되도록 유혹하기 때문이다.

공모는 강제가 아닌 자발적 동의를 전제한다. 하비는 특히 서구 세계의 신자유주의는 선거와 같은 대중의 "정치적 동의"를 거쳐 이루어졌음을 지적한다. 그에 따르면, 그런 동의의 기반은 일찍이 안토니오 그람시가 강조한 '상식'이다.[8] 신자유주의적 삶의 원리와 방식을 상식적인 것으로 여기게끔 만들어야 대중의 자발적 동의와 공모가 가능하다는 것이다. 그래서 신자유주의 세력은 끈질기고 치밀하게 언론, 출판, 문화, 교육 등의 영역에 자본을 쏟아부어 신자유주의적 가치와 신념을 생산하고 전파했다.

---

8 같은 책, 59.

대중이 신자유주의의 유혹에 자발적으로 넘어가는 이유는 '불안' 때문이다. 지그문트 바우만이 '액체성'이라고 표현한 신자유주의 세계의 유동성은 그 세계 안에서 살아가는 모든 사람들에게 영속적 불안을 느끼게 한다. 불안의 경험에서는 빈부의 차이가 없다. 가난한 자는 갖지 못해 불안하고 부유한 자는 가진 것을 잃게 될까 봐 불안하다. 그 유동적 삶의 불안 때문에 가난한 자도 부유한 자도 끝없는 생존경쟁의 쳇바퀴를 정신없이 달린다. 외롭고 괴롭지만, 달리기를 멈추는 순간 '루저'나 '잉여'가 될지도 모른다는 불안 때문에 미친 질주를 그만둘 수 없다. 신자유주의의 소수 수혜자만이 아니라 다수 희생자조차 신자유주의적 삶의 방식에 자발적으로 동의하며 동참하고 있는 것이다.

이 자발적 동의는 신자유주의의 구조적 악에 맞서는 집단적 저항을 어렵게 한다. 신자유주의의 악령은 생존경쟁의 성공과 실패는 전적으로 개인의 책임이라고 세뇌시켜 왔다. 그래서 우리는 사회적 원인으로 인한 고통도 개인의 불운이나 잘못 탓이라고 믿게 되었다. 그리고 사회를 개선하는 대신 개인을 개조함으로써 살 길을 찾으려고 한다. 이를 자기계발이라고 하지만, 실은 쳇바퀴 안의 질주 같은 영속적 자기착취일 뿐이다. 이렇게 신자유주의는 다수를 희생자로 만듦으로써 일차적 승리를 거두었고 희생자를 공모자로 만듦으로써 최종적 승리를 거두었다.

결정적인 승기를 잡은 신자유주의는 자신의 반대자마저 공모자로 포섭하기에 이른다. 신자유주의적 시장논리를 반신자유주의 사회운동에도 주입하는 것이다. 이런 현상은 운동이 대형화, 국제화될수록 더 뚜렷이 나타난다. 피터 도베르뉴와 제네비브 르바론은 『저항 주식회사』라는 자극적 제목의 책에서 현대의 국제적 사회운동 조직이 "기업처럼 보고, 생각하고, 행동하게 되었다"고 주장한다. 사회운동은 "공정 **무역**", "친

환경 **상품**", "윤리적 **구매**", "착한 **소비**"와 같은 "친시장적인 언어"를 사용하고 "시장적 해법"을 옹호한다. 그리고 기업처럼 '문제'를 브랜드화하고 제도의 실용성과 효율성을 강조한다. 도베르뉴와 르바론은 이를 "운동의 기업화"라고 한다.[9] 기업화의 말 뜻 그대로 사회운동 조직이 기업이 되는 경우도 있다. 예를 들면, '세계자연기금'의 2012년 영업 이익은 약 1조 20억원이었고, 그해 모금 활동에 쓴 돈은 약 1,800억원이었다.[10] 이런 운동의 기업화, 상업화 현상을 '체제 내 반체제' 운동의 불가피한 현실로 이해할 수도 있겠지만, 그것은 "가장 힘없고 가난한 사람들에게 가해지는 자본주의의 '느린 폭력'에 자기도 모르게 힘을 보태는 일이기도 하다"는 도베르뉴와 르바론의 비판에 귀 기울일 필요가 있다.[11]

이처럼 희생자와 반대자까지 자발적 공모자로 끌어들이는 신자유주의 악령과 싸우는 것은 복잡하고 지난한 일이다. 신자유주의에 대한 저항은 공모자인 우리 자신에 대한 저항이기도 하기 때문이다. 이런 현실은 수천 년 동안 악령과 씨름해 온 종교의 의미와 역할을 생각하게 한다. 그런데 신자유주의 시대의 종교는 악령의 유혹으로부터 자유로울까?

신자유주의 영성: '구원' 없는 '제의 종교'

악령이 예수에게 와서 하느님의 아들이라면 돌을 빵으로 바꿔 보라고 한다. 첫 번째 유혹이다. 예수는 "**성서**에 '사람이 빵으로만 사는 것이 아니라 하느님의 입에서 나오는 모든 말씀으로 살리라' 하지 않았느냐?"

---

9 피터 도베르뉴 · 제네비브 르바론, 『저항 주식회사』, 황성원 옮김, 동녘, 2013, 16-31. 강조는 필자.
10 같은 책, 42.
11 같은 책, 53.

하고 대답하며 유혹을 물리친다. 그러자 악령은 예수를 성전 꼭대기로 데려가더니 뛰어내려 보라면서, "**성서**에, '하느님이 천사들을 시켜 너를 시중들게 하시리니 그들이 손으로 너를 받들어 너의 발이 돌에 부딪히지 않게 하시리라' 하지 않았소?" 하고 말한다(마태 4,1-6. 강조는 필자). 예수가 겪은 이 두 번째 유혹이 알려 주는 것은 악령도 성서를 읽고 인용한다는 것이다. 달리 말하면, 악령은 종교도 유혹 수단으로 삼는다는 것이다.

신자유주의의 혼종적 악령은 우선 제도 종교를 지배하여 자신의 '하위 종파'로 부린다. 제도 종교들은 신앙과 교리에서는 여전히 서로 차이를 보이며 대립하지만, 신자유주의의 신앙적 가치인 탐욕과 개인주의를 따르는 데서만큼은 놀라울 정도로 일치한다. 오늘의 종교들은 신자유주의의 유일 절대신인 '맘몬'을 저마다 다른 이름으로 섬기고 있는 것처럼 보인다.

더 나아가, 신자유주의는 종교를 노예처럼 부릴 뿐만 아니라 그 자체로 종교가 되었다. 고전적 자유주의 시대에 애덤 스미스는 신의 섭리 같은 "보이지 않는 손"이 시장을 통해 사회를 움직인다고 생각했지만, 신자유주의 시대에는 시장 자체가 '보이지 않는 신'이 되어 사회를 지배하고 사회를 움직인다. "시장이 가장 잘 안다"는 믿음에서 시장의 전지성全知性(omniscience) 교리가, 시장이 문제를 가장 잘 해결한다는 믿음에서 시장의 전능성全能性(omnipotence) 교리가 생겨났다. 시장-신이 갖고 있지 않는 신적 속성은 전적 사랑(omnibenevolence)이다. 전지전능하지만 사랑은 없는 신 앞에서 인간은 더욱 지독한 불안을 느낀다. 그 불안에서 생겨난 것이 신자유주의 종교의 '소비 제의'이다.

자본주의는 소비를 통해 지속된다. 무한 성장은 무한 소비를 요구한다. 하지만 인간의 필요에는 한계가 있다. 인간이 필요에 따른 소비만 한다면 자본의 성장에도 한계가 있을 수밖에 없다. 따라서 자본은 인간이 필요 이상으로, 그리고 필요하지 않은 것도 소비하도록 유혹한다. 소비 제의에서 상품의 미덕은 내구성이 아닌 교체성이다. 현대 자본주의는 세르주 라투슈가 말한 "계획된 진부화"를 통해 교체 소비를 강요한다. 그것은 상품 수명을 인위적으로 단축하거나 결함을 삽입함으로써 신상품으로 교체할 수밖에 없도록 하는 것이다.[12] 일찍이 1924년 세계의 전구 제조업체들이 스위스 제네바에 모여 전구 수명을 1000시간 이하로 제한하기로 담합한 것이 그 한 예다 — 토머스 에디슨이 만든 최초의 전구 수명은 약 1500시간이었고 1920년대 생산되고 있던 전구의 평균 수명은 2500시간이었다.[13] 이 같은 "계획된 진부화"가 전통적 자본주의의 소비 강제 방식이라면 라투슈가 제시하는 또 하나의 개념인 "심리적 진부화"는 신자유주의의 소비 유혹 방식이다. 심리적 진부화는 "기술적 낙후, 실재적 혁신의 도입 등에 의하지 않고 '은밀한 설득', 즉 광고와 유행에 의해 제품을 구식으로 만들어 버리는 방식"이다.[14] 이제 상품의 가치는 실용적 기능보다 심리적 기호에 따라 결정된다. 오늘의 자본은 소비 주기를 더 빠르게 하기 위해 기술 조작을 넘어 심리 조작을 시도하고 있는 것이다.

이런 소비 제의가 나타내는 신자유주의의 종교적 독특성은 '구원론'의 부재다. 신자유주의는 인간을 불안으로부터 구원하여 천상적이거나 지상적인 안녕을 누리게 하는 구원 종교가 아니다. 그보다는 불안을 조장함으로써 소비를 지속시키는, 발터 벤야민의 표현을 빌려 말하면 "가

---

12 세르주 라투슈, 『낭비 사회를 넘어서』, 정기헌 옮김, 민음사, 2014, 34.
13 같은 책, 41-42.
14 같은 책, 35.

장 극단적인 제의 종교"다.¹⁵ 물론 신자유주의 종교에도 구원론에 가까운 '생존론'은 존재한다. 어떤 의미에서는 생존이 신자유주의가 유일하게 제시하는 구원이다. 하지만 신자유주의 복음에 따르면 구원으로 들어가는 문은 극단적으로 좁다. '월가 점령' 시위자들이 규탄했던 1%의 소수도 아닌 크리스티아 프릴랜드가 말하는 0.1%의 극소수, 플루토크라트인 '슈퍼 리치'만이 좁은 문으로 들어가 구원을 살(buy) 수 있다. 신자유주의 체제에서 살아가는 절대다수는 구원받을 수 없다. 그런데 신비하게도, 이처럼 아무도 구원하지 않는 신자유주의의 '무능'은 모두를 불안에 떨게 함으로써 소비 제의를 영속시키는 신자유주의의 '전능'이 된다. 불안 때문에 소비하고, 소비는 불안을 증폭시키고, 그 불안으로 다시 소비한다. 이런 불안과 소비의 제의는 심리적 차원을 넘어 영적 차원까지 관여한다.

신자유주의 제의 종교에서는 영성도 상품으로 소비된다. 영성 사업 체인 데이빗 린치 재단 초월명상(Transcendental Meditation, TM) 센터는 2014년에서 2016년까지 2,500여 명의 전문 직장인들에게 초월명상을 지도했는데, 그중 약 55퍼센트는 월가 사람들이었다.¹⁶ 그들 '월스트리트의 늑대들'이 무소유와 자비의 삶을 실천하려고 명상 수행을 했을 것 같지는 않다. 아마도 명상을 통해 더 예리해진 정신으로 투기 자본을 운용하지 않았을까? '구글' 직원들도 "너의 내면을 검색하라!"(Search Inside Yourself!)는 영적 슬로건에 따라 마음챙김 수행을 하면서 업무 수행 능력과 기업 리더십을 기른다. 이처럼 신자유주의를 앞에서 이끌어 가는 사람들은 영적

---

15 발터 벤야민,「종교로서의 자본주의」,『발터 벤야민 선집 5』, 최성만 옮김, 길, 2008, 122.
16 Richard Feloni, "Trenscendental Meditation is taking over Wall Street", *Business Insider*, Nov. 4, 2016, accessed at: http://www.businessinsider.com/wall-street-trend-transcendental-meditation-2016-10

수행을 통해 더 많은 소유와 더 많은 소비를 위한 내적, 외적 힘을 기른다. 뒤에서 겨우겨우 따라가는 사람들도 다를 게 없다. 1990년대 이후 전 세계가 "영성의 물결"에 빠져들고 있다는 김진호의 분석처럼,[17] 대중은 자기계발, 힐링, 긍정심리학, 주술적 신비주의와 같은 세속적, 종교적 영성 상품을 열광적으로 소비한다. 이렇게 영성까지 상품화하는 신자유주의는 국가, 민족, 이념, 종교의 차이를 넘는 '보편 종교'가 되었고, 오늘의 종교적 인간은 인류 역사상 가장 보편적인 정체성인 '소비자'가 되었다.

1980년대 초 한 인터뷰에서 영국 수상 대처는 "경제는 방법이다. 목표는 마음과 영혼을 바꾸는 것이다"라고 말했다.[18] 그 목표는 신자유주의 경제의 실패 여부와 상관없이 이미 달성된 듯하다. 유혹하는 신자유주의는 혼종성, 공모성 그리고 영성을 통해 모든 곳, 모든 것을 시장화했고, "당당하고 너그러운 승리자의 모습으로 우리를 일단 제압한 뒤" 우리 모두를 신자유주의적 인간으로 바꾸었기 때문이다.

'한국적' 위기 상황과 '사회적' 영성: 알아차리기, 아파하기, 비우기

인간이 유혹에 빠지는 이유는 경계심을 잃어서다. 그것이 위험한 유혹이라는 것을 알아차리지 못하는 것이다. 그러므로 유혹에 빠지지 않으려면 깨어 있어야 한다. 악령과 싸워 이긴 예수가 자신을 따르는 사람들

---

17 김진호, 「신자유주의적 현상들로서의 '영성들'과 '그것 너머의 영성'」, 김근수 외, 『지금, 한국의 종교』, 메디치, 2016, 233.

18 Ronald Butt, "Mrs. Thatcher: The First Two Years", (Interview) *Sunday Times*, May 3, 1981, accessed at: https://www.margaretthatcher.org/document/104475

에게 "늘 깨어 있어라", "정신 차리고 깨어 있어라" 하고 자주 강조해 말한 것도 유혹을 경계하라는 의미이다. 여기서 깨어 있다는 것은 문자적으로 잠들지 않는 것이 아니라 현상을 알아차리는 것을 뜻한다. 세계의 종교들은 이 깨어 있는 상태를 유지하기 위한 다양한 영적 통찰과 수행법을 발전시켜 왔다.

그중 불교 전통의 대표적 영적 수행은 '마음챙김'(mindfulness)이다. 마음챙김은 팔리어 '사티'sati(念)에서 온 것으로, '잊지 않는다'는 의미를 갖고 있다. 수행자는 마음챙김의 대상인 몸(身), 느낌(受), 마음(心), 현상(法)을 늘 잊지 않아야 한다는 것이다. 즉, 지금 여기에서 자신이 경험하고 있는 모든 것을 깨어 알아차려야 한다는 것이다. 이 점에서 마음챙김을 '깨어있음'이나 '알아차림'으로 번역해도 좋을 것이다.

마음챙김은 불교만의 수행이 아니다. 틱낫한은 그리스도교도 포함해 모든 영적 전통에 마음챙김이 있다고 주장한다.[19] 스리랑카의 해방신학자이며 불교학자인 알로이시우스 피어리스도 마음챙김은 불교만이 아니라 유대-그리스도교 전통의 성서적 영성이기도 하다고 주장한다. 그는 서방교회 전통이 '관상'觀想(contemplation)으로 번역한 헬라어 '테오리아'theoria(관조)는 신약성서에는 물론 초기 헬라계 그리스도교 문헌에도 존재하지 않는다면서, 오히려 동방교회 전통이 강조해 온 '넵시스' nepsis(깨어 있음)가 성서적 영성인 마음챙김에 더 적합한 개념이라고 주장한다.[20] 그것이 불교적 의미의 사티든 그리스도교적 의미의 넵시스든, 마음챙김의 공통적 강조점은 늘 깨어 알아차리는 것이다.

---

19 Thich Nhat Hanh, *Be Free Where You Are*, Berkeley, CA: Parallax Press, 2002, 45.

20 Aloysius Pieris, "Spirituality as Mindfulness: Biblical and Buddhist Approaches", *Spiritus: A Journal of Christian Spirituality* 10-11, 2010, 39-40.

이러한 전통적 마음챙김의 영성과 수행법은 우리의 일상적 사고와 행동에서 은밀하고 교묘하게 작용하는 악령을 알아차리고 경계하도록 도움을 줄 수 있다. 예를 들면, 예수회 창립자 이냐시오가 제시한 영신수련의 핵심인 '식별'은 우리 내면에서 선한 영과 악한 영이 어떻게 움직이는지 자각하고 판단할 수 있는 능력을 길러 준다. 하지만 악령이 우리 사회에서 어떻게 작용하는지 알아차리려면 전통적 영성 수행법만으로는 부족하다. 앞에서 언급한 것처럼, 신자유주의는 전통 종교의 영성 테크닉조차 전유하여 활용할 만큼 '영적'이기 때문이다. 그래서 우리는 다른 영성, '사회적 영성'을 추구하는 것이다.

그런데 사회적 영성의 내용이 무엇인지 이해하기 전에, 사회적 영성이라는 개념이 왜 최근 한국 사회에서 특별하게 이야기되고 있는지 이해하는 것이 중요하다. 사실 사회적 영성은 매우 일반적인 개념이다. 사회적 영성을 추구하는 이들의 생각을 들어보면 유대-그리스도교 전통의 '예언자적 영성'이나 현대 해방신학의 '해방의 영성' 또는 오늘의 종교들이 추구하는 '참여적 영성'과 내용적으로 별반 차이가 없음을 알게 된다. 외국 종교인이나 학자에게 'social spirituality'(사회적 영성)에 대해 이야기하면 당연한 것을 새삼스럽게 말한다는 반응이 돌아오는 것도 그 때문이다. 그런데 바로 그 새삼스러움이 역설적이게도 사회적 영성의 한국적 독특성을 드러내 준다. 한국의 그리스도인과 종교인이 '사회적'인 것을 대문자 'S'의 'Social'로 강조하고, 그것을 마치 고유하고 특별한 개념처럼 이해하고 표현하는 이유는 신자유주의 시대를 지내 오면서 한국 사회에서 '사회'가 사라졌기 때문이다! 신자유주의적 구조조정과 인간 개조의 '모범 국가'인 한국은 공공성, 관계성, 연대성과 같은 사회적 가치의 해체를 그 어느 나라보다도 더 철저히 경험했기에, '사회적'이라는 일반적 의미의 형용사를 마치 고유명사에서 온 특별한 의미의 형용사처럼 여기게 된 것이다. 따라서 사회적 영성이라는 일반적 개념의 사용 자체에 사회의 부재라는 특수한 한국적 현실에 대한 폭로와 비판이 담겨 있는 것이다.

이와 같은 '사회적인 것'에 대한 문제의식은 사회적 영성의 방향과 성격을 결정한다. 우선, 첫째, 사회적 영성은 '사회의 부재'에 대한 자각을 전제하므로 '사회적인 것'이 명시적으로 가리키는 영성의 방향은 사회의 회복, 즉 공동체의 재건이다. 공동체의 핵심 가치는 약자 중심성이다. 인간은 취약한 존재이기에 공동체를 필요로 하고 공동체가 있기에 취약한 존재도 삶을 향유할 수 있다. 진정한 공동체는 사회적, 자연적 재난이 발생할 때 가장 취약한 상태에 놓이는 약자를 먼저 배려하고 돌본다. 유대-그리스도교 전통이 믿고 고백해 온 하느님은 가난한 자, 약자를 우선적으로 사랑하는 존재다. 피어리스는 그런 사랑의 하느님을 기억하는 그리스도인들에게 "하느님에 대한 마음챙김"과 "가난한 자에 대한 마음챙김"은 하나라고 주장한다.[21] 재난의 상황에서 약자부터 배려하는 사회적 영성의 길과 약자부터 배제하는 신자유주의적 영성의 길이 정반대로 갈리는 지점이 바로 여기다. '자비'를 뜻하는 영어 단어 'compassion'의 라틴어 어원인 'cum-pati'가 '함께 고통을 겪는 것'을 의미하는 것처럼 사회적 영성의 방향은 사회적 약자의 고통을 자신의 것으로 느끼며 연대하는 '사회적 자비'이다.

둘째, 사회적 영성은 신자유주의의 유혹 방식인 혼종성, 공모성, 영성이 개인적 차원에서만이 아니라 사회적 차원에서 어떻게 작용하는지 있는 그대로 알아차리고 바로 보는 비판적 이해를 시도한다. 이 비판을 비

---

21 Pieris, 같은 글, 49.

종교적 개념으로 표현하면 '사회 분석'이고 종교적 개념으로 표현하면 '사회적 지혜'이다. 바우만이 부정적 세계화의 유동적 현실이 만든 공포의 "유일한 치료법"은 "바로 보는 것, 그 뿌리를 캐고 들어가는 것"[22]이라고 한 것도 사회적 지혜로 볼 수 있다. 실상을 있는 그대로 마음챙겨 바라보는 사회적 지혜는 유혹하는 신자유주의의 지배에 대한 무지에서 생기는 불안과 공포로부터 자유로워지기 위한 수행의 필수적 기초이다.

이렇게 영성의 '사회적' 차원을 회복하면 '식별'이나 '마음챙김' 명상 같은 전통적 영성 수행법도 사회적 의미를 갖게 된다. 사실 전통적 영성은 사회의 구조적 변화보다는 개인의 내면적 변화를 추구하는 경향을 보인다. "세상의 변화는 '나'로부터 시작한다"는 주장처럼 개인의 내적 변화에 더 중요한 가치를 두는 것이다. 그리고 이를 위해 전통적 영성은 인간의 마음을 알아차리고 이해하고 변화시키는 다양한 영적 수행법을 개발해 왔다. 이 자체는 문제가 아니다. 자기를 변화시키지 못하는 사람이 변화시키는 세상은 온전할 수 없기 때문이다. 문제는 전통적 영성이 '세상의 변화'로 나아가지 못하고 '나의 변화'에 갇히기 쉽다는 것이다. 그런 개인주의적, 내면주의적 영성의 결과는 '세상의 구원'이 아닌 '세상으로부터의 구원'일 뿐이다.

여기서 한 가지 오해하지 말아야 할 것이 있다. 사회적 영성은 전통적 영성과 정반대로 개인의 변화 대신 사회의 변화만을 강조하고 우선시한다고 여기는 것이다. 사회적 영성이 사회의 이해와 변화를 중시하는 것은 사실이지만, 그렇다고 개인의 변화와 사회의 변화 중 후자만을 배타적으로 선택하는 것은 아니다. 그보다는 개인의 변화와 사회의 변화를 불이

---

[22] 지그문트 바우만, 『유동하는 공포』, 함규진 옮김, 산책자, 2009, 286.

不二적으로 인식하고 실천하는 것이 사회적 영성의 특징이다. "우리는 길을 만들고, 길은 우리를 만든다"는 스리랑카 사르보다야 운동의 구호처럼, '나'와 세상을 동시에 변화시켜 가는 것이 사회적 영성의 특징이며 목적이다.

이와 같은 영성의 사회적 의미와 목적을 잊지 않으면, 전통적 영성의 다양한 수행법은 사회적 영성의 한 자원이 될 수 있다. 그것은 물질적, 영적 이기주의를 극복하고 자기초월을 경험하는 것이다. 그리스도교의 관상이나 불교의 명상 같은 영성 수행이 추구하는 초월성의 목표는 안병무가 강조한 것처럼 '역사를 초월하는 것'이 아니라 '자기를 초월하는 것'이다. 안병무는 자기초월을 "자기를 초월함으로써 갈등의 역사 속에 자기를 투신하여 역사를 변혁하자는 행위"[23]로 정의한다. 여기서 한 가지 흥미로운 것은, 안병무는 그리스도교에서 말하는 '영성'에는 다소 비판적 태도를 취하는 한편, 불교나 도교와 같은 동양 영성 전통의 명상은 적극적으로 수용한다는 점이다. 예를 들면, 그는 영성을 강조하는 보수주의적 그리스도교 집회의 통성기도는 하느님의 소리를 들을 새가 없는 "욕심의 절규"인 반면 불교나 도교의 명상은 "자기반성"과 "자기비움"을 목적한다면서, 이를 그리스도인들이 배워야 한다고 주장한다.[24] 이는 세상을 변화시키기 위해 일하는 사회운동가들에게 특히 중요하다. 자기반성과 자기비움 없이 정의와 평화를 위해 일하는 사람들이 쉽게 분노와 폭력심에 사로잡히고 소진 증후군과 우울증에 시달리면서 자신과 남을 상처 입히기도 하기 때문이다. 그러므로 사회적 대립과 갈등의 현장에서 싸우며 살아가는 이들일수록 관상이나 명상 같은 영적 수행을 배우고 실천함으로

---

23 안병무, 『민중신학 이야기』, 한국신학연구소, 1988, 226.
24 안병무, 『성서와 영성』, 385-386.

써 탐욕, 분노, 무지의 불길로부터 자신과 타인을 보호할 수 있어야 할 것이다. 이렇게 이기적, 고립적 자아를 비우고 이타적, 관계적 자아로 변화되는 것이 포스트민주화 시대에 더 절실한 사회적 영성의 수행이다. 사회적 영성은 자기와 세상을 함께 변화시켜 가는 통전적 삶의 길이다.

또한 영성 수행은 유혹하는 신자유주의 체제에서 일상을 살아가는 사람들에게도 필요하다. 영성 수행은 습관이 된 바람직하지 않은 삶의 방식을 마음챙겨 알아차림으로써 중단하고 바람직한 삶의 방식을 마음챙겨 반복함으로써 새로운 습관으로 만드는 실천이기 때문이다. 사회적 영성의 수행은 소유의 습관을 버리고 존재의 습관을 들이는 것이다. 소비의 습관을 버리고 절제의 습관을 들이는 것이다. 경쟁의 습관을 버리고 협력의 습관을 들이는 것이다. 혐오의 습관을 버리고 사랑의 습관을 들이는 것이다. 이러한 사회적 영성의 수행에서 사회적인 것과 영적인 것은 둘이 아니다. 신자유주의의 악령에 맞서는 저항은 사회적 실천이면서 영적 수행이다. 신자유주의의 유혹을 깨어 알아차리고, 고통받는 자와 함께 아파하고, 자기를 비우는 사회적 영성은 영적 저항이 아니라 저항적 영성인 것이다.

맺는 말: 그런데 케빈은?

그 사람은 **여러 번** 악령에게 붙잡혀 발작을 일으키곤 하였기 때문에 쇠사슬과 쇠고랑으로 단단히 묶인 채 감시를 받았으나 번번이 그것을 부수어 버리고 마귀에게 몰려 광야로 뛰쳐나가곤 하였다(루가 8,29).

케빈은 물질과 권력의 유혹을 물리친 것처럼 허영심의 유혹도 뿌리치고 자유로운 영혼으로 살고 있을까? 아니면 악령이 게라사의 그 사람을 **여러 번** 붙잡았던 것처럼, 더 은밀하고 세련된 유혹에 다시 넘어가 '악령의 변호인'으로 일하고 있을까? 존 밀턴의 미소는 케빈의 처지를 낙관할 수 없게 한다. 어쩌면 악령의 군대는 실패할 때마다 인간을 유혹하는 전략과 전술을 업그레이드하는지도 모르겠다. 공포영화보다 더 공포스러운 신자유주의의 일상 속에서 악령의 유혹에 시달리며 살아가고 있는 우리의 처지도 케빈과 다르지 않다. 다만 희망할 수 있는 것은 케빈처럼 우리에게도 언제나 선택할 수 있는 기회와 자유가 있다는 것이다.

물론 쉬운 일은 아니다. 고정희가 묘사한 것처럼 악령은 우리의 밥그릇 안에 들어앉을 정도로 집요해서 우리를 불안과 공포에 떨게 한다. 악령의 여러 얼굴 중 우리를 가장 두렵게 하는 것은 '우리의 얼굴'이다. 거울 속에서 우리의 얼굴을 한 채 우리를 바라보며 서 있는 악령에게 물어본다. '네 이름이 무엇이냐?' 악령이 대답한다. '나는 너다.' 그 순간 우리는 저항할 수도 도피할 수도 없게 하는 지독한 무력감과 마비감에 휩싸인다.

그런데 다른 한편으로는, 악령의 얼굴이 우리의 얼굴이라는 자각이 오히려 희망의 근거가 될 수도 있다. 유혹하는 악령이 우리의 얼굴을 절박하게 가지려는 이유는 악령은 우리의 동의와 공모 없이는 아무것도 할 수 없는 기생적 존재이기 때문이다. 유혹의 힘은 유혹하는 자에게 있지 않고 유혹당하는 자에게 있다. 유혹을 실현하는 존재는 악령이 아니라 악령 들린 자다. 하비가 "자본 축적의 조건들을 재건하고 경제 엘리트의 권력을 회복하기 위한 정치적 프로젝트"[25]로 정의하는 신자유주의의 권능도 불안 때문에 유혹에 넘어간 우리의 동의와 공모로부터 나온 것이다. 그러므로 신자유주의 세력이 상식적인 것으로 믿게 만들어 온 경쟁과 개인주의 삶의 방식이 비상식적인 것임을 알아차리는 순간, 신자유주의는 영원한 보편적 진리가 아니라 지배계급이 강요하고 우리가 동의한 특수한 역사적 신념임을 깨닫는 순간, 신자유주의의 악령은 힘을 잃고 떠날 것이다. 우리가 늘 마음챙겨 깨어 있어야 하는 이유가 여기에 있다.

| 참고 문헌 |

김진호 · 김영석 엮음, 『21세기 민중신학 – 세계 신학자들, 안병무를 말하다』, 삼인, 2013.
김진호 외, 『사회적 영성: 세월호 이후에도 '삶'은 가능한가』, 현암사, 2014.
데이비드 하비, 『신자유주의: 간략한 역사』, 최병두 옮김, 한울, 2007.
정경일, 「자비의 사건: 우리는 서로를 구원한다」, 서공석 외, 『고통의 시대, 자비를 생각한다』, 분도출판사, 2016.
지그문트 바우만, 『유동하는 공포』, 함규진 옮김, 산책자, 2009.

---

[25] 하비, 같은 책, 36.

2

쫓겨나는 민중: 젠트리피케이션과 오늘의 민중신학

박재형

젠트리피케이션 현상과 그 한국적 의미

현재 수도 서울을 중심으로 주요 대도시들에서는 '도시 재정비' 혹은 '도시 재생'이라는 이름 아래 무수히 많은 도시 개발 사업이 진행되고 있다. 최근 한국 사회의 이러한 도시 개발 현상 중, 일부 예술인들의 유입으로 인해 문화적 가치가 상승한 지역을 소·대규모 자본이 들어와 잠식하거나, 일부 소상공인들에 의해 경제적 가치가 상승한 주변 상권에서 기존의 건물주들이 임대료를 올려 쫓아내 이익을 꾀하는 현상으로 한정하여 '젠트리피케이션 현상'이라 부르고 있다.

젠트리피케이션 한국에 상륙하다

한때, 기존의 도시 개발 계획에서 밀려난 이들이 값싼 땅값과 임대료에 힘입어 소위 '서민 상권'을 이루거나, 중심에서 밀려난 '힙Hip한' 비/반주류 예술인 공동체들이 군락을 형성해 활기를 띠었던 일부 지역들이 있었다. 홍대 거리, 상수동, 망원동, 성수동, 서촌, 북촌, 해방촌, 가로수길, 경리단길 등. 이미 우리에게 너무나도 유명해진 소위 '핫hot한' 이 지역, 이 거리들은 본래 서울의 턱없이 비싼 땅값과 월세로 인해 밀려난 사람들의 안전지대였다. 골목 구석마다 즐비한 고즈넉한 옛 거리와 상점들, 특유의 정서를 뿜어내던 아늑한 카페들, 울긋불긋한 파라솔과 천막 사이로 뿜어져 나오던 연기와 함께 구수한 냄새를 풍기던 식당들, 매캐한 담배 연기가 자욱하지만 심장을 뛰게 하는 음악 사운드로 가득 찼던 인디 클럽들…. 그리고 이러한 익숙하면서도 낯선 도시 골목의 매력들이 점차 사람들의 입에서 입으로, 혹은 TV나 인터넷 그리고 언론 매체들을 통해 곳곳으로 전파되면서 이 지역들은 가장 핫한 장소로 각광받기 시작했다. 사람들이 몰리고 매상이 올라가면서, 무언가가 부족하기에 풍족했던 이곳들이 정말로 가득 차기 시작한 것이다. 결국 상권이 활기를 띠고 땅값이 올라가기 시작하자 가장 먼저 자본이 냄새를 맡기 시작한다.

한국 사회에서 '젠트리피케이션'이라는 이름으로 가장 먼저 주목을 받은 곳은 홍대 거리다. 2009년 겨울, 홍대 인근에 위치한 '두리반'이라는 식당이 쫓겨나게 되면서 주변의 젊은 예술가들이 그곳을 지키기 위해 점거 투쟁을 하게 된다. 그리고 그 투쟁은 점차 문화예술 행사의 성격을 띠게 되고, 많은 사람들의 연대를 이끌어 내게 된다. 이 사건이 언론을 통해 알려지게 되면서, 비로소 '젠트리피케이션 현상'이 우리 사회의 도시문제로서 본격적으로 등장하게 된다. 그 후, 2010년 중반부터 서울 곳곳에서 벌어지고 있던 다양한 방식의 도시 재개발 및 재생 사업들이 젠트리피케이션이라는 이름으로 묶여 사람들의 입에 오르내리게 된다. 하지만 한국전쟁 이후, 지난 60년간 진행되었던 도시 개발의 한국적 상황과 그 역사적 맥락 가운데 이러한 현상을 단순히 기존 서구적 의미의 젠트리피케이션으로 정의하는 것이 과연 타당한가를 물어볼 필요가 있다.

본래, '젠트리피케이션 현상'은 "기존 빈민층이 거주하던 지역이 중상위 계층의 거주 지역으로 변환"(Neil Smith)되거나, "상대적으로 낙후되고 부동산 투자가 제한되었던 도심 상권이 상품화와 재투자가 이루어지는 상태로 이행"(David Ley)되는 것을 의미한다. 이것은 서구 사회의 주요 대도시를 중심으로 진행되었던 도시 개발 및 재생 사업의 특징과 그 양상을 설명하는 개념이다. 이는 위와 같은 도시 변환 및 이행 과정을 통해 도시가 젠트리gentry(신사들, 상류층들)화 된다고 표현함으로써, 일면 낙관적이고 낭만적으로 이해하는 면이 없지 않다. 그리고 사실 우리가 살고 있는 도시 가운데 많은 이들이 이러한 젠트리화를 꿈꾸며 살아가고 있다. 하지만 그 낭만적 환상과는 달리 그 이면에 도사리고 있는 실상은 냉혹하기만 하다.

젠트리피케이션의 한국적 맥락

해방과 한국전쟁 이후, 한국인 대다수가 빈민으로 전락하게 되고 그 중 대다수가 도시 서울로 이주하면서 대부분 도시빈민으로 살아가게 된다. 이들은 피난민들이 임시로 거주하기 위해 지어 놓은 하천가 '판자촌'에 군락을 이루고 하루하루 입에 풀칠하기 위해 온갖 잡일을 하며 말 그대로 생존을 위한 투쟁을 하게 된다. 그리고 60년대 군사독재정권이 실행한 도시 개발 과정에서 점차 도시 외곽으로 밀려나, 아직 개발의 손길이 미치지 않는 고지대로 올라가 소위 '달동네'를 이루어 살아가게 된다. 결국 도시 중심의 산업 발전 정책으로 인해 농촌을 떠나 도시로 이주한 대부분의 사람들은 안정된 일자리를 찾지 못한 채, 소규모 공장이나 건설 현장 등에서 하루하루 일당을 받으며 연명하거나, 노점상 등 소규모 영세자영업으로 생계를 유지해 간다. 이러한 무허가 주택과 상점들은 도시 미화를 핑계로 대책 없이 철거당하기 일쑤였고, 그나마 나은 경우는 도시 외곽의 정착지로 강제 이주되기도 했다. 이는 모두 도시 정화나 주택 공급이라는 명분하에 이루어졌으며, 그 과정에서 수많은 도시빈민은 끊임없이 거리로 내몰리고 고통받아야 했다. 70년대와 80년대를 거쳐 점차 포화 상태에 다다른 도시의 인구는 대규모 '아파트 단지'라고 하는 한국 특유의 주거 형태를 양산하게 되고, 이는 수천 세대에 이르는 대규모 철거와 강제 이주라는 세계사에서도 유례를 찾아보기 힘든 폭력적이고 비인간적인 도시개발 모델로 자리 잡게 된다. 그리고 이러한 현상은 2018년 현재에도 여전히 빈번하게 진행되고 있으며, 가히 '한국적 도시 개발 모델'이라 불릴 만큼 한국 사회 전 국토를 뒤덮고 있다.

얼핏 이러한 한국적 도시 개발 현상은 '거주지 형태 및 계층의 변화 혹은 대체'라는 의미에서 볼 때, 기존의 젠트리피케이션 개념과 크게 다르지 않아 보인다. 하지만 자세히 살펴보면, 서구에서 진행되었던 기존의 젠트리피케이션 현상이 한국의 그것과 다른 방식으로 전개된다는 것을 알 수 있다. 우선 서구 사회에서는 주로 일부 빈민, 노동 계급 거주 지역을 중심으로 하여 중간 계급의 도시 재유입으로 인해 소규모로 진행되었다. 그리고 그것은 주로 기존의 주거지 용도는 그대로 유지된 채, 제반 시설과 환경이 고급화되고 그에 따라 거주자 계급이 교체되는 양상을 띤다. 따라서 젠트리피케이션 현상의 행위 주체인 젠트리파이어gentrifier는 주로 중산층을 포함한 중간 계급에 한정되어 있다. 하지만 이와 달리 우리 사회에서는 기존의 빈민 거주/상업 지역뿐만 아니라, 중산층 거주/상업 지역에까지 확대되어 발생하고 있으며, 그 행위 주체 또한 중산층으로 시작해 결국 상류층 혹은 대규모 자본으로 확대된다.

물론 1990년대 들어 전 지구적 신자유주의 물결이 맹위를 떨치면서 서구 사회에서도 금융업자들을 중심으로 한 대규모 자본이 침투해 지구 단위 규모의 '슈퍼 젠트리피케이션'(Loretta Lees) 현상을 주도하는 사례가 늘고 있다. 하지만 이러한 '글로벌 도회 전략'(Smith)을 기존의 젠트리피케이션과 구분하여 이해하고자 하는 움직임이 있는 것 또한 사실이다. 하지만 이러한 구분은 한국 사회의 도시에서 사람들이 쫓겨나는 문제를 보다 포괄적이고 근본적으로 이해하는 데 오히려 장애가 된다. 특별히 한국 사회에서 발생하고 있는 젠트리피케이션 현상의 속성을 고려할 때에는 더욱 그렇다 할 수 있다. 현재의 한국적 맥락에서 도시 재개발 사업과 젠트리피케이션을 구분하여 이해할 경우, 우리는 자칫 그 현상의 혐의를 일부 문화·예술인 혹은 건물주 개인에게만 전가할 위험이 있기 때문이다.

이러한 의미에서 우리는 한국적 젠트리피케이션 현상 중 대표적인 두 가지 형태를 살펴볼 필요가 있다. 먼저, 첫 번째 형태는 이미 위에서 간단히 언급했듯이, 도시의 중심 상권에서 밀려난 지역에 문화·예술인들과 소상공인들이 이주해 새로운 상권을 형성하고, 그럼으로써 이전보다 고급화되면서 발생하는 현상이다. 상권이 활발해지고 그에 따라 토지 가격 및 건물 가치가 상승하자 기존의 건물주들이 임대료를 비현실적으로 올려 내쫓게 된다. 이는 소·대규모 자본가에게 자신의 건물을 기존의 가격보다 비싸게 팔아 높은 이윤을 남기거나, 본인 혹은 본인의 가족에게 운영권을 넘김으로써 이득을 보려는 경우가 대부분이다. 하지만 이와 달리 그 지역 전 상권에 거대 자본이 들어와 대규모로 개발하는 형식으로 기존의 거주자 및 건물주들을 강제로 내쫓는 경우도 있다. 이와 같은 '상업화 젠트리피케이션'은 빈민층과 중산층으로 이루어진 도시민들을 더 이상 갈 곳이 없는 '도시 난민'으로 몰아내고 있다.

 두 번째 형태는 '주거지 젠트리피케이션'으로 정의할 수 있는데, 그 양상은 다음과 같다. 정부가 일부 지역을 재개발 지역으로 확정 공표하고 이를 시행하는 과정에서 거대 건설 자본이 유입된다. 그리고 수천 세대 규모의 대규모 고급 아파트 단지가 들어서게 됨으로써, 그곳에 거주하던 원주민들은 헐값의 보상금만을 얻은 채 대책 없이 이주하게 된다. 그 과정에서 일부 이주를 거부한 원주민들은 강제 철거를 당하게 되고, 그나마 보상금마저도 받지 못한 채 쫓겨나게 된다. 뿐만 아니라 주변 소규모 영세 상권을 이루고 살아가던 임대업자들도 아파트 가격과 함께 덩달아 올라가는 토지 가격과 임대료를 감당하지 못하고 함께 쫓겨나게 된다. 결국 그 지역은 소위 '명품 브랜드 대규모 아파트 단지'를 중심으로 상류층들의 거주지 및 상업지로 탈바꿈하게 되는 것이다. 이와 같은 대규모 도시 개발 사업은 이미 70년대부터 지속적으로 시행되고 있으며, 현재는 상대적으로 낙후된 지역을 중심으로 한 '도시 개발'뿐만 아니라, 소위 '강남'이라고 불리는 고소득 상류층들의 거주 지역을 '재개발'이라는 명목으로 '초고급화'하는 방식으로 진행되고 있다. 이는 결국 부를 기존의 '가진 자'들에게 편중시킴으로써, 사회 계급 간 경제적 불평등을 심화, 고착시키고 있다.

우리는 그들을 누구라 부를 것인가?: 삶의 공간으로서의 도시와 민중

우리 사회에서 벌어지고 있는 '젠트리피케이션 현상'은 단순히 건물주와 세입자 개인의 문제로 치부될 수 없다. 다시 말해, '좀 더 가진 자'와 '못 가진 자' 사이에 벌어진 개인적 경제 이익의 문제로 접근해서는 안 된다는 것이다. 위에서 간략히 살펴보았듯이 젠트리피케이션 현상에는 '부자'와 '가난한 자'로 양분되기에는 너무나도 다양한 계층들이 서로 얽혀 '젠트리파이어'와 '원주민', '건물주'와 '세입자', '가해자'와 '피해자', 결국 '쫓아내는 자'와 '쫓겨나는 자'로 관계 맺고 있기 때문이다. 이러한 관계 맺음은 젠트리피케이션의 과정 속에서 구조적으로 서로 묶여 있으며, 때때로 순환되기도 한다.

그들, 아니 우리의 도시 이야기

빠르고 화려하게 진행되고 있는 도시 개발 가운데 그 주변에서 머물며 생존을 위해 투쟁하는 사람들이 있다. 그들은 발전된 도시의 시스템 안에서 남들처럼 살 수 없어, 남들이 가지 않는 곳에서 정착하며 하루하루 살아간다. 풍족하지 않아도, 여유롭지 않아도 좁은 집과 가게를 통해 근근이 입에 풀칠하며 서로 의지하며 살아가고 있다.

오랜 시간 동안 쌓아 온 경험과 노하우로 제법 장사도 되고 단골들도 하나둘 쌓인다. 이제 좀 살 만하다 싶고 살아갈 만하다 싶다. 자식들 대학도 보내고 결혼도 시켜, 이제 큰 걱정 없이 살 수 있겠다 싶어 만족스럽다. 조금씩 외지에서 젊은이들이 들어온다. 곳곳에 비어 있던 임대료 싼 건물에 자리 잡더니 제법 그럴싸한 가게들로 꾸민다. 자식 같고 손자, 손녀 같아 경쟁자로 느껴지지 않는다. 어떤 이들은 골목마다 그림도 그리며 꾸미고 청소도 한다. 점점 골목이 깨끗해지고 분위기가 산다. 점점 사람들이 많아지고 제법 장사도 잘된다. 그런데 우리 가게보다 저들의 가게가 더 손님이 많은 것 같다. 뭐, 그래도 괜찮다. 예전보다 장사도 잘되고 골목도 좋아졌으니 괜찮다.

그런데 언제부턴가 고급 양복을 입은 사람들이 들락거리더니, 집주인이 월세를 올리라고 한다. 한두 푼도 아니고 다섯 배가 넘게 올려 달란다. 월세 못 낼 거면 가게를 비워 달란다. 지금까지 이웃사촌으로 가족처럼 지냈던 집주인이 나가란다. 돈이 좋긴 좋구나. 이게 다 저 새로운 젊은이들 때문에 일어난 사달이다. 골목이 좋아져 땅값이 많이 올랐다고 주변에서 수군거린다. 저 옆 동네는 재개발 지역으로 선정되어 아파트가 들어온단다. 아파트 단지가 들어서면 이 주변이 모두 살기 좋아진단다. 그 동네 주민들 일부는 보상금을 받고 이사를 간단다. 그런데 안 나가겠다고 버티는 사람들도 있단다. 보상금 안 받고 안 나가면 강제로 철거하고 쫓아낸단다. 그게 법이란다. 우리나라에서 제일 큰 건설회사가 지어서 아파트 값도 엄청 비싸단다.

이곳도 저곳도 이제 우리 같은 사람들이 살 곳이 못 된단다. 악착같이 장사하고 돈 모아 건물을 산, 저 옆집 김 씨는 건물을 안 팔겠다고 버티다 결국 쫓겨났다. 그 건물에서 세 들어 장사하던 사람들도 모두 쫓겨났다. 철거되고 큰 빌딩이 들어선단다. 잘하면 새 빌딩 상가에 입주할 수 있다고 한다. 근데 월세가 너무 비싸다. 이제 우리는 어디로 가야 하나?

삶의 공간으로서의 도시 그리고 경계 지움

2018년 도시는 점점 화려하고 거대해지고 있다. 그리고 도시는 그 자태를 뽐내며 우리의 시선을 압도하고 있다. 높이 솟은 빌딩과 아파트의 숲속에서, 그리고 수려하고 정돈된 골목과 거리의 미로 속에서 우리는 그 공간에 속해 있다는 안도감과 만족감에 흠뻑 취해 살아가고 있다. 그 도시가 주는 편리와 혜택을 누리며 살아가는 동안, 우리는 마치 스스로가 그 공간 속에서 보호받고 존중받는 '시티즌'citizen이라는 공통된 정체성을 보장받는다고 확신하고 있는지도 모른다. 삶의 공간으로서의 도시는 우리로 하여금 굳건한 믿음을 갖도록 끊임없이 요청하고 있다. 그리고 그 신앙은 신자유주의적 자본의 권능에 기대어 우리로 하여금 '오직 믿음으로'를 외치도록 유도하고 있다.

사실 도시는 다양한 층위와 구역으로 구분된다. 중심가와 변두리, 중심 상권과 주변 상권, 주거 지구와 산업 지구, 역세권과 비역세권, 고급 주택가와 슬럼slum가 등. 그리고 이러한 고전적 도시 경계는 도시의 발전 과정과 더불어 그곳을 삶의 공간으로 삼아 살아가는 사람들에게 그 믿음을 확고하게 갖도록 이끄는 자극제가 되기도 했다. 여기에 더해 명문 학군 지역과 일반 학군 지역, 대단지 브랜드 아파트 단지와 임대 아파트 단지, 한강 조망권 고급 주택가와 미개발 주택가 등으로 점차 도시는 사람과 사람을 구분하는 다양한 경계를 만들어 가고 있다. 그리고 그 경계는 단순히 그 안에서 살아가는 사람들 사이에 존재하는 기능적, 계층적 차이를 구분하는 것을 넘어, 존재 자체를 규정하는 이름이 되었다. 최근 회자된 신조어 중, '휴거', '주거', '빌거', '반거'라는 말이 있다. 이는 '한국토지주택공사'(LH 공사)에서 지은 임대 아파트의 명칭인 '휴먼시아'를 비롯한 주공아파트, 빌라, 반지하 등에 거주하는 사람들을 '거지'로 폄훼하며 부르는 말이다. 불행히도 주로 아이들 사이에서 어떤 브랜드 아파트에 사느냐에 따라 서로를 구분하고 차별하는 표현으로 쓰이고 있다. 수많은 아이들이 성인이 되기도 전에 이미 부모의 소득 수준과 주거 수준에 따라 '낙오자'로 낙인찍혀 버리는 몸서리쳐지는 현실, 이 현실이 바로 우리가 살고 있는 도시라는 공간이다.

이제 우리는 "어디에 사느냐?"를 통해 "누구냐?"가 결정되는 도시라는 공간에서 살아가게 되었다. 물론 과거에도 동서양을 막론하고 "어디에 사느냐?" 혹은 "어디 출신이냐?"가 "나는 누구인가?"를 드러내 주는 매개가 되곤 했다. 뿐만 아니라 그 삶의 공간과 연결되는 "무엇을 하느냐?"도 마찬가지였다. 그리고 사실 근대 이전까지 삶의 공간으로부터 얻어진 이러한 정체성은 출신과 지역, 직업에 따른 신분의 구분 기준이 되었고, 차별의 도구로 활용되었다. 하지만 다행히도 시간이 지나면서 그 이름(姓)의 유래와 본래 의미가 희미해짐에 따라, 또한 모든 인간의 존엄과 평등에 대한 의식이 확대됨에 따라 이러한 출신 구분은 그 영향력을 상실하게 되었다.

근대 이후의 이러한 변화에도 우리의 도시는 또다시 그 고대의 우상을 소환하고 있다. 삶의 공간인 도시의 구획을 더욱 세분화하여 구분하고 서로를 가두어 놓아 '도시 신앙'의 제물로 삼고 있다. 그 가운데 우리의 눈앞에서 희미해져 갔던 '민중'이 점차 윤곽을 되찾고, 공간 안의 또 다른 공간의 경계를 만들어 가고 있는 것이다. 그리고 그 경계는 다시금 우리에게 '너는 어디에 있느냐?', '너의 이름은 무엇이냐?'를 끊임없이 묻고 있다.

쫓겨나는 민중: 공간과 사건 그리고 민중

인간은 누구나 자신이 살아가고 있는 공간을 통해 자신의 정체성을 확립하고 있으며 또한 그러길 원하고 있다. 그리고 그 과정에서 얻어지는 이익과 혜택이 자신의 삶을 진정한 젠트리로 변화되게 한다고 믿는다. 도시는 이러한 '젠트리화'되고자 하는 이들의 욕망으로 가득 차 있다. 그리고 그 욕망의 우상들은 도시로부터, 삶의 근거지로부터 도시민을 은밀하게 그리고 끊임없이 쫓아내고 있다. 과거 민중신학은 민중을 정치적 억압과 문화적 소외 그리고 경제적 착취의 개념으로 이해했다. 하지만 우리가 살아가는 현대의 도시에서 민중은 '쫓겨남'으로 드러나고 있다. 이제 우리는 현재 우리 사회에서 발생하고 있는 젠트리피케이션 현상을 통해 삶의 공간으로서의 도시가 어떻게 민중들을 양산하고 있으며, 쫓겨나는 다양한 계층의 도시민을 어떻게 민중으로 이해할 수 있는지를 물어야 한다.

도시―공간

우리가 살고 있는 도시라는 공간은 다른 여타 삶의 공간들과 마찬가지로 단순히 양적(수학적)으로 정의될 수 있는 추상적 공간이 아닌, 개인들의 삶과 존재 양식을 통해 그리고 타인과의 관계를 통해 구체적으로 체험되는 공간, 즉 '체험 공간'(Bollnow)이다. 이러한 '체험 공간'으로서 도시는 다양한 구역과 장소로 나뉘는데, 그 구분은 각 구성원들이 맺는 상호관계의 내용을 통해 드러나는 질적 차이를 의미한다. 쉽게 말해 다양한 구성원들이 다양한 방식의 삶을 통해 서로 "체험하고 사는" 현실적인 공간이라는 것이다. 따라서 도시는 가치중립적인 영역이 아니라, 구체적인 '삶의 장소'로서 우리의 삶을 지탱하기도 하고 방해하기도 하면서 실질적인 관계를 형성하고 있다. 결국 도시는 우리 삶의 꿈을 실현하도록 돕는 희망의 공간이면서 동시에 그것을 방해하는 절망의 공간으로서 우리에게 이중적 모습으로 관계 맺는다. 구체적 공간으로서 도시는 "그 안에서 사는 존재에 따라, 또 그 공간에서 진행되는 삶에 따라 다른 공간이 된다.

공간은 그 안에서 행동하는 사람과 함께 변하고, 그 순간 자아 전체를 지배하는 특정 견해와 지향에 따라 달라진다". 왜냐하면 "공간은 그 특성과 배열, 질서라는 고유의 성격을 고려할 때 거기서 살고 체험하고 관계를 맺는 주체의 표현 방식, 입증 방식, 실현 방식이기 때문이다"(Dürkheim).

본래 고대 그리스적 의미의 '공간'(τόπος: 토포스)은 "자연 속 각 사물들이 위치하고 있는 장소"(아리스토텔레스)의 의미가 강하다. 이러한 의미에서 모든 사물은 각 특성과 역할에 따라 '위치'와 '방향'이 정해져 있기 때문에 공간은 그 자체로 '고유의 힘'을 가진다는 것이다. 이러한 '특정 장소'는 하나의 물체를 둘러싸는 외피이며 따라서 물질과 물질 사이의 '경계'를 의미한다. 그리고 이러한 경계는 다른 물체에 의해 둘러싸인 물체에게 공간을 내줌으로써 세계를 형성하고 있는 것이다. 한편, 우리가 일반적으로 '공간'이라고 사용하는 어법에 해당되는 그리스어 단어는 'χώρα'(코라)인데, 이는 동사 'χωρέω'(코레오)에서 파생된 명사이다. 이 단어의 의미는 '공간을 주다', '자리를 만들다'이며, 경우에 따라 '비키다', '물러나다'의 의미로 사용되기도 한다. 따라서 '공간'은 '무엇을 넣음으로써 그것이 공간을 차지하고 있다'는 것을 의미한다고 볼 수 있다. 한편 공간을 의미하는 독일어 단어 'Raum'(라움)은 동사 'räumen'(로이멘)에서 파생된 명사인데, 'räumen'은 본래 '숲을 개간하거나 사람을 정착시키려고 숲에 공간, 즉 빈터를 만든다'는 것을 의미하며, 일상적으로는 '치우다', '옮기다'의 의미로 사용된다. 위의 내용들을 종합해 볼 때, '공간'은 우리에게 '역할과 특성'에 따른 '질서'를 부여하고, '나의 삶'을 위해 무언가를 '치우고', '옮겨' 그 빈 공간에 나의 '자리'를 만드는 것을 의미한다고 볼 수 있다.

따라서 도시라는 공간은 우리로 하여금 "이곳에 누가 살고 있는지?" 그리고 "그들과 우리들 가운데 어떤 사건들이 일어나고 있는지?"를 끊임없이 묻도록 부추긴다. 우리는 '공간 속에서' 사는 존재가 아닌, 우리가 살아가고 그 삶 가운데서 경험하는 사건들을 통해 그 '공간을 구성하는' 존재이기 때문이다. 한편 도시는 공간으로서 누군가의 자리를 위해 다른 누군가의 자리를 '치우고' '옮김'으로써 구성되며, 그 가운데 도시는 각각의 구성원들에게 '역할'과 그에 맞는 '위치'에 따라 '경계'를 구분한다. 도시는 이러한 경계를 통해 보이지 않는 '질서'를 부여함으로써 스스로 끊임없이 확장하고 있다.

사건—젠트리피케이션

그렇다면 이제 우리는 '젠트리피케이션 현상'을 통해 이 도시에서 어떠한 사건이 일어나고 있으며, 그 사건이 의미하는 바가 무엇인지를 물어야 한다. '젠트리피케이션'은 단순히 근대 이후, 산업화와 도시화가 진행되는 가운데 발생한 최근의 현상으로만 볼 수 없는 보다 근본적인 속성을 가진다. 인류는 번영과 발전의 과정을 거치며 점차 모여 살기 시작했고, 자연의 힘을 굴복시키고 그것을 가공함으로써 끊임없이 자신의 공간을 확보해 갔다. 이러한 자연과의 투쟁의 과정 속에서 인류는 이주와 개간의 과정을 반복하고, 보다 편리하고 안전한 삶의 공간을 확대해 나간 것이다. 그리고 그 삶의 공간은 민족 대 민족, 국가 대 국가의 경계로 구분되며 그 경계 안에 지역을 구분하는 또 다른 경계를 만들면서 확대되어 나간다.

이제 도시와 도시의 경계가 형성되고 도시는 그 안에 또 다른 다양한 경계들을 구분하면서 자신의 공간을 구성하게 된다. 그리고 이 과정에서 자연에 대한 인간의 '공간 확보'(räumen)는 타자에 대한 나의 공간 확보의 양상으로 변화하게 된다. 지금의 도시에서 일어나고 있는 '젠트리피케이션'은 이러한 '개간'開墾의 연장 선상에서 이해될 수 있다. 뿐만 아니라 권력에 의한 인간의 노예화, 강대국에 의한 식민화, 자본가에 의한 노동 착취, 전 지구적 신자유주의 자본에 의한 경제 식민화 등, 이 모든 일련의 식민화 과정들 또한 다양한 상황과 맥락에서 발생하는 또 다른 '쫓아냄의 사건'으로 이해될 수 있을 것이다.

이 '쫓아냄의 사건'은 단순히 나의 '삶의 자리'를 확보하기 위해 다른 누군가를 '치우고' '옮기는 것'으로 끝나지 않는다. 그것은 개인과 개인 간의 '쫓아냄'과 '쫓겨남'을 넘어서, '도시'라고 하는 '신자유주의적 자본 재생산의 톱니바퀴'에 서로를 밀어 넣어 자본의 소모품으로 전락시키는 비인간화의 사건인 것이다. 바로 이러한 의미에서 우리는 '쫓아냄의 사건'을 통해 민중의 '쫓겨남의 사건' 또한 경험하게 된다. '사건'은 민중을 발견하도록 이끄는 역사적 '창구'이자 민중이 스스로를 드러내는 실존적 '출구'이다. 뿐만 아니라 '사건'은 우리로 하여금 민중을 만나게 하고 민중을 통해 하느님을 만나게 하는 '통로'이기도 하다. 이제 이 '쫓겨남의 사건'은 우리로 하여금 지금 바로 여기, 우리가 살고 있는 도시라는 공간 가운데 다시금 민중을 재발견하게 함으로써, 새로운 '구원 사건'의 가능성을 열어 나갈 수 있도록 재촉하고 있다.

쫓겨나는 민중

'사건'은 누군가의 공간과 다른 누군가의 공간이 충돌하여 발생한다. 그 '사건'은 경계가 확고하고 충만한 것 같은 우리의 공간에 또 다른 공간을 창조한다. 무관심했던 것에 관심을 갖게 하고 당연하다 여기던 것들에 의심의 균열을 만들어 낸다. 원래 없었던, 아니 없다고 여기던 존재에게 새로운 존재의 자리를 마련해 줌으로써, 나와 우리를 다시 보게 하고 나와 우리를 둘러싼 경계를 희미하게 만들어 버린다. 그리고 그 사건에 나와 우리를 던짐으로써, 나와 우리를 둘러싼 공간과 세계는 순간 그 경계가 허물어져 버리고 만다. 그 경계가 허물어짐 가운데 자기중심으로 모든 것을 끌어당겨 소멸시키는 낡은 공간은 이내 사라져 버리고 전혀 새로운 공간이 열리게 된다. 과거 민중의 공간과 기존 세계의 공간이 충돌하며 '민중 사건'이 발생했다. 그리고 그 사건을 통해 민중신학은 '현존하는 그리스도'로서 '민중'을 재발견했다. 이제 우리는 이 '쫓겨남의 사건'을 통해 이 시대의 민중을 새롭게 발견하게 된다.

다양한 층위와 구획 그리고 이를 통해 구분되는 다양한 계층들로 구성된 삶의 공간인 도시의 복잡한 관계망 속에서 우리는 "과연 지금 누가 쫓겨나고 있는가?"를 묻게 된다. 이 물음은 곧 서로가 복잡하게 얽혀 있고 다층적 관계를 형성하고 있는 도시의 구성원들 중 도시의 도움을 받으며 자신의 욕망을 실현하는 자가 누구이며, 도시의 방해를 통해 절망에 빠진 자가 누구인지를 묻는 것이다. 그리고 우리는 이 물음에 대한 해답을 "누가 민중이며, 누가 비민중인가?"라고 하는 기존의 이분법적 질문 방식을 통해서는 결코 찾을 수 없을 것이다.

우리는 "민중은 누구인가?"에 대한 질문을 하기에 앞서, "누가 지금 쫓겨나고 있는가?"를 먼저 물어야 한다. "누가 지금 경제적으로 가난한가?", "누가 지금 정치적으로 억압받는가?", "누가 지금 문화·사회적으로 소외당하는가?" 이러한 질문은 우리로 하여금 끊임없이 민중을 고정된 실체(Substanz)로 개념화하도록 유혹한다. "민중은 현재 어떠어떠한 상태에 있는 존재들이다"라고 하는 명제는 민중을 살아 있는 실재(lebendige Realität)로 보지 못하도록 우리의 눈과 귀를 막아 버린다. 이는 타자의 존재를 사고의 고정된 틀 안에 가둠으로써, 대상화하는 우를 범하기 때문이다. 그동안 어쩌면 민중신학은 민중을 이와 같이 하나의 상태에 머물러 있는 고정된 대상으로 관찰하는 데 머물고 있었는지도 모른다. 그리고 그 결과 급박하게 진행되는 사회적 변화 과정 가운데 새롭게 등장하는 민중들과 그 사건들을 발견하지 못한 것은 아닌가! 어쩌면 이러한 민중 이해가 "이제 민중의 시대는 지났다"고 하는 어리석은 자들의 주장을 가능하게 하는 촉매제 역할을 한 것은 아닌가! 우리는 결코 민중신학이 이러한 혐의로부터 자유롭다 말할 수 없을 것이다.

이제 민중신학은 민중을 이 세계의 다양한 공간으로부터 "쫓겨나는 존재들"로 이해해야 한다. 도시화의 과정 가운데 형성되는 다양한 경계들로부터, 뿐만 아니라 정상과 비정상, 우리와 그들이라고 하는 자기중심의 경계로부터 쫓겨나고 있는 모든 '비존재'들을 우리는 이제 '민중'이라 명명해야 한다. 이 시대, 이 땅에서의 '민중'은 자신의 정체성과 생존을 보장해 주던 공간으로부터 내몰려 "쫓겨나는 사람들"이기 때문이다. 그 '쫓겨남'은 지금 그 어디에서나, 그 누구에게도 일어날 수 있는 '사건'이며, 그렇기 때문에 여전히 '민중'은 우리 가운데 있는 것이다.

나가며: 민중을 '쫓겨남'으로 이해하려는 이유

"민중신학은 민중을 어떻게 이해하고 있는가?" 이것은 단순히 '민중신학이 무엇으로부터(Woraus her) 출발하느냐'를 묻는 정체성의 물음만이 아니다. 오히려 '민중신학은 어디로(Worauf hin) 가야 하느냐'를 묻는 그 방향성에 관한 물음이기도 하다. 사실 '무엇으로부터'(정체성)는 '어디로'(방향성)를 결정하며, 다시금 '어디로'는 '무엇으로부터'를 확인해 준다. 따라서 우리는 민중신학의 민중 이해를 통해, 민중신학의 과거와 현재(정체성)뿐만 아니라, 그 미래(방향성)를 가늠할 수 있게 된다.

민중신학은 한국 사회의 구조적 모순과 부조리에 대한 신학적 성찰로 출발한다. 그리고 그 성찰의 틀로서 '민중'을 말하고 있다. 70년대 '민중'신학이라는 이름으로 시작된 이 신학 운동은 당대의 '민중'에 대한 재발견과 그 '민중'의 현실에 대한 고발을 중심으로 전개된다. 따라서 그 '민중'과 '민중의 현실'은 시대적 요청과 절박함을 통해 관찰되고 이해되었다.

이러한 까닭으로 민중신학은 '민중'을 이해함에 있어서 '한국적'이라는 말로 표현되는 민족적 특성과 '민중적'이라는 말 속에 함의되어 있는 계급적 특성을 그 틀로 사용해 왔다. 다시 말해, '한국 사회의 정치 · 경제 · 사회적 모순과 부조리 가운데 경제적으로 착취당하고 정치적으로 억압당하며, 문화적으로 소외된 이들'을 '민중'으로 이해한 것이다. 물론 민중신학은 '민중을 개념화하지 않는다'고 선언하고 실재로도 민중을 하나의 개념으로 정의하지 않았다. 하지만 불행히도 민중신학에서 민중은 정치사회적 불평등과 부조리에 의해 고통당하는 '그들'로 이해될 수밖에 없었다. 그리고 민중에 대한 이러한 계급적 이해는 민중신학으로 하여금 민중을 '어떠어떠한 상태'에 머문 존재들로 규정하도록 했으며, 결국 변화되는 시대와 사회의 상황에 대한 예민하고 기민한 대응을 하지 못하도록 발목을 잡고 말았다.

민중신학은 스스로를 '사건의 신학'이라 불렀다. 그리고 민중을 '사건'으로 이해함으로써, 역사의 민중 사건들 가운데 현존하는 그리스도를 발견하고자 했다. 하지만 동적인 사건으로서의 민중을 정치 · 경제 · 문화적 현 상태를 통해 정적으로 바라봄으로써, 어느 순간 민중이 갖는 '생명력'을 간과하고 만 것이다. 2018년 현재 우리가 살고 있는 도시라는 공간에는 다양한 사람들이 각각의 위치를 점유하며 살아가고 있다. 그 다양성 가운데 모두가 조화를 이루어 화려한 삶을 영유하는 것처럼 보이는 이 도시는 지금도 끊임없이 사람과 사람 사이의 욕망을 자극하여 갈등하도록 내몰고 있다. 내 욕망의 크기만큼 내 공간을 점유하기 위해 끊임없이 쫓아내고 쫓겨나는 현상이 지금도 곳곳에서 벌어지고 있는 것이다. 그 가운데 민중은 쫓겨나고 있다.

아니, 쫓겨나는 이들을 우리는 이제 민중이라 부르려 한다. 그 쫓겨남의 사건은 기존의 이분법적이고 정태적인 민중 이해를 수정하고 민중의 다양성과 생명력을 담보할 수 있는 새로운 이해로 확장하도록 자극하고 있기 때문이다. 쫓겨남은 단순히 내몰리는 현상이 아니다. 그것은 하나의 사건으로서 도시를 포함한 우리의 삶의 공간 가운데 균열을 일으키고 그 균열은 우리로 하여금 새로운 공간을 만들도록 이끌고 있다. 우리는 이미 다양한 쫓겨남의 현장 속에서 새로운 민중 사건을 경험하고 있다. 그리고 그 쫓겨남의 사건 속에 관여하고 연대함으로써, 새로운 해방 공간이 창조되는 것을 목격해 왔다. 예수의 제자들이 '성문 밖에서' 현존하는 그리스도를 만났듯이, 우리는 쫓겨남의 사건 가운데서 민중을 만나고 있는 것이다. 따라서 쫓겨나는 사람들과 그들이 만들어 내는 새로운 공간으로서 '성문 밖'은 이 시대의 민중 예수를 만나고 그 민중의 메시아적 사건에 참여하게 하는 창조적 균열이며 해방적 공간이 된다. '성문 밖', 그곳은 도시라는 공간 안에 존재하지만, 그 도시의 가치들로부터 끊임없이 부정당하는 '쫓겨나는 민중'의 자리(Platz)이며 바로 그렇기 때문에 '메시아적 사건'의 공간(Raum)이 된다.

도시민으로서 우리는 어쩌면 끊임없이 민중을 쫓아내려 하고 있는지도 모른다. 70~80년대의 뜨거웠던 시대를 지나온 지금, 이제는 더 이상 그 뜨거운 열정에 몸과 마음을 내맡기는 것이 부담스러워, 우리의 시야에서 민중을 몰아내려고 하는지도 모른다. 깨끗이 정화되고 수려하게 정돈된 도시의 삶 가운데 남루하고 궁상맞은 민중을 더 이상 우리 주변에 두고 함께 살고 싶어 하지 않는지도 모른다. 그것은 어쩌면 우리 모두가 공유하고 있는 정상과 평범함의 외피를 두른 화려한 성공의 알몸에 대한 욕망으로부터 시작되는 비참한 자기분열적 망상일지도 모른다. 우리에게 혜택을 주고 우리 삶을 안전하고 풍요롭게 하는 도시, 하지만 동시에 탈주체적 욕망의 응집체인 그 도시라는 공간, 그리고 그 안에서 끊임없이 재생산되는 자기중심적 가치들은 지금도 타자를 도시의 '성문 밖으로' 쫓아내고 있다. 도시가 만들어 내는 자본주의적 욕망이라는 이름의 마약은 지금 '쫓겨나는 민중'을 비정상적이며 비도덕적인 괴물들로 보이도록 환각 작용을 일으키고 있다. 이제 우리는 팔뚝에 깊이 박혀 있는 그 욕망의 주사 바늘을 뽑아내고, 우리의 눈을 멀게 한 그 욕망의 '성문 밖으로' 나가야 한다. 민중 예수가 갔던 그 성문 밖으로 말이다. 그곳에서 우리는 비로소 메시아를 만나고 그 사건을 경험할 수 있기 때문이다. 이제 민중신학은 이러한 도시의 음모를 고발하고 그 쫓겨남의 현장인 성문 밖의 사건을 증언해야 한다.

'젠트리피케이션'. 아직 우리에게 낯선 이 도시 현상은 민중신학으로 하여금 지금의 민중을 재발견하도록 재촉하고 있다. 또한 과거의 정태적이고 계급적인 민중 이해로는 더 이상 '지금 누가 민중인지'를 발견할 수 없다고 끊임없이 경고하고 있다. 이제 민중신학은 '누가 지금 쫓겨나고 있는지'를 물어야 한다. 이를 통해 '지금 누가 민중인지'를 재발견하고, 그 '쫓겨나는 민중'이 일으키는 메시아적 사건을 증언하며 이에 참여하도록 소리쳐야 한다.

| 참고 문헌 |

김경민 · 이한아, 「특집: 성수동의 젠트리피케이션 시나리오」, 『환경과 조경』, 2016, 3월호.
박은선, 「재개발-도시재생-젠트리피케이션」, 박은선 외, 『아시아로컬리티, 도시재생과 예술』,
　　리슨투더시티, 2017.
서남동, 『민중신학의 탐구』, 한길사, 1983.
신현준 · 이기운 엮음, 성공회대학교 동아시아연구소 기획, 『서울, 젠트리피케이션을 말하다』,
　　푸른숲, 2016.
안병무, 『민중신학 이야기』, 한국신학연구소, 1991.
오토 프리드리히 볼노, 『인간과 공간』, 이기숙 옮김, 에코리브르, 2011.
최인기, 『가난의 시대: 대한민국 도시빈민은 어떻게 살았는가?』, 도서출판 동녘, 2012.
P. 손더스, 『도시와 사회이론』, 김찬호 · 이경춘 · 이소영 옮김, 도서출판 풀빛, 1991.

3 방법으로서의 통일: 탈분단 상황에 대한 민중신학적 성찰

황용연

1972년의 이른바 7·4 공동성명은 일본 제국 항복 소식에 못지 않을 만큼 민족 구성원들에게 충격과 감격을 안겨 주었다. 무엇보다도 통일 원칙 제3항은 충격적이 아닐 수 없었다. 그것은 하나의 민족으로서의 민족적 대단결이 사상과 이념, 제도의 차이를 초월한다는 것이다. 정말 이것만 진실하게 받아들인다면 민족적 통일은 해결된 것이다. 그러나 우리는 민족이라는 이름을 내세운 정치 음모에 속은 것이다. 우리는 한동안 민족이라는 이름에 황홀하여 통일의 주체가 누구이며 민족의 실체가 누구인지 물으려고 하지 않았다. 이 같은 거창한 과업을 박정희와 그 일파에게 일임해도 된다는 말인가? 민족의 실체는 무엇인가? 그것은 민중이다. 그런데 박 정권은 민과의 일언반구 논의도 없이 민을 향해서는 삼엄한 방공망을 펴 놓고 자신들은 마음대로 삼팔선을 넘나들었으며 심지어 국회나 각료 회의조차도 거치지 않고 민의 총의의 화신인 양 독단적으로 이 같은 성명을 발표하게 된 것이다. 우리는 이 함정을 모르고 무조건 이 성명에 박수를 보낸 것이다.¹

남한과 북조선: 나누인 국가인가 두 개의 국가인가

대폭 줄여 잡아도 650여 년 동안 단일한 왕조와 그 왕조에게서 국권을 찬탈한 외국의 통치를 단일한 통치 영역으로서 받던 한반도에 두 개의 국가가 존재하는 현실을 흔히 분단이라고 칭한다. 분단이라는 말 자체가 나뉘었다는 의미인 것에서 보듯, 이 말을 사용할 때에는 단일 국가의 통치권이 발휘되어야 할 한반도가 두 개의 통치 영역으로 나뉘었으며 그 나뉨이 현재 한반도에 존재하는 두 국가가 겪는 질곡의 한 중요한 원인(가장 중요한 원인이라고 주장하는 경우도 꽤 있다)이라는 프레임이 형성되게 마련이다. 그리고 이런 프레임이 형성되면 발휘되어야 할 단일 국가의 통치권의 대상이 될 인민들을 민족이라고 일컫고, 분단을 그 민족의 균열과 그에 따라 붙는 갈등과 미움이라고 정의하여, 그 균열과 갈등과 미움이야말로 분단의 가장 큰 비극이라고 하는 말이 따라붙게 마련이고 말이다.

이러한 프레임이 한반도의 두 국가가 겪는 질곡을 극복하는 데 꽤 많은 도움이 되었던 것은 사실이지만, 그러나 이른바 '분단 70년'을 지나온 지금은 이런 질문을 한 번쯤 해 볼 때도 된 것 같다. 과연 지금도, 남한과 북조선, 정식 명칭으로 하면 대한민국과 조선민주주의인민공화국, 이 두

---

1 안병무, 「통일 운동의 주체는 누구인가」, 『한국 민족운동과 통일』, 한국신학연구소, 2001, 374-375.

국가를 '나누인 국가들'로 보는 게 적절할까.

통치 영역의 인민들에게 국민이라는 정체성을 보편화시키려 시도하는 것이 근대국가의 특징이라고 한다면 한반도 역사에서 그런 근대국가는 남한과 북조선 이전에는 존재했던 적이 없다. 그렇다면 분단이라고 흔히 지칭되는 1945년 이후의 역사적 현실은 두 개의 국가로 나뉘었다가 아니라 애당초 두 개의 국가로 출발했고 그 두 개의 국가가 자기 나름대로의 생존 전략을 펼쳐 온 과정이자 결과라고 보는 것이 더 적절하지 않겠느냐는 생각이 드는 것이다. 흔히 분단의 원인과 이후의 지속 요소 중 중요한 하나로 손꼽히는 미국 등의 '외세'도, 두 개의 국가, 특히 남한의 생존 전략 차원에서 접근해도 되지 않을까. 특히 남북정상회담과 북미정상회담 시즌인 이 즈음에는.

물론 일반적으로 근대국가가 국민과 거의 동의어로 보편화시키고자 하는 민족이라는 정체성이 국민과 오히려 길항 관계에 놓이게 된다는 것이 한반도 분단 현실의 중요한 점이기도 하다. 이 길항 관계를 해소하여 자신들의 통치 영역에서는 국민과 민족을 적어도 유사 동의어로 만들고자 했고 그에 따라 당연히 상대편은 배제하고자 했던 것이 남한과 북조선 두 국가의 중요한 전략이기도 했고 말이다. 요는 이 길항 관계를 남북한의 민족주의자나 뉴라이트처럼 섣불리 해소하려 들지 말고 그 길항 관계의 양상을 정직하게 보는 데에 있기도 할 것이다.

남한과 북조선의 국가적 서사에 관하여

『주식회사 대한민국 희망 보고서』라는 책에 나오는 이야기. 노엄 촘스키가 MBA 학생들과 대화하는 자리에서, 학생 중 하나가 이런 질문을 던졌단다. 교수님 생각에 바람직한 발전의 모델이 되는 나라가 어디냐고. 그 책에 따르면 촘스키의 대답은 이랬단다.

"한국(South Korea)입니다. 한국 국민들은 제국주의 식민 지배를 딛고 일어나서, 다른 나라에 종속되지 않고 독자적으로 경제 발전을 이루면서, 동시에 독재정권에 항거해 평화적인 방법으로 민주주의를 이룩해 냈습니다. 세계 최고의 휴대전화와 인터넷 보급률을 자랑할 정도로 첨단 기술이 온 국민들에게 골고루 퍼졌고, 2002년에는 네티즌의 힘으로 개혁적 정치인을 대통령으로 선출할 정도로 풀뿌리민주주의가 발전했습니다."[2]

저 책이 노무현 대통령이 꽤 좋아했다는 책이니까 10여 년쯤 지난 지금에는, 2016년에는 평화적인 촛불시위로 국정농단을 저지른 대통령을 탄핵했습니다, 뭐 이런 이야기가 덧붙을 수도 있겠다.

식민지에서 해방된 신생 국가인 남한과 북조선의 경로를 추적하다 보면 자본주의와 사회주의라는 결정적인 차이에도 불구하고 그 경로에 비슷한 점이 있음을 보게 된다. 대강 큰 그림을 그려 보자면 이렇게 될 것이다.

(1) 전쟁의 피해를 극복하고 나아가 타국에서도 언급될 정도의 경제적, 사회적 성취를 이끌어 냈다.
(2) 그러나 1980~90년대 전후로 심각한 좌절을 겪었다.
(3) 그 후 어느 정도의 반등에는 성공했으나 새로운 성취를 이끌어 내기 위해서는 뭔가 돌파구를 마련해야 하는 상황이다.

---

2   이원재, 『주식회사 대한민국 희망 보고서』, 원앤원북스, 2005, 178.

남한의 국가적 서사

남한은 공산주의도 허용하지 않고 지나친 우익 독재에도 비우호적인 '미국의 범위'[3] 내의 국가로 출발했고 한국전쟁은 남한의 미국 의존을 더욱 깊게 하는 계기가 되었다. 미국의 영향권 안에서 남한은 근대국가 구축에 필요한 관료와 지식인을 양성했고, 미국에 의해 자유민주주의의 쇼윈도 중 하나로 선택받으면서 남한은 사회 내부적으로 제기되던 수입 대체 공업화 중심의 방식 대신 수출 위주 방식의 경제개발을 진전시킬 수 있는 기회를 잡았다. 물론 그 수출품이 주로 팔린 곳도 미국이었음은 주지의 사실이겠고. 여기서 짚고 넘어갈 아이러니가 있다면, 미국의 영향권 내에서 형성된 근대 관료 중 가장 근대적 역량이 강했던 군대 집단이 1960년대에 쿠데타로 정권을 잡은 후, 그 정권에 대한 비판 세력의 역할을 담당한 근대적 지식인들 상당수도 결국 미국의 영향권 아래에서 자신의 지식을 구축한 집단이었다는 것이다.

그리하여 박정희 정권을 거치면서 남한은 이른바 신흥공업국에 한 자리를 차지할 수 있는 기반을 확보한다. 이를 두고 어떤 사람들은 몇천 년의 가난을 극복했다는 신화를 만들기도 하고, 그 신화는 오늘날까지 이어져서 '산업화 세력'이란 유행어의 기반이 되기도 한다. 다른 사람들은 어떻게든지 그 신화의 기반이 되는 '경제 발전'과 박정희의 리더십과의 연관성을 부인하려 애쓰기도 한다. 둘 중 어느 편을 들더라도 분명한 것은 두 편 모두 다 경제 발전 자체는 긍정적으로 평가한다는 점이겠다. 그러니 그 둘 중의 어느 쪽에도, "발전의 시작이 멸망의 시작이었다"[4]와 같은 성찰이 자리 잡을 자리는 없음이 당연하겠고.

---

3 박명림, 『한국전쟁의 발발과 기원』 1권, 나남, 1996, 523-524.
4 이계삼, 『변방의 사색』, 꾸리에, 2011, 257.

그 경제 발전을 칭하는 '한강의 기적'이란 말은 적어도 1990년대까지는 남한 국민의 자부심 중에 가장 큰 몫을 차지하는 말이었다. 그리고 이 자부심을 기반으로 해서, 남한은 자신들이 이루어 낸 경제적 성취를 북조선에 대한 민족 정통성의 우위의 근거라고 주장할 수 있게 되었다.

그리고 다른 한편으로 아무리 짧게 잡아도 1987년부터 남한 국민의 자부심에 민주주의라는 말도 들어갈 수 있게 되었다. 분단과 한국전쟁으로 기존의 좌파 세력이 거의 청소를 당하고 거기에 덧붙여 국가의 폭력적 권력의 위상이 상당히 커지면서 그 정부가 반대파에게 '빨갱이'라는 매도를 자유로이 할 수 있다는 큰 무기를 갖게 되었음에도, 명분뿐일지라도 자유민주주의란 말을 할 수밖에 없다는 것은 남한 사회의 민주주의가 성장할 수 있는 꽤 큰 틈새 역할을 했다. 이 틈새에서 자유민주주의 실현을 바라는 사람들과 막연하지만 자유민주주의보다는 조금 더 나은 세상을 원했던 사람들이 함께 독재정권과 싸웠고 그 결과 1987년 이후 아무리 줄여 잡아도 정부 구성을 좌지우지할 수 있는 투표권이라는, 최규석의 『100도씨』에 나오는 표현대로라면 "소중한 백지 한 장"을 가질 수 있게 되었다. 물론 어떤 사람들은 가끔 백지 한 장 얻으려고 했던 것이 맞느냐, 민주화운동했다는 사람들 절반 정도는 사실 '빨갱이질' 하려고 했던 것이 아니냐라고 말하기도 하지만, 중요한 것은 빨갱이질이라고 하더라도 그 빨갱이질은 예나 지금이나 사람을 사람 대접 안 하는 정권에 맞서서 사람 대접을 얻어 내기 위해 했던 것이라는 점이겠다.

이렇게 경제 발전도 이루어 내고 민주화도 이루어 냈다는 자부심을 믿고 나가면 될 줄 알았는데 그 자부심에 커다란 좌절을 안겨 준 것이 1997년의 IMF 사태였다. 사실 지금 와서 보면 그 좌절은 그 이전 1993년 "한국병"의 치유와 "문민정부"를 트레이드마크로 내세웠던 김영삼 정부의 등장 때부터 이미 예고되었다고 볼 수도 있겠다. "문민정부"를 내세울 수밖에 없을 정도로 이미 사회 전반에 대해 독재정권 시절의 통제권을 행사할 수 없는 상황에서 경제의 돌파구를 뚫어 "한국병"을 치유해 보겠다고 이미 당시 재벌들이 요구하기 시작한 신자유주의적 규제 완화를 냉큼 받아들였다가 1997년 동시다발적으로 터진 금융 위기에 손 놓고 있을 수밖에 없었던 것이 IMF 사태였다는 해석이 꽤 유력하니까 말이다.

어쨌든 김영삼 정부와 IMF 사태 이후로 한국 사회는 정부가 경제'개혁'과 민주주의라는 두 가지 명분을 적어도 둘 다 내놓고 무시하기는 힘든 사회가 되었다. 물론 그 둘 중에 언제나 우위에 있었던 것은 경제개혁이었다. 한국 사회의 본격적인 신자유주의적 재편은 소위 민주 정부라는 김대중·노무현 정부 시절에 그 골격이 완성되었다. 물론 이건 그들이 IMF 사태 직후 10년간 집권했다는 시기의 문제도 참작을 할 수 있겠지만 말이다. 그래서 이 시대 이후 꾸준히 맴도는 프레임이 있다. "산업화 세력"과 "민주화 세력" 그리고 그 두 세력의 "화해" 혹은 "협력".

어쨌든 3년 뒤 IMF 외환 위기를 벗어났다고 선언한 이후, 그 당시 1만 달러 전후이던 1인당 GNP는 이제 3만 달러를 노리는 수준까지 오게 되었다. 반대파를 대놓고 무시하는 행태를 보여 왔던 '이명박근혜' 정권도 보수 정권의 최후의 보루일 것 같았던 박근혜가 사실은 최순실의 가면이었음이 드러나면서 몰락했고 그 자리를 문재인 정권이 이어받았다. 3만 달러의 속살의 상당수가 '삼성전자'이고 나머지 영역은 아직도 고전 중인 경우가 많은 가운데 생산으로 이어지지 못하는 돈이 자기들끼리 새끼를 치면서 "조물주보다 더 위에 있는 건물주"만 노나고 있긴 해도, '적폐청산'의 느낌이 강하게 지속되고 20년 이상 골칫거리였던 북한 핵 문제가 해결될 기미를 보인다는 희망은 문재인 정부의 지지도가 60%대이면 "지지율 떨어진다"는 말이 나오는 상황을 만들었다. 그리고 여기서 한 가지 짚고 넘어갈 것이 있다면, 지금 이 상황에서 남한인들의 자부심의 대상이 되는 국가는 '대한민국'이라는 것이고, 그 자부심 속에서 '대한민국'은 마치 북조선의 존재를 더 이상 고려하지 않아도 되는 자기완결적인 국가인 양 상상된다는 것이다. 물론 북조선이 삼성전자 말고 다른 경제적 영역의 돌파구가 되어 준다면 더 좋기야 하겠지만.

앞 문단을 쓰고 보니, "20년 이상의 골칫거리였던 북한 핵 문제"란 말을 새삼스레 곱씹게 된다.

북조선의 국가적 서사

남한이 그동안 써 온 서사가 대략 이런 것이었다면, 북조선의 서사의 출발은 "민족해방"에서 시작한다. 북조선의 국가 성립과 성립 직후의 한국전쟁 양쪽 모두, 북조선의 입장에서는 '북반부 절반'에서긴 해도 드디어 성취한 "민족해방"과 그것을 '남반부 절반'에서도 완성하기 위한 "민족해방전쟁"으로 정의되는 것이다. 물론 그 "민족해방전쟁"에서 "승리"했다는, 도대체 이게 어떻게 말이 되지 싶은 이야기를 버젓이 하고 있기도 하지만. 그래서 어떤 수위에서든, 이 서사의 기본 대비 중의 하나는 "해방된, 그래서 민족의 당당한 주체인 북조선"과 "해방되지 않은, 그래서 민족으로 재통합시켜야 할 남조선"이 된다.

한국전쟁이 북조선에게도 상처였음은, 아니 남한과 비교하면 더한 상처였음은 불문가지일 것이다. 북조선은 겉으로는 그 상처의 모든 책임을 "원수 미제"에게 돌려 미국을 증오의 대상으로 삼았지만, 내부적으로는 사회 체제 자체를 내부 기준에서의 전쟁의 피해와 가해의 수준에 따라 개편했다. 중고등학교 도덕이나 국민윤리 교과서 등에서 볼 수 있었던 핵심 계층이니 기본 계층이니 복잡 계층이니 적대 계층이니 하는 이야기가 바로 그것이다. 그리고 원래도 심했던 데다가 전쟁으로 더더욱 커져 버린 경제적 자원 동원의 한계를 당이 직접 대중을 동원하는 천리마운동이나 대안적인 사업 체계 등의 방법을 통해서 극복하고자 했다. 그리고 이 대중 동원의 체계를 지역별 자급 체계로 구축하여 혹시 또 전쟁이 있더라도 생존이 가능하게끔 만들고자 했다.[5] 어떤 비전향 장기수는 이 시기를 "인민을 하늘같이 여기는 민주주의"를 북조선에서 경험할 수 있었던 시기라고 기억한다. 그래서 1960년대 중반, 경제학자 조앤 로빈슨Joan V. Robinson은 이런 제목의 글을 쓰게 되었다. 「1964년 코리아: 경제 기적」Korea, 1964: Economic Miracle. 이 글의 Korea가 North Korea라는 것에 놀랐다는 이야기를 하는 사람들이 꽤 있다.

위에서 언급한 경제 발전의 결과로 대략 1970년대, 아주 길게 잡는 경우에는 1980년대 초반 정도까지도 북조선의 경제력이 남한의 경제력을 앞서고 있었다는 이야기가 많다. 그러나 그 이후 남한의 경제력이 역전을 하게 되고 때맞춰 북조선의 경제력이 정체에 빠진 데다, 사회주의 국가들의 붕괴가 이어진 악영향까지 받게 되고, 결정적으로 1990년대 중반 홍수와 가뭄의 연쇄 사태가 터지게 되면서 이른바 '고난의 행군'을 하게 된다. 성립 시기 이후 단순한 통치자를 넘어서 인민들 개개인 정체성의 중심까지 장악하고자 했으며 위에 언급한 과거의 경제 발전의 주역으로 인지되고 있기도 한(그 점에서 역시 북한의 박정희라 할 만한) '위대한 어버이 수령' 김일성의 사망이 '고난의 행군' 직전이었다는 점도 지적해 둘 만하겠다.

---

5   이 문단의 논의에 대해서는, 김병로, 『북한, 조선으로 다시 읽다』, 서울대학교출판문화원, 2016 참조.

'고난의 행군' 시기를 전후로 하여 어쨌든 전 인민의 기본 생활을 책임지던 배급 체계의 영향력이 급격히 축소되고 그 빈 자리를 장마당이 채우면서 새로운 경제적 활력이 생기기도 하고, 처음 만든 이유는 무엇이었든 간에 어쨌든 "원수 미제"와 직접적인 갈등을 견뎌 내면서 끝끝내 만들어 낸 핵무기가 "강성대국"이라는 꿈의 현실화로서의 역할을 하기도 했다. 하지만 그 경제적 활력을 더더욱 확장시키기 위해서라도 어떻게든 미국과 외교 협상을 성공시켜야 하는 지점에 이르게도 되었다.

남한과 북조선의 현재: '지금 살고 있는 그대로?'

최근 남북정상회담을 두고 화해의 시작 운운하는 이야기들을 보며 뭔가 뜬금없다는 생각이 들었다. 물론 그동안 남한과 북조선이 특히나 '이명박근혜' 정부에서 개성공단 폐쇄라는 최악의 사태까지 겪으며 관계가 많이 좋지 않았던 건 사실이지만, 적어도 문재인 정부가 들어선 이후 남한과 북조선이 그들끼리 사이가 나빠서 문제였던가란 생각이 들었기 때문이다. 어떻게 보면 사이가 좋든 나쁘든 결정적인 변수가 되는 관계는 북조선과 미국의 관계였고, 이 관계가 핵무기를 둘러싸고 냉온탕을 왔다 갔다 하는 상황에서 남한은 여차하면 그 둘이 싸우는 데 애꿎게 말려들어가 터지기 딱 좋은 꼴이었고 그것이 미국의 군사행동을 제어하는 요인이 되었던 것이 아니었던가. 사실 이런 상황을 이르기에 딱 좋은 말이 있기도 하다. 인질.

인질이었다는 시각에서 최근의 남북정상회담과 북미정상회담 관련 이야기들을 훑다 보면, 이 회담들과 관련해서 가장 많이 나오는 말인 '평화'의 의미가 무엇일까 하는 생각을 한번 해 보게 된다. 아마도 일차적인 의미야 미국에 의해서건 북조선에 의해서건 전쟁이 일어날 걱정이 없게 해 달라는 것일 테고 그런 소원이야 언제 어디서든 정당하지 않을 리가 없겠지만, 여기서 조금만 더 나가면 이런 의미가 될 수 있겠어서다. '지금 살고 있는 그대로 살아도' 걱정이 없게 해 달라는 의미.

조금 더 생각해 보면 이런 이야기도 할 수 있겠다. 사실 남한이 인질이라도 될 수 있었던 것은 현재의 남한의 경제적 지위와 지정학적 위치가 미국으로서도 쉽게 날려 버릴 수 없기 때문이 아니었을까 싶은 생각. 그게 중동에서는 팔레스타인에 대한 폭력에 거침없이 일조하는 미국이 여기서는 '평화'에 나서는 이유 중의 하나이기도 하겠다는 생각. 그렇다면 앞에서 이야기한 '지금 살고 있는 그대로'는, 처음부터 '미국의 범위' 안에서 출발하여 제국의 쇼윈도로 경제를 살리기 시작한 남한이라는 나라가, 앞으로도 그렇게 제국의 영향권에 편승하면서 그 안에서 더 '번영' 할 수 있는 길을 찾아간다는 현재의 존재 방식을 유지한다는 것이 아닐까. 물론 '미국의 범위'가 애시당초 용인했던 그만큼의 민주주의도 유지하면서 말이다. 그래서 경제적 성공과 민주주의라는 두 마리 토끼를 모두 잡았다는, 앞에 촘스키가 말했다는 그런 내용의 자부심을 유지해 가면서 말이다. 그 경제적 성공과 민주주의라는 제국적 근대성의 기준에 미달하는 것으로 보이는 존재들, 예를 들어 "이슬람 난민"과 같은 존재들은 그 기준에 따라 혐오해도 정당함을 느낄 수 있는 그런 자부심 말이다.

여기서 한 가지 짚고 싶은 것, 지금까지의 남한의 '살고 있는 그대로' 에서 북조선이란 나라의 위치는 어디였을까. 어쩌면 일종의 '각설이' 아니었나 모르겠다. "작년에 왔던 각설이 죽지도 않고 또 왔네" 할 때의 그 각설이 말이다. 평소에는 잊고 살아도 별 느낌이 없다가, '북한 핵 문제'라는 각설이판이 벌어지면 사람을 무척 짜증 나게 하는 그런 각설이. 어쩌면 남북정상회담과 북미정상회담에 보내는 평화에 대한 기대에는, 이 각설이짓 더 이상 안 보게 해 달라는, 그래서 '잊고 살아도 별 느낌이 없도록' 살게 해 달라는, 완전히 정리되지는 않아도 적어도 리스크 관리는 가능하도록 해 달라는 기대가 상당히 섞여 있는 것일지도. 이렇게 보면 앞 문단에서 이야기했던 제국적 근대성의 기준에 미달하는 것으로 보이는 존재에 대한 혐오라는 측면이 여기서도 적용된다고 하겠다.

 남한의 욕망이 이렇게 '지금 사는 그대로'라고 한다면, 북조선의 욕망은 아무래도 '지금 사는 것보다는 더 잘살고 싶다'일 것이다. 그러나 그냥 '더 잘살고 싶다'는 아닐 것이고, 자본주의의 비도덕성에 물들지 않은 사회주의와 민족해방의 길[6]을 '고난의 행군'을 감수하고 지켜 오면서 '강성국가'의 길까지 어느 정도 열어 놓았다는, 바로 그 자부심을 지키면서 '더 잘살고 싶다'일 것이다. 그 자부심을 지키면서 더 잘살기 위해 택한 전략이, 미국의 입장에서 볼 때 '조무래기 1'이었을 위치에서 미국의 협상의 상대로 올라가기 위해 핵무기를 개발하는 것이었다. 물론 오랫동안 견지해 온 "원수 미제"라는 심상心象이 그 개발의 원동력이기도 했을 것이고, 그리고 그 전략은 이제 일정하게 성공을 거두기 시작한 것으로 보인다. 여기서 짚고 넘어가야 할 것. 그 자부심의 핵심에 놓인 것은 김일성-김정일-김정은으로 이어진다는 이른바 '백두혈통'이며, 만약 북미협상이 잘 마무리된다면, 이제는 그 '백두혈통의 영도' 아래 핵무기를 지렛대 삼아 "미제의 침략 위협"을 완전히 소멸시켰다는 서사가 쓰일 것이라는 점. 그러니 여기서도 '지금 사는 그대로'가 말이 될 법하다.

---

6 같은 책, 459 참조.

그렇다면 여기서 이런 생각을 할 수 있을 것이다. 남북정상회담과 북미정상회담 이후의 세상이 잘 풀려 나간다면, 그 세상에서 우리가 보게 될 것은, 남한과 북조선의 '통일'이라기보다는, 남한과 북조선의 각개약진일 가능성이 높겠다고.

남한과 북조선과 자부심 그리고 통일

물론, 남한과 북조선(그리고 미국과 중국 등까지 포함해서) 사이에 전쟁을 걱정하지 않아도 되는 상황이 성립한다는 반드시 이루어져야 할 전제를 달았을 때, 그 전제하에서 남한과 북조선의 통일이 남한과 북조선의 각개약진보다 더 많은 당위를 갖고 있다고 말하기는 적어도 이제는 힘들어졌다. 아니 어쩌면, 통일이라고 하든 무엇이라고 하든, 남한과 북조선의 관계가 두 국가 간의 외교 관계 이상이 되는 어떤 상태를 만들려면, 그 어떤 상태는 남한과 북조선의 현재를 주도하는 사람들 간의 협상과 타협으로 만들어질, 곧 그들의 주도권과 기득권을 인정한다는 전제하에서 만들어질 가능성이 높다고 하겠다. 즉, '통일'로 가는 길 자체가 이미 '각개약진'을 인정한다는 전제하에서 성립할 가능성이 높다는 것이다. 남한과 북조선이 낮은 수준이지만 공식적으로 합의해 놓은 통일 방안이 연방제 혹은 연합제라는 것은 방금 이야기한 것과 같은 현실의 반영이라고 할 것이다.

그렇다면 여기서 이렇게 묻는 것이 가능할 것이다. 과연 '각개약진'만 하면 되는 것인가? 남한은 민주주의를 견지하면서 경제적 성취를 이루어냈다는 자부심을, 북조선은 '백두혈통'을 구심점으로 사회주의 강성국가의 길을 걸어간다는 자부심을 유지하면서, '하던 대로 살면' 되는 것인가?

그 자부심의 그늘에는

오늘날은 정부가 시민의 재산권 행사를 마음대로 제약하지 못한다. 정부는 2003년 전북 부안군에 방사능 폐기물 처리장을 지으려 했던 계획을 취소해야 했다. 외곽순환도로 사패산 터널 공사와 부산 천성산 터널 공사는 자연 생태계 파괴에 대한 우려와 스님들의 강력한 반대 투쟁 때문에 장기간 지연되었다. 서울 용산 미군기지가 옮겨 가는 평택 대추리, 해군기지를 세우는 제주 강정마을, 한전이 고압선 송전선을 설치한 경남 밀양시 상동면에서도 지역 주민들과 시민 단체들이 길고 끈질긴 반대 투쟁을 벌였다. 그러나 병영 시대 대한민국은 그렇지 않았다. (중략) 정부는 여론 수렴 절차도 거치지 않고 그린벨트를 지정했다.[7]

아마 지금은 "사드를 임시 배치한 경북 성주군 소성리"쯤의 예가 하나 더 들어가야 할 것 같다. 이 문장에는 '병영 시대 대한민국'에 대한 비판적 시각과, '부안군, 천성산, 대추리, 밀양' 등등에 대한 나름의 온정적 시선이 깔려 있다. 그러나 이 문장을 읽은 '부안군, 천성산, 대추리, 밀양, 성주' 등등의 사람들은 "정부가 시민의 재산권 행사를 마음대로 제약하지 못한다"는 문장에 고개를 갸우뚱하지 않을까. 그리고 그렇게 갸우뚱할 때 이 문장의 필자는 아마도 이렇게 답변할 듯하다. "아니, 재산권 보호라고 딱히 나쁜 것도 아니고 솔직히 그 측면도 없는 게 아니잖아요?"

감히 저렇게 답변할 거라고 넘겨짚는 이유는, '부안군, 천성산, 대추리, 밀양, 성주' 등을 이야기하면서 서두에 재산권 행사라고 못을 박아 놓고 시작한다면, 그 말은 저런 사례들, 각 지역의 대중들의 삶을 억압하면

---

[7] 유시민, 『나의 한국현대사』, 돌베개, 2014, 307-308.

서, 때로는 대추리나 성주처럼 제국의 영향권에 편승하기 위해서 산업시설과 군사시설을 세우고, 여기에 대한 저항이 일어나는 사례들을, '재산권'과 '경제적 이해관계'라는 프레임으로밖에는 바라보지 못한다는 뜻이겠구나 하는 생각이 들기 때문이다.

　이 말을 한 사람은 주지하다시피 현 문재인 정부의 '진보어용지식인' 중 일인이 되리라 자임하는 사람이다. 그러니 이 사람의 예는, 어쩌면 앞에서 계속 이야기했던, 현재의 경제적 성취와 민주주의의 동시 달성이라는 자부심을 가진 사람들이, 그 성취와 민주주의의 그늘에 있는 사람들에 대해서 '재산권'과 '경제적 이해관계'라는 프레임으로밖에는 바라보지 못한다는 예겠구나 하는 생각이 드는 것이다. 그나마 나름 온정적인 시선에서는 저런 식의 이해라도 나오지만, 한 발자국만 싸늘해지면 이런 이야기 나오기 십상일 터이다. 사드 반대한다고 하더니 정작 대통령은 문재인 찍지도 않았으니 앞으로는 사드 반대한다고 도와 달라는 말 하지도 말라는.

　남한의 자부심에 대해서 이런 이야기를 할 수 있다면, 북조선의 자부심을 놓고는 아무래도 그 구심점인 '백두혈통'의 이야기를 하지 않을 수 없지 싶다. 소위 '백두혈통'이 조국의 해방과 사회주의 건설을 위해 노력했던 모든 투사와 대중의 노력을 한 가족의 신화화를 위해 전유하지 않았다면 성립할 수 없었고 어쩌면 지금도 그렇다고 한다면, 그 자부심도 일정하게 비판을 받지 않으면 안 된다는 이야기가 될 터이다.

　그렇다면 이때 남한과 북조선의 '통일'이라는 말은 어떤 의미를 갖게 될까. 물론 앞에서도 보았듯이 '통일'을 위해서도 이미 연방제라는 이름이든 연합제라는 이름이든 상당 기간의 각개약진이 필수적이긴 하다. 그러나 어느 지점에서 결정적으로 각개약진의 상태를 극복해야 하는 것이 통일이라면, 이때 그 통일이, 남한과 북조선의 현재의 자부심을 온전히 긍정하면서 이루어진다는 것이 과연 가능할까. 그렇다면 거꾸로, '통일'이라는 것을, 남한과 북조선의 그 자부심들을 극복하기 위해서 어떠한 사회를, 어떠한 인간을 구성해야 하는가라는 사고를 자극하는 지평을 설정하는, 일종의 방법으로 사고한다는 것은 불가능할까.

'방법으로서의 통일'의 한 예: 안병무의 통일헌법 제안을 중심으로

서두에 인용한 안병무의 문장은 안병무 자신도 포함되었을 한반도의 통일을 긍정하는 민족주의자의 지평에서 보면 어느 정도 이질적이다. 물론 7·4 공동성명이 결국은 유신 체제 성립의 구실로 이용된 측면이 있다는 지적은 그런 민족주의자의 입장에서도 할 수 있는 것이겠지만, 7·4 공동성명의 성립 과정이 정권이 민의 의사를 묻지 않고 자의적으로 한 것이기에 그 성명을 비판하는 경우는 아무래도 그런 민족주의자의 지평에서는 상당히 생경한 이야기일 것이기에. 7·4 공동성명조차도 저렇게 비판하는 것이 가능한 '민'民이란 주체는 과연 어떠한 주체인 것일까.

안병무는 1992년, 남북 합의서가 발표된 직후에 다음과 같은 제안을 한다.

… 나는 이 시간에 하나 부탁할 일이 있습니다. 내년이면 향린교회 창립 40주년입니다. 향린교회가 이제 무엇을 할 것인가? 궁극적으로는 하느님 나라 도래에 참여하는 일이겠지만, 구체적으로 이 민족의 역사에 참여하는 길은 무엇인가? 한국 교회가 1995년을 통일의 희년으로 설정했는데 그냥 기념 예배만 보고 지나갈 것인가? 그러지 말고 구체적인 일을 하나 해 봅시다.

제가 제안하는 일은 장차 통일될 조국의 헌법의 기초를 잡아 보자는 것입니다. 곧 통일헌법 초안을 작성해 보자는 일입니다. … 이 민족이 통일되면 어떤 체제로 나갈지 아무도 모릅니다. 정권에 맡겨서는 절대로 안 됩니다. 이 일은 절대적으로 민(民)에 의해 이루어져야 합니다 ….[8]

이 통일헌법 제안을 추적해 가다 보면 '민'이 무엇인지에 대한 약간의 실마리는 보인다.[9] 안병무의 통일헌법 제안을 받아 향린교회에서 40주년 기념 사업의 일환으로 만든 "통일 공화국 헌법 초안"(이하 향린통일헌법안, 전문은 『향린 40년』에 수록)에는 국민이란 말이 사용될 법한 모든 자리에 민이라는 말이 등장한다. 그뿐만 아니라 국가기관들의 이름에도 '國' 자를 거의 사용하지 않는다. 국회, 국군 대신 민회, 민군이라는 말을 사용하는 식이다.

여기서 재미있는 대조가 가능한 지점이 있다. 결국 국회가 유야무야 시키고 말았던 문재인 대통령의 개헌안 중 과거 헌법엔 국민이라는 용어를 사용하던 일부 조항에서 국민 대신에 사람이라는 말을 사용한다는 것이 화제가 된 바가 있다. 사실 그 개헌안에서 국민이란 말을 다 사람으로 바꾼 것은 아닌데, 국민과 사람의 용법은 대략 이렇게 구분된다. 기본권의 주체로서 국가에 어떤 요구를 할 수 있는 주체, 다르게 말하면 국가 서비스의 대상이 되는 객체는 '사람'이고, 국가 권력을 구성할 수 있는 주체는 '국민'이다. 이렇게 본다면, 통일헌법안에서는 문재인 대통령 개헌안

---

8 향린교회 창립 39주년 기념 예배에서의 안병무의 발언. 『향린 40년』, 향린교회, 1993, 414-415.

9 이 문장 이후의 논의는 다음 글의 논의와 일정하게 겹친다. 황용연, 「국민이 아니라 민이」, 김진호 외, 『죽은 민중의 시대, 안병무를 다시 본다』, 삼인, 2006, 183-192.

의 사람과 국민이 모두 민으로 통일된 셈이다. 조금 적극적으로 해석한다면, 향린통일헌법안에서는 국가의 정치적인 호명에 응답해야만 성립할 수 있는 국민이 아니라, 그 국민에게만 허용되었던 권력을 구성할 수 있는 주체의 자리까지도 사람이 차지한다고 하겠다. 국민이 아니라 사람이라는 이 지점을 조금만 더 밀어붙인다면, 국민이 아닌 이주민과 난민도 민이 될 수 있는 가능성이 충분히 있을 것이다.

저항권을 명문화하고 무상교육과 무상의료, 동일 노동 동일 임금, 노사공동결정권, 토지 공유 원칙, 민의 복지와 직접 관련된 부문의 국영 혹은 지방 공공 기관/협동조합 관리 등이 규정되어 있으며(이런 조항들은 후기 안병무가 강조했던 하느님을 公과 연결시키는 사상의 경제적 구현으로 이해될 수 있다) 대통령직도 대통령 회의의 형태를 취하는 등의 급진적인 조항들이 꽤 많지만, 이 향린통일헌법안에서 가장 특징적인 제도를 꼽으라면 기초민회-민대리자 제도라고 할 것이다. 직장과 지역 단위로 1천~5천 명 규모로 구성되는 기초민회는 1천 명당 한 명의 민대리자를 선출하는데, 이 민대리자는 별도의 상설 기관을 구성하는 것은 아니지만 헌법안에 규정된 경우에 민대리자 투표를 통해 권한을 행사한다. 이 민대리자 투표는 사실상 현재의 국회의 권한을 상당수 넘겨받고 있는데, 예를 들면 예산안은 중앙민회[10] 승인 뒤에 민대리자 투표의 찬성을 얻어야 확정되며, 법률안 제출 및 의결도 중앙민회와 민대리자 투표 양쪽의 경로가 가능하다. 그 외 중앙민회에서 이미 의결된 안건 중에서도 중앙민회 의원 1/3 이상의 요구로 민대리자 투표에서 재의가 가능한 경우가 존재한다. 또한 직선으로 선출되지 않는 각종 국가기관(대법원, 헌법재판소, 감사원, 중앙선관위 등)의 일부 위

---

10 원래 향린통일헌법안에는 그냥 '민회'지만, 민회라는 말이 여러 수위에서 반복되기 때문에 구별하기 위해 여기서는 '중앙민회'라고 표기한다.

원을 선출할 수 있다.

향린통일헌법안에서 기초민회는 6개월에 한 번 정기회를 해야 하며 민대리자는 6개월마다 재신임을 받아야 하니, 정기회 자리가 곧 재신임 자리가 될 가능성이 높을 것이다. 민대리자가 기초민회의 실질적 통제를 받음으로써 그들이 행사할 수 있는 국가 수준의 권한이 최대한 기초민회라는 직접민주주의 제도의 영향권 안에서 행사될 수 있도록 하겠다는 의미가 보인다. 여기서 하나 더 짚는다면, 이 기초민회-민대리자 제도는, 헌법안에서는 이미 규정된 제도의 형태를 띠고 있으나, 실질적으로는 통일의 과정 속에서 사회적으로 형성되어야 할 제도일 것이다. 즉 통일의 과정 자체가 기초민회-민대리자 제도, 또는 다른 형태로라도, 민의 주체성을 살릴 수 있는 제도를 만들어 낼 수 있도록 그 주체성 자체를 형성하는 과정이어야 한다는 것이다. 물론 이 기초민회의 구성원은 '민'이므로, 앞에서 지적했던 대로 현재의 '국민'에 한정되지 않는, 같이 살고 있는 이주민과 난민 등의 모든 사람들을 포함해야 할 것이기도 하겠고 말이다.

민의 주체성을 형성하는 과정이라면 그 과정은 당연히 현재 목소리를 높이고 있는 사람들만이 또 한 번 그 목소리를 반복하는 과정이어서는 안 될 것이다. 그 말은 현재의 체제와, 그 체제가 형성하는 자부심과 상충되는 목소리들이, 지금까지보다 더 많이 나와야 한다는 말이기도 할 것이다. 앞의 예를 다시 한번 끌어온다면, "부안군, 천성산, 대추리, 밀양, 성주" 등의 목소리 말이다. '착한 사마리아인'이 아니라 '강도 만난 사람'이 그리스도의 역할을 한다는 민중신학적 입장에서 보면, '강도 만난 사람'의 목소리이며 그렇기에 '메시아적 목소리'이기도 한 그런 목소리들 말이다.

따라서 민의 주체성을 형성하는 과정은 앞서 언급한 대로 남한과 북조선의 현재의 자부심을 극복하는 과정이지 않을 수 없을 것이며, 그렇기에 통일이라는 미래를 위해서만이 아니라 지금 당장 시작되어야 하는 과정이기도 할 것이다. 앞서 이야기한 대로, 현실적으로 그 귀결이 통일이든 아니든 탈脫분단이라는 과정 자체가, 남한과 북조선이 자신들의 자부심 위에서 각개약진하는 시간을 상당 기간 거친다는 현실 위에서 진행된다면 더더욱이나 말이다.

| 참고 문헌 |

김병로, 『북한, 조선으로 다시 읽다』, 서울대학교출판문화원, 2016.
김진호 외, 『죽은 민중의 시대, 안병무를 다시 본다』, 삼인, 2006.
박명림, 『한국전쟁의 발발과 기원』, 나남, 1996.
안병무, 『한국 민족운동과 통일』, 한국신학연구소, 2001.
유시민, 『나의 한국현대사』, 돌베개, 2014.
이계삼, 『변방의 사색』, 꾸리에, 2011.

4 잔여—주체, 포스트휴먼과 마주하다

신익상

들어가는 말

　제4차 산업혁명이라는 말과 포스트휴먼이라는 말이 최근 한국 사회에서 유행처럼 논의되고 있다. 자본주의사회에서 유행은 시장을 통해 실현된다. 따라서 이 말들 또한 시장에서 실험될 것이다. 그런데 모든 실험은 단순화되고, 그래서 어떤 것은 배제된다. 이 실험에서 배제되는 자들은 누구일까? 이 실험에서 민중은 누구인가?
　민중은 언제나 사건이다. 사건은 특정한 지역과 공간에서 특정한 시간에 특정한 상황을 맥락으로 해서 벌어진다. 다양한 공간과 시간 속에서 각각의 이유로 벌어지는 모든 사건을 하나의 단일한 개념으로 정의하는 것은 불가능할 것이다. 민중이 그렇다. 안병무는 민중이 경험의 대상이지 지식의 대상은 아니라고 한다. 그렇다면 구체적인 경험들을 하나의 개념적 정의로 간단하게 처리할 수 없다는 사실은 민중을 말할 때마다 상기되어야 한다.

그렇다고 하더라도, 민중이 사건이지 사건이 민중인 것은 아니다. 민중은 모든 사건 중에서 도드라지는 어떤 독특성을 갖는 사건이다. 경험되는 사건이기 때문에 이 독특성 또한 그때그때의 민중 사건이 갖는 독특성일 뿐이지 모든 민중 사건을 설명할 수 있는 보편적 독특성일 수는 없다. 그렇지만 이 개별적 독특성을 드러내는 방향을 말할 수는 있는데, 민중 사건은 민중이라는 주체를 강조한다는 점이다. 민중은 '주체적' 사건이다.

말하자면, 민중신학은 그때그때의 민중이라는 주체를 중심으로 그때그때의 힘의 관계망을 (신학적으로) 해석한다. 아마도 제4차 산업혁명이나 포스트휴먼은 오늘날 힘의 관계망을 설명하는 중요한 주제 중 하나일 것이다. 그렇다면 이 힘의 관계망을 해석하는 중심이 될 주체로서 오늘날의 민중을 어떻게 말할 수 있을까? 오늘의 당대적 민중을 표현할 수 있는 이름으로 이 장에서는 나머지 '잔여'를 제안하려고 한다. '잔여'를 오늘의 민중적 주체를 말하는 형식으로 구성함으로써 제4차 산업혁명과 포스트휴먼이 드러내는 당대적 힘의 관계망을 해석해 보고자 한다.

이야기를 진행하는 순서는 다음과 같다. 먼저, 제4차 산업혁명과 포스트휴먼을 설명한다. 이어서, 이 둘이 자본주의 체계에서 유기적으로 얽혀서 기술적 매개(technical mediation)의 역할을 하는 방식을 살핀다. 그다음은 '잔여'를 민중적 주체로 말하는 방식을 설명하고, '잔여-주체'라는 개념을 제안한다. 물론 이 개념은 당대적 사건으로서 제안하는 것이다. 마지막으로, '잔여-주체'를 중심으로 제4차 산업혁명과 포스트휴먼을 매개로 읽어 낸 오늘의 당대적 상황을 해석한다. 이 해석에는 '포스트휴먼적 잔여-주체'의 탄생을 포함한다.

제4차 산업혁명?

4차 산업혁명이라고 하면 그 이전에 1차, 2차, 3차 산업혁명도 있었다는 얘기다. 제4차 산업혁명이 무엇인지를 본격적으로 밝히기 전에 그 이전에 있었던 산업혁명들을 간단하게 훑어 가면 제4차 산업혁명을 이해하는 일이 더 쉬워질 것 같아 이 이야기부터 시작해 보고자 한다.

18세기 중반에서 19세기 중반까지의 기간에 인간의 육체노동을 대신해서 기계가 생산을 이끄는 변화가 일어났는데 이를 '제1차 산업혁명'이라고 부른다. 증기기관이 발명되면서 철도가 놓이게 되었고, 방직기계가 도입되는 등 기계들이 효율적인 생산을 주도하게 되었다. 따라서 제1차 산업혁명의 특징을 한마디로 한다면 '기계에 의한 생산'이라고 할 수 있겠다.

'제2차 산업혁명'은 19세기 말에서 20세기 초에 걸쳐 벌어진 일로, 전기와 생산 조립 라인이 등장함으로써 명실상부한 대량생산의 시대를 열었다. 전기를 사람이 쓸 수 있는 형태로 만든 최초의 사람은 볼타 Alessandro Giuseppe Antonio Anastasio Volta(1745~1827)라는 이탈리아의 물리학자인데, 제2차 산업혁명이 일어나기 훨씬 전인 1800년의 일로, 전기를 저장할 수 있는 전지를 만들었다. 하지만 전기를 본격적으로 사용할 수 있도록 기술혁신이 일어난 것은 역시 제2차 산업혁명에서였다. 이때 에디슨은 백열전구를 만들었고, 니콜라 테슬라Nikola Tesla(1856~1943)는 교류 전기를 사용할 수 있도록 했을 뿐만 아니라, 무선통신 기술도 선보였다. 이러한 기술들을 기반으로 화학, 석유, 철강 산업은 물론, 영화, 라디오, 축음기 등의 오락 산업에 이르기까지 다양한 발전이 가능했다. 여기에 증기기관을 대신하는 내연기관이 발명되어 자동차가 거리를 활보하게 되었다. 포드자동차의 창시자인 헨리 포드가 도입한 생산 조립 라인은 제2차 산업혁명의 특징인 '대량생산'을 단적으로 보여 준다.

20세기 중반에서 후반까지는 '제3차 산업혁명'의 시대였다. 반도체의 등장과 이를 등에 업고 눈부시게 성장한 컴퓨팅 기술, 그리고 이들 컴퓨터끼리 통신을 가능케 한 인터넷 연결망의 발명은 이전과는 전혀 다른 삶의 환경을 만들었다. 반도체의 발명은 진공관을 대신하여 컴퓨팅 기술을 획기적으로 발전시켰다. 반도체는 방 한 칸을 가득 채우던 거대한 진공관 컴퓨터를 작은 상자 크기의 컴퓨터로 탈바꿈시켰고, 빠른 연산 속도와 저장 용량의 증대를 가능토록 했다. 이렇게 사이즈는 아담해지면서 능력은 획기적으로 배가된 컴퓨터는 산업체와 기업체는 물론 사회 전 분야에 급속하게 보급되면서 삶의 양상을 이전과 다르게 변모시켰다. 여기에 더하여 컴퓨터 간의 연결망인 인터넷이 보편화하자 산업의 효율성은 전례 없이 향상되었다. 그래서 제3차 산업혁명의 특징은 '디지털'이라고 요약할 수 있지 않을까 한다.

이제까지의 산업혁명들이 갖는 하나의 공통점이 있다면 '기계의 약진'이라고 할 수 있을 것 같다. 제4차 산업혁명은 이전의 산업혁명들이 성취한 기계의 약진에 한편으로는 기대어 있으면서, 다른 한편으론 기계의 약진을 전혀 다른 방식으로 상상하고 적용한다는 점에서 이전의 산업혁명들과 그 양상이 다르다고 할 수 있다.

어떤 사람은 제4차 산업혁명이 시작된 것이 아니라 제3차 산업혁명이 계속되고 있는 것이라고 말하기도 하지만, 이 말을 처음 세상에 내놓은 클라우스 슈밥Klaus Schwab은 결정적 차이가 있다고 지적한다. 제3차 산업혁명은 반도체, 컴퓨팅 기술 그리고 인터넷 연결망을 핵심으로 하는 '디지털 혁명'이었다. 제4차 산업혁명은 사실 제3차 산업혁명의 유산인 이 '디지털 혁명'을 기반으로 한다. 이런 면에서 보면 제4차 산업혁명이 아니라 제3차 산업혁명의 지속이라고 말하는 사람들의 말에도 일리가 있다. 하지만 슈밥이 제4차라고 하여 제3차 디지털 산업혁명과 구분하려고 하는 이유는, 제4차 산업혁명에서의 디지털은 이전의 디지털과 비교할 때 무언가 결정적으로 다른 점이 있기 때문이다. 그것은 무엇일까?

바로 '연결'(connection)이다. 제4차 산업혁명에서는 디지털을 기반으로 이전에는 분리되어 있던 다양한 과학기술을 융합해서 사회, 경제, 문화 패러다임을 전환한다. 따라서 제4차 산업혁명이란, 디지털 혁명을 기반으로 1차적으로는 과학기술의 여러 성과를 융합하고, 2차적으로는 여러 사회와 분야를 다양한 상상력으로 연결하여 산업에 실현하는 것이라고 할 수 있다. 그 파급효과는 아마도 단지 산업 현장의 변화뿐만 아니라 국가와 기업을 포함하는 사회 생태계는 물론 가치관과 윤리, 철학에 이르는 인간 문명 전반을 아우르게 될 것이라는 점에서 주목할 필요가 있다.

제4차 산업혁명의 이러한 특징을 담고 있는 유력한 과학기술들을 열거하자면, 사물인터넷(Internet of Things, IoT), 블록체인 기술, 3D 및 4D 프린팅 기술, 클라우드 기반의 로봇 간 네트워킹, 재생 가능한 신소재 개발, 유전자 가위 기술, 바이오프린팅 기술, 5G 이동통신 기술 등 셀 수 없다. 그런데 이러한 산업기술들이 가리키는 중요한 함의는, 기계와 정보 간의 평등한 민주화가 고도의 효율성을 가능케 하고, 이러한 기술혁신의 결과가 인간의 노동을 대체하게 되리라는 점이다. 디지털 기술을 기반으로 한 산업 현장의 '연결'이 산업 현장으로부터 인간 노동을 '분리'해 낼 가능성이 크다는 말이다.

포스트휴먼?

제4차 산업혁명은 무엇보다 과학기술과 자본주의가 결합한 결과이다. 이 결과가 인간 문명 전반에 미치는 영향을 숙고할 때 비로소 우리는 제4차 산업혁명을 말할 수 있게 된다. 그런데 이 영향이 인간 자신에게 미치는 경우를 생각하면 포스트휴먼posthuman 논의가 된다. 과학기술의 발전이 인간 향상(human enhancement)을 가져올 때, 그것이 인간에게 뜻하는 바는 무엇이며 가져올 결과는 무엇일까?

사실 포스트휴머니즘에 대한 생각은 아직 잘 정리되어 있지 않아서 다양한 용어가 때로는 혼용되거나 때로는 분리되어 사용된다. 트랜스휴머니즘transhumanism과 포스트휴머니즘(신상규)으로 나누는 사람이 있는가 하면, 분석적 포스트휴머니즘과 비판적 포스트휴머니즘(Rosi Braidotti)으로 나누는 사람도 있고, 이러한 구분의 경계를 넘나들며 모호하게 사용하는 사람들도 있다. 여기서는 한동대학교 손화철 교수가 이반 칼루스Ivan Callus와 슈테판 헤어브레히터Stefan Herbrechter의 정의를 받아들여 사용하고 있는 '포스트휴먼-이즘'posthuman-ism과 '포스트-휴머니즘'post-humanism을 사용해서 설명해 보도록 하자. 트랜스휴머니즘이나 분석적 포스트휴머니즘은 포스트휴먼-이즘으로, 비판적 포스트휴머니즘은 포스트-휴머니즘으로 생각하면 대략 맞다. 그리고 이들을 통칭해서 포스트휴머니즘이라고 하면 되지 않을까 한다.

과학기술에 힘입어 건강하게 수명을 연장하거나, 지능이 향상되거나, 정서적이고 도덕적인 능력이 탁월해지거나 하는 등의 향상을 통해 지금까지와는 다른 새로운 존재, 즉 포스트휴먼의 출현이 가능하리라는 낙관적 기대를 강조하는 경우를 포스트휴먼-이즘이라고 한다. 반면, 인간 중심적인 생각을 비판함으로써 인본주의(humanism)를 극복하려고 시도하는 경우는 포스트-휴머니즘이라고 할 수 있다. 특히 로지 브라이도티는 인본주의가 제시하는 서구 백인 남성 중산층 중심의 평균적인 인간상을 비판하는 반反-인간중심주의 전통에 서서, 인간과 인간 아닌 모든 대지의 존재들과의 상호연결성을 통해 확장된 주체를 떠올리는 것을 비판적 포스트휴머니즘, 즉 포스트-휴머니즘이라고 부른다.

포스트휴먼-이즘이건 포스트-휴머니즘이건 연결과 확장을 통한 향상을 말한다는 공통점이 있기에 모두 포스트휴머니즘이다. 하지만 포스트휴먼-이즘은 이러한 향상을 인간'의' 향상으로 본다면, 포스트-휴머니즘은 인간 '아닌' 향상이라고 본다는 점에서 결정적으로 차이가 난다. 포스트휴먼을 전자는 인본주의의 연장이라는 입장으로 생각한다면, 후자는 인본주의의 극복이라는 입장으로 생각한다.

이렇게 되면 포스트휴먼을 떠올릴 때 우리는 다음과 같은 질문을 할 수 있게 된다. "연결과 확장을 통해 향상된 존재로서 포스트휴먼은 인간인가, 아니면 인간이 아닌가?" 포스트휴머니즘은 모두 인간에서 벗어나는 '인간'에 대한 이야기인 것 같기는 한데, 그것이 벗어나서 도달하려는 것이 '바로 그' 인간인지, 아니면 '인간 아닌' 인간인지 하는 것이 문제가 되고 마는 것이다.

연결되다=벗어나다

여기서 잠깐 제4차 산업혁명과 포스트휴머니즘이 연결되는 지점을 명확하게 하고 넘어가도록 하자. 제4차 산업혁명의 핵심어가 '연결'이라면, 포스트휴머니즘의 핵심어는 '벗어남'이다. 그리고 둘 다 과학기술과 자본주의의 동맹을 통해서 성장한다. 둘 다 출신이 같다. 그렇다면 혹시 제4차 산업혁명의 '연결'과 포스트휴머니즘의 '벗어남'은 같은 길을 가게 되지 않을까?

앞서 말한 것처럼, 제4차 산업혁명의 '연결'은 노동의 '소외'를 가져올 가능성이 있다. 조금 어렵게 말해서, 제4차 산업혁명의 과학기술은 한계비용 제로에 도전하고 있다. 생산량을 올리려면 그만큼 투자를 더 해야 할 텐데, 이렇게 생산량을 일정하게 올리는 데 드는 비용을 한계비용이라고 한다. 그런데 제4차 산업혁명의 산업 현장에서는 아무리 생산량을 늘리더라도 추가로 비용이 들지 않는 한계비용 제로인 사회를 실현할 수 있다는 것이다. 이러한 꿈 같은 사회를 이룩할 가능성은 유감스럽게도 인간이 아니라 연결된 디지털 알고리즘들에 있다. 지능을 가진 기계들의 네트워킹이 만들어 내는 고도의 생산 효율성에 의해서 인간 노동은 일할 수 있는 공간을 빼앗기게 될지도 모르는 것이다. 이러한 상황은 제1차 산업혁명의 기계들이 인간의 노동을 대체했을 때와는 또 다른 상황이다. 당시의 기계들은 한계효용 제로와는 거리가 있었다. 그래서 인간의 노동이 새롭게 형성된 일자리에서 가치를 실현할 수 있었다. 하지만 제4차 산업혁명의 지능 기계들 앞에서 인간의 노동은 설 자리를 잃고 만다. 역설적이게도, 인간의 노동이 가치가 없어서가 아니라, 단지 그러한 노동이 필요 없어서 그렇게 된다.

다른 방식의 노동 소외를 생각해 볼 수도 있다. 이른바 프레카리아트precariat의 양산이다. 기계들의 민주적이고 고도로 효율화된 연결망이 인간에게 적용되어 탄생하게 된/될 휴먼 클라우드human cloud 방식의 노동 소비는 불안정하고 잉여적인 노동, 단적인 예로 비정규직을 확대하게 된다.

결국 제4차 산업혁명은 자본주의 시스템을 바탕으로 과학기술의 성과를 연결하여 이룩되는 것이기에, 자본주의가 가질 수 있는 한계를 계승한다. 즉, 자본이 거둘 수 있는 성과에서 노동은 쉽게 분리된다. 디지털 기반의 연결이 인간을 노동에서 벗어나게 할지 모르지만, 그러한 벗어남이 유토피아인지 디스토피아인지는 분명하지 않다. 과연 자본은 고효율의 기계 노동이 생산한 잉여가치를 인간은 물론 자연과 기계를 포함한 모든 존재와 공유할까?

포스트휴먼의 시대정신: 특별히 새로울 것 없는 새로움

제4차 산업혁명과 출신이 같은 포스트휴머니즘 또한 자본주의의 욕망과 그 한계를 공유한다. 그런 의미에서 포스트휴먼의 시대정신은 자본주의적 시대정신에서 더 많이 나아가긴 힘들 것 같다. 그것은 특별히 새로울 것 없는 새로움이다.

포스트휴먼-이즘의 관점에서 볼 때, 인간 향상은 인간이 자신을 초월해서 새로운 인간으로 도약할 수 있도록 하는 발판이 될 것이다. 그런데 이 향상은 모든 존재에게 발판이 되어 줄까? 인간 향상은 자동차나 핸드폰과 같이 처음에는 일부 사람의 '특혜'였다가 나중에는 모든 사람의

'일상'이 될 수 있을까? 인간 향상이 처음부터 모두에게 열린 것이 아니라면, 인간 향상의 불평등한 적용으로 인한 인간 간의 차이가 발생할 텐데, 인간 향상은 말 그대로 인간의 인간다움 자체를 변화시키는 것이기 때문에, 만일 이러한 변화가 인간다움이라는 관념을 포용적으로 확장하는 일에 실패하여 더 나은 인간다움과 덜떨어진 인간다움의 구분으로 이어진다면, 인간 향상은 인간 차별로 이어질 공산이 크다. 인간'의' 벗어남이 새로운 '분리'로 귀결할 수 있는 것이다.

 그럼, 포스트-휴머니즘의 관점에서 볼 때는 어떨까? 포스트-휴머니즘은 인간을 자연보다 우월하게 여긴다거나, 인권을 떠올릴 때 은근히 유럽의 백인 중산층 남성을 인간의 표준으로 생각하게 만든다거나 하는 인간중심주의에서 벗어나는 일에 기계의 참여를 마다하지 않는다. 말하자면, 인간들 사이의 평등한 상호관계나 인간과 자연 사이의 평등한 상호관계는 인간과 기계 사이에도 적용되어야 한다는 것이다. 이러한 생각은 인간에 대한 관념을 아주 유연하게 생각할 수 있도록 함으로써 편견과 차별에 사로잡히지 않고 인간을 비롯한 만물을 대할 수 있도록 우리를 이끌 수 있다. 하지만 포스트-휴머니즘이 차별 철폐를 통한 만물의 해방을 인간계와 생태계를 넘어 인공물의 차원에까지 확장하려면 연결과 확장을 통해 기존의 인간에게서 벗어나는 일이 어떻게 가능한지를 더 명확하게 밝혀야만 한다. 모든 인간과 사회제도가 동시에 인간중심적인 인간 개념을 벗어나지 못한다면, 결국 여기에서도 벗어난 것과 벗어나지 못한 것 사이의 다양한 차이가 발생할 텐데, 이러한 차이가 차별과 소외로 남지 않으리라는 확신과 이 확신을 현실로 옮길 방안이 나와야 하기 때문이다.

잔여, 주체로 서다

결국, 제4차 산업혁명의 '연결'이건 포스트휴머니즘의 '벗어남'이건 적어도 하나의 중요한 문제에 봉착한다고 할 수 있다. '잔여'(remnants)의 문제. 그리고 이 문제로부터 '과연 포스트휴먼의 시대에 민중 (사건)은 무엇인가?'라는 질문이 시작된다.

포스트휴먼 시대에는 노동으로부터 소외되고, 인간 향상으로부터 소외되는 자들이 남겨진 자들로 등장할 것이다. 이들은 노동으로부터 소외된 자들이기 때문에 자본주의적 시대정신이 연장되고 있음을 반영하고, 인간 향상으로부터 소외된 자들이기 때문에 포스트휴먼의 시대정신이 개시되었음을 반영한다. 남겨진 자들은 지속(자본주의)과 단절(포스트휴먼)에 이중으로 포위된 채 새로운 메시아의 도래를 기다린다.

다른 한편, 제4차 산업혁명의 '연결'과 포스트휴머니즘의 '벗어남'은 자본주의 시스템이 어디까지 왔는가를 보여 준다. 이 시스템은 좌파의 모든 시도를 포섭하거나 모방함으로써 전선을 모호하게 한다.

원래 자본주의는 철저하게 개인주의적 자유주의를 기반으로 했다. '분리'와 '독립'에 더 익숙한 시스템이다. 분업화, 전문화는 아주 오랫동안 자본주의의 효율성을 보장하던, 생산계의 스타였다. "다른 것 다 필요 없고 하나만 잘하면 된다." 이것이 자본주의가 발명한 노동의 미덕이었다. 이에 따라 자본주의와 전선을 형성한 이념들은 '분리'에 대응하여 '연결'을 내세웠다. 자본주의의 안쪽으로부터든 바깥쪽으로부터든 '연결'은 '분리'가 가져온 노동의 소외를 폭로하고 자본주의의 모순을 일거에 해결할 것이다.

그러나 제4차 산업혁명은 '분리'가 자본주의의 기획 속에서 어떻게

'연결'을 포섭할 수 있는지 보여 주고 있다. 의식과 분리된 지능, 즉 약한 AI는 인간 뇌의 신경연결망을 모방함으로써 전문화된 노동에서 인간을 능가하는 능력을 발휘한다. 의식과 분리된 지능이 연결을 통해 무엇을 할 수 있는지를 가장 잘 보여 주는 것은 빅데이터 분야다. 분업과 전문화를 기반으로 생산 효율을 극대화하려는 자본주의의 이상을 의식과 분리된 지능은 '연결'을 통해 실현하고 있다. 인간에게 쉬운 것이 인공지능에게는 어렵고, 인공지능에게 쉬운 것은 인간에겐 어렵다는 모라벡Hans Moravec의 역설은 자본주의 경제체제 앞에서 인공지능의 손을 들어 준다. 유발 하라리Yuval Harari가 지적하듯, 의식과 분리된 인공지능이 수렵·채집인을 대신하긴 어렵겠지만, 자본주의의 전문인을 대체하긴 손쉬워 보인다. '연결'은 자본주의를 극복하기 위한 대안인 만큼이나 자본주의를 유지하기 위한 수단이 되고 있다.

포스트휴머니즘은 '벗어남'이 어떻게 '인간중심주의'를 재생산할 수 있는지 보여 준다. 이 '벗어남'은 이중적이다. '인간 향상'을 추구하는 포스트휴먼-이즘의 관점에서 볼 때, '벗어남'은 인간중심주의를 업그레이드하여 재생산하는 하나의 방식이다. 반면 인간중심주의의 역사를 비판하는 포스트-휴머니즘의 관점에서는, '벗어남'이 인간중심주의를 극복하는 또 하나의 방식이다. 그런데 '벗어남'에 대한 이 두 관점은 단일한 포스트휴먼 상황에 대응하는 방식들이므로 포스트휴먼 상황이 빚어내는 '벗어남'은 이중적이라고 할 수 있다. 그리고 이 이중성은 다름 아닌 자본주의와 반자본주의의 중첩이다. 포스트휴머니즘은 자본주의적 기획이 자신의 외부마저도 자신 안으로 포섭한다는 점을 드러낸다. 포스트-휴머니즘조차도 이 기획에 대해 자유롭지 않은 것이다. 포스트-휴머니스트인 브라이도티는 자신의 책『포스트휴먼』의 마지막에서 이렇게 말한다.

이것은 우리가 그 안에 있음을 알게 된 새로운 상황이다. 포스트휴먼 지구 행성의 내재적인 여기 그리고 지금이다. 우리가 우리 자신들을 위해 만들어 온 가능한 세계들 중 하나다. 그리고 그것이 우리의 공동 노력과 집단적 상상의 결과라고 한다면, 그것은 정말로 모든 가능한 포스트휴먼 세계들 가운데 최선의 것이다.[1]

결국 포스트-휴머니즘은 지금의 포스트휴먼 상황을 우리에게 주어진 최선으로 간주하여 새로운 도약을 마련하기 위한 출발점으로 삼자고 제안한다는 점에서 거대 자본과 거대 과학이 결합하여 만들어 내고 있는 상황들을 거부하지 않는다. 오히려 적극적으로 수용하려고 한다. 이러한 태도가 자본주의적 기획에 포섭된 것이라고 말하려는 것은 아니다. 오히려 탁월한 시작점이라고 할 수 있다. 문제는, 수용 방식으로 제안하고 있는 것이 "관계들의 관계망"에 대한 예찬이라는 점이다. 포스트-휴머니즘이 이럴 수 있었던 이유는, 이 관계망들이 이미 "남성 중심적이고 유럽 중심적인 휴머니즘의 역사적 쇠퇴 이후"[2]의 관계망들이라는 낙관적 전망을 기반으로 하였기 때문이다. 상황 인식은 현실적인데, 대안은 비현실적이다. 우리는 자본주의 세상에서 남성 중심적이고 유럽 중심적인 휴머니즘을 충분히 벗어나 본 경험이 없다. 여성의 해방은 자본주의적 기획 바깥으로 전진한 적이 없고, 소수자들의 인권은 이 기획이 형성해 가고 있는 시스템이 필요로 하는 것 이상으로 이 시스템에 반영된 적 또한 없다. 자본주의적 '연결'과 '벗어남'이 좌파적 '관계망'과 '혁명'의 논리를 유연하게 수용한 결과, 좌파와 우파의 경계선이 불분명하게 되고, 이런 식으

---

1 로지 브라이도티, 『포스트휴먼』, 이경란 옮김, 아카넷, 2016, 251.
2 같은 책, 248.

로 우파의 영토는 확장된다. 제4차 산업혁명이나 포스트휴머니즘이라는 화려한 이름들 뒤에 숨어 있는 자본주의적 기획에서는 좌파가 우파의 최전방 뒤로 밀려나 있는 상황에서도 우파에 포함되어 있다.

따라서 주체가 형성되어야 할 지점은 자본주의적 기획에서 벗어나 자유혼을 획득한 조에zoe 평등성의 영역이 아니다. 조에와 비오스bios[3]의 긴장이 해소되기도 전에 비오스의 빠른 밀물 속에 떠밀려 바다와 육지가 만나는 경계 영역을 중심으로 들락날락함으로써 언제나 재개와 중단의 불안정성 속에서 연명하고 있는 조에 불확정성의 영역에서 주체의 탄생을 준비해야 한다. 누구에게는 잉여이고, 누구에게는 쓸모없는 계급이며, 누구에게는 비존재인 이 주체를 아감벤Giorgio Agamben을 경유한 바울로를 참조하여 "잔여"(remnants)라고 부르자.

잔여—주체: 포스트휴먼 시대의 민중 (사건)

'잔여'(remnants)는 그 성격상 일종의 무관심 내지는 무시의 영역, 이를

---

[3] 삶 또는 생명을 조에(zoe)와 비오스(bios)로 나누어 상세하게 설명하고 있는 본문을 아감벤의 『호모 사케르: 주권 권력과 벌거벗은 생명』에서 읽을 수 있다. 그에 의하면, 조에는 살아 있다는 단순한 사실을 가리키는 말이고, 비오스는 어떤 개인이나 공동체에 특유한 삶의 형태나 방식을 가리키는 말이다. 아감벤은 인간을 비롯한 모든 생명체가 공유하고 있는 살아 있음과 문명 속에서 의미를 획득한 삶을 나눔으로써 후자가 전자를 부당하게 억압해 온 인류의 역사를 통렬하게 비판하고, 로지 브라이도티가 조에 평등성이라고 부른 조에적 삶의 해방을 통해 비오스적 삶의 폭력과 배제를 넘어 생명 본연의 가치를 복권하고자 한다: 조르조 아감벤 『호모 사케르: 주권 권력과 벌거벗은 생명』, 박진우 옮김, 새물결, 2008, 33-34. 자본주의 시스템에서 노동은 생명의 살아 있음 자체를 근간으로 함에도, 이 시스템을 통해 학습된 노동력이야말로 살아 있음 자체보다 가치 있는 노동을 실현하는 것으로 대우받는다. 비오스적 노동이 조에적 노동을 배제하는 방식으로 노동시장의 전면에 나선다. 가정주부가 식사를 마련하는 노동은 자본주의 시스템에서 노동으로 취급받지조차 못하지만, 자격증을 가진 성공한 셰프의 노동은 어떤가?

테면 전체로 상정되는 것의 외부에 놓인 것을 말한다. 하지만 이들이 전체의 외부에 놓인 것으로 상정된다고 해서 그들의 실제적인 존재 자체가 소거될 수 있는 것은 아니다. 그들은 배제되고 망각되었다는 사실 그 자체로 이미 전체에 어떤 식으로든 관여하며, 그렇게 함으로써 전체가 하나의 불가능임을 폭로한다. '잔여'는 어떤 확립된 구조도 "그 구성상 '전부가 아니다'라는"[4] 사실을 드러내며, 자본주의의 모호한 경계면을 따라 포진해 있다.

    잔여는 전체의 내부로부터 배제되는 형식으로만 규정된다. 더 정확하게, 잔여는 전체의 내부로부터 배제되는 형식을 통해 전체에 포함된다. 잔여의 고통이 생산되는 지점은 정확하게 여기다. 배제의 사실 자체가 효력이 됨으로써 잔여는 여전히 전체의 영향권 안에 머물게 된다. 전체 내에서 향유하는 효력이 자신에게는 미치지 않는다는 사실이 효력이 되는 것이다. 이러한 상황을 아감벤은 '포함된 배제'(inclusive exclusion)라고 부른다.[5] 그런데 바로 잔여가 처한 이 상황, 배제의 형식으로 포함되는 상황은 전체의 경계를 관통하여 그 바닥으로부터 허물고 전체를 결정 불가능한 상태에 빠뜨린다.

    전체를 결정 불가능한 상태에 빠뜨린다는 말은 전체가 짜 놓은 의미의 연결망이 제대로 작동할 수 없게 된다는 뜻이다. 정규직 노동자들에게 적용되는 각종 규칙과 의미의 연결망은 비정규직 노동자들의 존재로 인해 의구심의 대상이 된다. 정규직이나 비정규직이나 같은 노동 현장 속에서 같은 노동을 제공하는 경우라도 정규직 노동자에게만 적용되는 규칙

---

4   조르조 아감벤, 『남겨진 시간: 로마인들에게 보낸 편지에 관한 강의』, 강승훈 옮김, 코나투스, 2008, 90.

5   조르조 아감벤, 『호모 사케르』, 66-81 참조.

과 의미는 정의롭지도, 완전하지도, 전체적이지도 않다. 그럼에도 불구하고, 같은 공간에서 근무하는 사람들의 목에 걸린 서로 다른 색깔의 사원 신분증 사이에서 특정 색깔의 신분증은 그 신분증을 지닌 사람들만이 그 회사의 전체임을 강변한다. 그러나 다른 색깔의 신분증을 목에 걸고 있는 사람들의 존재는, 그 색깔의 신분증이 주장하는 전체성에, 완전성에, 정의로움에 이의를 제기한다.

포함된 배제인 잔여는 시스템 내에서 의미를 부여받은 주체들의 주체성에 의문을 제기한다고 할 수 있다. 주체는 그 주체가 속한 시스템 내에서 그 시스템의 규칙에 따라 의미를 얻기 때문에, 시스템의 규칙이 문제가 되면 그 규칙에 따라 형성되는 주체도 문제가 된다. 따라서 배제가 포함된 배제라는 사실이 전면에 나설 경우, 잔여는 시스템의 주체를 불가능한 것으로 만드는 주체가 될 수 있다. 잔여는, 전체로서의 시스템 내부에서 향유되는 주체란 불가능하다는 사실을 폭로하는 주체이자, 이러한 폭로 자체로서 사건이다. 이러한 사건적 주체를 '잔여-주체'라고 부르도록 하자.

연결과 벗어남이 과학기술을 매개로 자본주의 속에서 전개될 때, 잔여-주체가 탄생하는 지점은 어디일까? 제4차 산업혁명의 연결과 관련해서는, 시간 단위로 관리되는 자연-인간-기계 연속체의 노동 속에서라고 예측할 수 있다. 노동이 시간 단위로 관리된다는 말은, 생산 효율성을 달성하는 방식이 인공지능의 알고리즘을 중심으로 재편되면서 인간 노동도 여기에 편입되는 까닭에 개별적 인간을 한 단위로 하던 노동의 평가가 시간을 단위로 평가되기 시작할 것이라는 뜻이다. 휴먼 클라우드 human cloud를 예로 들어 보자. 휴먼 클라우드는 출퇴근 개념을 없애고 기업이 필요한 시간에 필요한 인력을 인터넷 연결망을 통해 활용하는 방식으로 노동을 공간적 구속으로부터 해방한다. 출퇴근하는 노동은 주어진 일과 전체를 노동시간으로 계산하지만, 휴먼 클라우드 방식에서는 노동시간이 세밀하게 계산되어 노동하지 않는 시간과 명확하게 분리됨으로써 인간 노동을 더욱 효율적으로 관리할 수 있게 한다. 이렇게 되면 노동은 이제 시간을 기준으로 세밀하게 소외될 가능성이 생긴다. 개별적 인간들 간의 소외에, 각각의 인간 노동이 시간 단위로 재개되고 단절되는 방식의 소외가 덧붙여지는 것이다. 제4차 산업혁명 시대의 '잔여-주체'는 존재 규정으로부터의 소외와 더불어 시간으로부터의 소외를 폭로하면서 탄생할 것이다.

포스트휴먼의 벗어남과 관련해서는, 기술적 매개가 불평등하게 전개되는 방식 속에서라고 예측할 수 있다. 기술적 매개는 자본의 소유와 밀접한 관계가 있어서, 자본을 가진 누군가에게는 훨씬 쉽지만, 자본이 없는 누군가에게는 훨씬 어렵다. 전자에게는 포스트휴먼 상황이 초인간으로 안내하지만, 후자에게는 초인간에게 순응하는 열등한 존재로 안내할 가능성이 있다. 모든 시스템이 그러하듯, 자본주의 시스템도 시스템에 순응하는 다수를 원한다. 포스트휴먼 시대의 '잔여-주체'는 기술적 매개에 의한 초인간과 열등한 인간의 분리를 폭로하면서 탄생할 것이다.

나가는 말: 당대적 민중, 포스트휴먼적 잔여-주체의 탄생

포스트휴먼 시대의 '잔여-주체' 속에서 민중을 다시 소환하자. 민중-사건이야말로 오늘날 잔여에서 발생하는 것이기 때문이다. 어쩌면 민중은 포스트휴먼 시대 역사의 주체가 아닌 실패자이거나 낙오자일지도 모른다. 아니면 현실에서 늘 억눌리고 빼앗김을 당하는 존재일지도 모른다. 그렇게 따돌림을 당하고는 힘과 풍요의 뒤안길에 버려져 남겨진 자들일지도 모른다. 하지만 동시에, 민중은 하나의 사건이기 때문에 단순히 "너희는 실패자야", "너희는 낙오자야", "너희는 억눌리는 자야", "너희는 빼앗기기만 하는 자야"라고 하면서 규정하는 말들을 덧없는 것으로 만들어 버린다. 사건은 그 성격상 벌어져서 역사에 흔적을 남기고는 이내 사라지는 것이기 때문이다. 사건은 역사의 매 순간 격렬하게 반짝이다 사라지는 것이기 때문에 모든 고정된 규정을 벗어나 자유롭다. 반면에, 그 사건이 의미 있는 사건이라서 오늘에 다시 소환될 필요가 있는 것이라면, 즉 만일 '민중 사건'이 되살아나려면 그것은 또 다른 새로운 사건을 통해서만 되살아날 수 있다.

더욱이 '민중—사건'은 어떤 긴장 상태를 말한다. 무엇보다 자기 자신과의 긴장 상태를 표시한다. 예를 들어, 예수가 메시아라는 말은 인간인 예수가 메시아 사건에 놓이는 순간 단지 인간이기만 한 것이 아닌 어떤 것과의 긴장 상태 속에 놓이게 된다는 뜻이다. 인간적인 것을 넘어서는 신적인 것이 인간 예수 내부로부터 부상해서는 인간의 인간다움을 초월하는 힘을 충동하는 것이다.

이러한 힘은 어떻게 가능할까? 시대정신이 옴짝달싹 못 하게 만드는 전체적인 힘에 의문을 제기함으로써 가능하다. 그런데 놀랍게도 민중 사건에서 이러한 의문 제기는 의문을 제기하는 존재 '자체'이다. 민중의 존재 자체가 억압하는 제국, 탐욕스러운 종교에 의문을 제기하는 것이기에 민중 사건은 메시아 사건일 수 있다.

그런 의미에서 포스트휴먼 시대의 잔여들, 연결과 벗어남 사이에서 떨어져 나가는 존재들이야말로 민중—사건이다. 이들의 존재 자체가 포스트휴먼의 시대정신이 품고 있는 야망에 의문을 제기하고 있기 때문이다. 복음을 따르는 이들은, 그 자신이 잔여이건 아니건 관계없이 잔여들을 민감하게 발견하고, 잔여들의 목소리를 지지함으로써 민중 사건에 참여하게 된다. 민중-사건은 포스트휴먼 시대를 예감하며 복음을 따르는 이들을 통해 포스트휴먼과 마주하게 될 것이다. 그렇다면, 이 사건을 이르는 또 다른 이름은 포스트휴먼적 '잔여-주체'가 될 수 있다

'잔여-주체'는 보편-주체를 무효화하는 주체, 효력 정지시키는 주체다. 보편의 주체화 요구를 내파하며 탈주체화하는 역량이다. 포스트휴먼적 상황에서 이 주체는 자본주의적 인본주의가 그 경계를 허물며 확장해 온 보편-주체의 경계면을 따라서 함께 변화한다. 자본주의적 기획 속에서 자연과 초자연과 이들 사이의 매개로서 인공물들이 어깨를 나란히 하자 포스트휴먼적 주체들이 다양하게 등장하게 되었다. 이제 자연, 초자연, 인공물의 3자는 평등한 보편적 인간을 말하던/말하는 서구의 근대적 인본주의의 인간상 속에서 이 기획의 '벗어남'이 담고 있는 이중성의 결을 따라 포스트휴먼으로 통합되며 집결하고 있다. 이 현상은 일차적으로 비오스적이며, 따라서 조에-생명의 불확정성을 내장하고 있다. 물질적 에너지를 물질/비물질을 넘나드는 정보로 치환하는 과학기술문명의 시대에 조에 불확정성의 '잔여-주체'는 관계망을 미덕으로 삼는 낭만적인 대응에 안주할 수 없다. 다른 한편으로는 과학기술문명을 단지 부르주아의 악덕으로 치부하며 윤리적 비판의 대상으로만 다루는 방식으로 민중(사건)을 유지하려 할 수도 없다. 포스트휴먼적 '잔여-주체'는 과학기술문명의 현실 한복판에서 '연결'과 '벗어남'의 중립적 사용이 불가능함을 폭로하는 한편, 민중 (사건)의 지평이 과학기술문명을 배제한 채 벌어질 수도 없다는 사실을 직시하는 주체다.

| 참고 문헌 |

로지 브라이도티, 『포스트휴먼』, 이경란 옮김, 아카넷, 2016.
조르조 아감벤, 『호모 사케르: 주권 권력과 벌거벗은 생명』, 박진우 옮김, 새물결, 2008.
―――, 『남겨진 시간: 로마인들에게 보낸 편지에 관한 강의』, 강승훈 옮김, 코나투스, 2008.

아포리즘

민중신학, '어디로?':
그 원천을 질문하면서

이정희

1.

어둠이, 역사적으로 구조화되고 정치·경제적으로 체제화된 악, 그 폭력이 겹겹으로, 안개비처럼 사람들의 몸에 젖어들어 있었다. 누군가는 그 눅눅함에도 생존해야 한다는 엄연한 현실에 길들여져 있었지만, 누군가는 그것을 털어 내기 위해 몸부림쳤다. '태초의 절규'처럼.

태초에 절규가 있었다. 우리는 절규한다. 글을 쓰거나 읽을 때, 우리는 그 일의 시작이 말이 아니라 절규임을 잊기 쉽다. 자본주의에 의한 인간 생명의 절단에 직면했을 때 나타나는 공포의 절규, 분노의 절규, 거부의 절규가 바로 '아니다'(No)이다. 이론적 반성의 출발점은 반대, 부정성, 투쟁이다. 사상이 탄생하는 것은 이성의 몸짓으로부터가 아니다. 뒤로-기대앉아-존재의-신비를-이성적으로-반성함이라는 '사상가'의 전통적 이미지로부터가 아니라 바로 분노로부터이다.[1]

공포와 분노 그리고 거부의 절규, 그 몸부림은 그의 삶에 들러붙어 있는 폭력을 인화 물질로 삼아 발화發火되었고, 첩첩 어둠 속의 '반딧불이'로 비상했다.[2] 그 반딧불은, 어둠을 퍼낼 수도 찢어발길 수도 없었지만, 어둠을, 악을, 그 폭력의 정체를, 임금의 벌거벗은 정체를 드러냈다. 잠들어 있던 반딧불이들이 날아오르기 시작했다. 반딧불이들이 날면서 어둠이 얼마나 첩첩한가를 깨달았고, 악(폭력/권력)의 어둠은 겹을 더해 갔다. 전태일이 반딧불이로 비상하기 석 달 전 일기: "내 마음에 결단을 내린 이날, 무고한 생명체들이 시들고 있는 이때에 한 방울의 이슬이 되기 위하여 발버둥치오니, 하느님, 긍휼과 자비를 베풀어 주시옵소서"(1970년 8월 9일).[3]

시인은 노래하는 것이 아니라 울부짖어야 했고, 울부짖었기에 염라의 고형苦刑을 감당해야 했다.

아무도 없다 이 세상에

---

[1] 존 홀러웨이, 『권력으로 세상을 바꿀 수 있는가』, 조정환 옮김, 갈무리, 2002, 9.
[2] '악한 불'로서의 '반딧불이' 민중 메타포에 대해서는, 조르주 디디-위베르만, 『반딧불의 잔존: 이미지 정치학』, 김홍기 옮김, 길, 2012 참조.
[3] 전태일기념관건립위원회 엮음, 『어느 청년노동자의 삶과 죽음: 전태일 평전』, 돌베개, 1983.

사람을 이렇게 해 놓고 개처럼 묶어 놓고

사람을 이렇게 해 놓고 짐승처럼 가둬 놓고

사람을 이렇게 해 놓고 주먹밥으로 목메이게 해 놓고

잠자리에 편할 수 있는 사람은 아무도 없다

...

남의 자유를 억누르고 자유로울 사람은 아무도 없다 이 세상에

남의 밥 앗아 먹고 배부를 사람은 아무도 없다 이 세상에

압제자 말고 부자들 말고

김남주,「이 세상에서」에서

이러한 '이 세상에서' 누군가는 함께해 줄 '주님'을 찾았다.

끝없는 겨울 / 밑모를 어둠 / 못견디겠네 / 이 서러운 세월 / 못견디겠네 못견디겠네 / 이 기나긴 가난 못견디겠네 / 차디찬 세상 더는 못견디겠네 // 어디 계실까 / 주님은 어디 / 얼어붙은 저 하늘 / 얼어붙은 저 벌판 / 태양은 빛을 잃어 / 캄캄한 저 가난의 거리 / 어디 계실까 / 어디 계실까 / 우리 구원하실 그분 / 어디 계실까 //
오, 주여 이제는 여기 / 우리와 함께, 주여 우리와 함께

김지하,「금관의 예수」에서

탄원에 응답이라도 하듯 주님 예수는 '그들'과 함께 있었다.

아이야, 슬퍼하지 마라
예수는 그 사람들 속에 있지 않다

너에게 회개하라고

빵 몇 조각 던져 주고 간 그 사람들 속에 있지 않다

안락 속에 있지 않다

예수는 늘 버려진 자 속에 있다

　　　　　　　　　　김진경, 「우리 시대의 예수」에서

민중신학은 이 반딧불이의 절규와의 마주침으로 깨어난 부끄러운 그리스도인 반딧불이들의 신학적 비산飛散이 아니었던가? 비산하면서 더 짙은 어둠 속으로 유배되었고, 더 깊은 폭력의 고형苦刑 속으로 유폐되었다. 1973년에 발표된, 히틀러 나치 정권에 대항한 독일 그리스도인들의 「바르멘 선언」에 버금가는 제2의 「바르멘 선언」으로도 알려진 ─ 그러니까 반세기에 가까워지고 있는 오늘 ─ 「한국 그리스도인의 신앙 선언」을 다시 읽는다. 두터운 자료집을 넘긴다.[4] 그리고 민중신학을 다시 묻는다. '어떻게' 물어야 하는가, 물을 수 있을까? 아니, '왜', 다시 물어야 하는가? "그리스도교 내부의 민중적 운동에 대한 개입의 지점을 상실했다"[5]는 현실적 판단 위에서, 그럼에도 민중신학을 다시 성찰해야 하는 어떤 당위성(혹은 당대성)이 있는 것일까? 민중신학은 이미 지난날의, 시들어 버린, '죽은 자식 뭐 만진다'는 속담처럼 더듬어 본다 한들 소생할 리 없는 신학, 아니면 살아 있지만 산 것도 아닌 좀비 신학, 그도 아니면 소수의 몇몇 '그들만의 리그'로서 숨 쉬고 있는 게토적인 신학, 아닐까?

4　한국기독교교회협의회 인권위원회 엮음, 『1970년대 민주화운동: 기독교 인권운동을 중심으로』, 1987, 251 이하. 이 자료집은 세 권으로 2,200쪽에 이른다.

5　김진호, 「고통과 폭력의 신학적 현상학: 민중신학의 당대성 모색」, 심원 안병무 선생 기념사업회 엮음, 『안병무 신학사상의 맥 II』, 한국신학연구소, 2006, 250.

어찌 되었든, 민중신학은 '발생'했고, 운동으로 전개되기도 했고, '지하로 흐르는 물', '밤으로 떠도는 별'(김남주,「혁명의 길」)로, 은진미륵의 기단 밑을 파고드는 '쥐'(서남동)로, "뚫고 들어가고, 파내며, 밑을 파고들어 뒤집어엎는"(니체, 『아침놀』 서문) 두더지로 숨쉬고 있다(적어도 '한국민중신학회'와 '제3시대그리스도교연구소'를 중심으로).

발생하는 것은 시대 그 자체에 대해 발생하며, 그것은 역사의 목적론적 질서에 타격을 가한다. 때맞지 않는/비시간적인 것이 출현하는 장소인 도래하는 것은 시간에 대해 발생하는 것이지, 시간 속에서 발생하는 것이 아니다. 시대를 거스르기(contretemps) ….[6]

그럼에도, 왜, 다시 민중신학인가? '어디로?'

그것은 민중신학이 좀 더 첨예한 비판의 지점을 찾아 유랑적 항해를 계속하려는 데 반해, 그리스도교 민중운동은 갈수록 보수화되는 교회와 좀 더 소통 가능한 지점에서 실천의 자리를 발견하려 했기 때문으로 보인다. 하여, 그리스도교 민중운동 진영이 탈신학적(de-theological) 탐색을 추구하는 민중신학에 대한 거리두기를 시도한 것은 신앙적 정체성을 위한 불가피한 요청이었던 것 같다. 결국 민중신학은 영향을 미칠 수 있는 운동의 부재 상황에 직면했다. 그것은 '운동의 신학' 혹은 '변혁의 신학'이라는 1980년대 실천 패러다임의 철회를 고려해야 하는 상황적 조건이 됐다고 할 수 있다.[7]

---

[6] 자크 데리다, 『마르크스의 유령들』, 진태원 옮김, 이제이북스, 2007, 159.
[7] 김진호, 앞의 글.

말하자면 이론과 실천으로 서로를 견인해 나가던 민중신학과 그리스도교 민중(교회)운동이 시대적 상황의 변화에 따라 거리를 두게 되었다는 것이다. 그리스도교 민중(교회)운동이 "갈수록 보수화되는 교회와 좀 더 소통 가능한 지점에서 실천의 자리를 발견하려 했"고, 나아가 그것은 "신앙적 정체성을 위한 불가피한 요청"이었던 것 같다는 분석이다.

그리스도교 민중(교회)운동의 '신앙적 정체성'이라? 그렇다면 그 정체성은 "갈수록 보수화되는 교회"의 신앙적 정체성과 다른 것인가? 신앙적 정체성은 다름 아니라 '그리스도인(됨)임' 그 자체가 아닌가? 그리스도인(됨)임이란? 신학이란 이것에 대한 성찰이고 담론이기도 하다. 그런데 "'운동의 신학' 혹은 '변혁의 신학'이라는 (1980년대) 실천 패러다임의 철회"가 결국 '그리스도인(됨)임'의 철회라면?

이렇게 물어야 하는 것 아닐까? '그리스도인(됨)임'의 원천으로서의 '예수―메시아―사건'에서 민중신학이 엇나간/빗나간 것이기 때문일까? 아니면, 그 원천의 '어리석음과 올가미'(바울로)가 민중신학으로 더 예리해졌기에, 더 깊이 박힌 가시처럼 껄끄러웠기 때문일까?

민중신학, '어디로?'

2.

"'어디에?', '내일은 어디에?', '어디로?'"라는 질문은, 자크 데리다에 따르면, "장래로 향하면서, 장래로 향해 나아가면서 … 또한 장래로부터 도래하며, 미래로부터 유래한다. … 그런데 이러한 질문이 우리에게 도래하는 그 순간부터, 이 질문은 분명히 장래로부터만 … 도래할 수 있다면,

이 질문 앞에 서 있는 것(장래)은 또한 이 질문의 기원인 것처럼 질문에 선행해야(질문 이전에 있어야) 한다. 비록 장래가 이 질문의 유래라고 하더라도, 이 질문은 모든 유래와 마찬가지로, 절대적이고 비가역적으로 과거의 것이어야만 한다. 도래할 것으로서의 과거의 '경험'."[8]

"도래할 것으로서의 과거의 '경험'"으로서의 민중신학이라면, 민중신학이 도래할 것으로 경험한 "절대적이고 비가역적으로 과거의 것"은 그 무엇도 아니고 예수—메시아—사건이다. 그것이 민중신학에게 '어디로'를 묻는 기원이고, 장래로부터 도래하면서 질문한다. 관건은 민중신학의 주제나 방법 혹은 레토릭이 아니라 절대적이고 비가역적인 예수—메시아—사건을 제대로 파악했는가다. 민중신학이 무엇을 말했는가를 따지고 정리하는 것에서 포월하여, 도래하면서 민중신학 '어디로'라는 질문을 끌고 가면서 민중신학을 다시 읽고 시작하기 위해, 바깥에서 그 원천 예수—메시아—사건을 쟁론하기. 문제는 그 원천을 어떻게 인식해야 하는가이다.

발터 벤야민은 '원천'을 기원이나 근원을 횡단하면서 "생성의 흐름 속에 소용돌이로서 있으며, 그 리듬 속으로 발생 과정 속에 있는 자료들을 끌어들"이는 것으로 인식한다. "원천적인 것의 리듬은 한편으로는 복원과 복구로서, 다른 한편 바로 그 속에서 미완의 것, 완결되지 않은 것으로 인식될 필요가 있다. 모든 원천 현상 속에는 어떤 하나의 형상이 정해지는데, 그 형상 속에는 하나의 이념이 그 자신의 역사적 총체성 속에 완성되어 나타날 때까지 역사적 세계와 거듭 갈등을 빚는다."[9]

민중신학은 이러한 원천으로서의 예수—메시아—사건의 소용돌이 속

---

8   자크 데리다, 같은 책, 13-14.
9   발터 벤야민, 『독일 비애극의 원천』, 최성만·김유동 옮김, 한길사, 2009, 62.

으로 끌려들어가 미완이고 미결된 현재진행형으로서 생성되고 있는, 도래할 신학이다. 왜? '히브리적 상상력'은 역사의 종말에 이르기까지 히브리적 조건의 소용돌이 속에서 차이와 반복으로 생성될 것이기 때문이다.

이 원천, 예수―메시아―사건의 당대적 상황은? 플라톤 철학은 먹을 것이 있는 행복한, 그렇기에 법(νόμος)만 설정되는 세계이지만, 성서에는 패전국의 아무런 희망 없는 사람, 약탈당하는 사람, 먹을 것 없고 병든 사람, 몸 파는 여자들이 나온다. 사느냐 죽느냐의 경계선에서 헤매는 사람들이다. 성서가 그리는 세계는 법이고 뭐고 없고, 법 이전의 세계다. 철학자 박홍규는 그 삶의 세계를 이렇게 갈파한다.[10]

'법 이전의 세계'에서, '사느냐 죽느냐의 경계선에서 헤매는 사람들'과 함께 도래하고 있는 새로운 삶의 잠재성으로서의 하느님 나라를 일상 속에서 현행화하려 한 예수. 니체에게 그 예수는 "오늘날에도 여전히 시베리아 유형 신세가 될지도 모를 말을 사용해서 하층민과 배제된 자와 '죄인'과 유대교 내부의 찬달라들에게 지배 질서에 대한 저항을 호소한 성스러운 아나키스트, 정치범"[11]이다.

"예수는 내가 아는 한 철저한 자발적 추방인이었다. 유대교에 반기를 들었으며 로마 황제의 권위에 의문하였고 그 사회의 모든 관습과 타성을 질타하였다. 가진 자의 위선을 통박하고 소외된 자를 가슴으로 안았다. 그리고 스스로 광야에 나가 고독하였으며, 세상 사람들이 메시아라고 칭할 때, 스스로 십자가에 매달려 불멸의 고독으로 사라졌다. 그러나 그의 뜨거운 희생으로 인하여 새로운 윤리와 도덕이 생기고 새로운 계율과 전통이 싹텄고 세계를 지탱하는 새로운 문화가 창조되지 않았는가?" 한 건

---

10 박홍규, 『박홍규 전집 2: 형이상학 강의 1』, 민음사, 1995, 316.

11 프리드리히 니체, 『니체 전집 15: 안티크리스트』, 백승영 옮김, 책세상, 2002, 250.

축가에게서도 예수는 이렇게 이해된다.[12]

　문학-문화 비평가 테리 이글턴은 그리스도교에 대해 비판하는 사람들이 성서와 신학에 지적으로 조잡한 것에 대한 일차적 책임은 분명 그리스도교 자체에 있다고, 현대 무신론의 전위를 자임하면서 그리스도교를 비판하고 있는 어떤 사람들이 "현대 성서학의 여러 세대에 걸친 연구 결과를 소름 끼칠 정도로 모르고 있다"[13]고, 그러한 무지 위에서의 그리스도교 비판이 그리스도교의 본질을 오독하게 한다고 비수를 날린다. 이러한 비판을 넘어 테리 이글턴의 관점에서 더 중요하고 문제가 되는 것은, 오늘 그리스도교가 역사적 예수운동의 혁명성을 그리스도교 스스로 배반했다는 것이다.

　스탈린주의라는 두드러진 사례를 제외하면, 역사적인 운동 중에서 기독교처럼 그 혁명적 기원을 누추하게 저버린 경우를 찾아보기 힘들다. 기독교는 오래전에 소외된 사람들의 편에서 부유하고 공격적인 사람들의 편으로 돌아섰다. 자유주의적인 기성 체제가 기독교에서 두려워할 바는 거의 없고, 얻는 것은 부지기수다. 이 종교는 이제 예수가 가까이한 하층민과 반식민주의 비밀 투사들에게 주어졌던 그 놀라운 약속이 아니라, 교외에서 안락하게 사는 부유층이 주축인 신앙이 돼 버렸다. 미국식 영어로는 대략 '패배자'(loser)라고 번역될 '아나빔'(anawim)에 대한 교외 거주자들의 대응은 대체로 그들을 길에서 쓸어내 버리는 것이다.[14]

12　승효상, 『노무현의 무덤: 스스로 추방된 자들을 위한 풍경』, 눌와, 2010.
13　테리 이글턴, 『신을 옹호하다: 마르크스주의자의 무신론 비판』, 강주헌 옮김, 모멘토, 2010, 78.
14　같은 책, 78-79.

테리 이글턴은 "내가 이해하는 바의 기독교 신앙에서 일차적인 것은 초월자인 하느님이 존재한다는 명제에 동의하느냐 않느냐의 문제가 아니라, 어둠과 고통과 혼란 속에 허덕이며 막다른 지경에 이르렀음에도 세상을 변화시키는 사랑에 대한 약속을 충실하게 믿고 지키는 인간들이 보여 주는 헌신이다"[15]라고 말하며 성서의 핵심을 다음과 같이 집약한다.

예수를 본뜬다는 것은 예수의 삶만이 아니라 죽음까지도 모방한다는 뜻이다. 삶과 죽음은 끝내 구분할 수가 없기 때문이다. 죽음은 삶의 완성이며, 예수의 자기희생에 담긴 궁극적 의미가 드러나는 곳이다. 이처럼 격렬하게 사랑하는 하느님의 진정한 모습을 보여 주는 유일한 형상은 고문 받고 처형당하는 정치범이다. 성경에서 '아나빔'(anawim)이라 부르는 가난하고 버림받은 사람들과 연대한 까닭에 죽음을 맞는 정치범 말이다. 로마는 정치범을 십자가에서 처형했다. 바울의 서신에서 아나빔은 세상의 보잘것없는 인간들을 뜻한다. 사회에서 버림받은 인간쓰레기, 그러나 하느님의 나라로 알려진 새로운 형태의 인간세계에서는 주춧돌 역할을 할 사람들이다. 예수는 그들을 대표하는 존재로 시종일관 계시된다. 예수의 죽음과 지옥으로의 추락은 광기와 공포, 부조리와 자기 비우기로의 여행이다. 그토록 철저한 혁명만이 현재의 암담한 상황을 해결해 줄 수 있기 때문이다.[16]

테리 이글턴은 쟁론을 위해 앞세우고 있는 간략한 성서 읽기를 종합하면서 결론적으로 "기독교 신앙에 대해 지금까지 내가 제시한 설명을

---

15 같은 책, 55.
16 같은 책, 37-39.

굳이 해방신학으로 분류하고 싶지는 않다. 사실 모든 진정한 신학은 해방신학이다"[17]라고 한다. 민중신학은 역사적 패러다임의 변화에 따라 태동하고 전개된 시대적, 지정학적 신학이면서 그것을 넘어 진정한 신학, '민중(해방)신학'이다. 민중신학은 모든 신학의 척도다. 왜? 나는 민중신학의 방법이나 주제가 아니라 민중신학이 어떻게 다시 신학적 사유를 하도록/할 수밖에 없도록 하는가에 초점을 맞추고 있다. 문제는 민중신학의 근원(원천)으로서의 예수—메시아—사건(그리고 불일불이한 그 파문으로서의 메시아—운동)에 대한 성찰이다. 전문/정통 신학 바깥에서 민중신학의 원천인 예수—메시아—사건은 이렇게 분석되고 인식되며 해석된다.

3.

어떻게? '비상사태를 도래시키는 것으로'. "억압받는 자들의 전통은 우리가 그 속에서 살고 있는 '비상사태'(예외 상태)가 상례임을 가르쳐 준다. 우리는 이에 상응하는 역사의 개념에 도달하지 않으면 안 된다. 그렇게 되면 진정한 비상사태를 도래시키는 것이 우리의 과제로 떠오를 것이다."[18] 그리고 '적그리스도를 극복하는' 것으로: "어느 시대에나 전승된 것을 제압하려 획책하는 타협주의로부터 그 전승된 것을 쟁취하려는 시도가 이루어지지 않으면 안 된다. 메시아는 구원자로서만 오는 것이 아니다. 메시아는 적그리스도를 극복하는 자로서 온다. 죽은 자들도 적이 승리한다면 그 적 앞에서 안전하지 못하다는 점을 투철하게 인식하고 있는

---

17 같은 책, 49-50.
18 발터 벤야민, 『발터 벤야민 선집 5: 역사 개념에 대하여』, 최성만 옮김, 길, 2008, 336-337.

역사가에게만 오로지 과거 속에서 희망의 불꽃을 점화할 재능이 주어져 있다. 그리고 이 적은 승리하기를 멈추지 않았다."[19]

반딧불이 민중신학자들이 어둠 속에서 비상할 그 당대에 억압자들은 누구, 적그리스도는 누구였는가? 자료집『1970년대 민주화운동: 기독교 인권운동을 중심으로』는 홀로웨이가 말하고 있는 "절규 … 자본주의에 의한 인간 생명의 절단에 직면했을 때 나타나는 공포의 절규, 분노의 절규, 거부의 절규"였고 '아니다'의 절규 모음집이다. 그 절규, 아니다 속에서 억압자, 적그리스도가 드러난다. 아니, 오늘 우리의 평범한 일상 속에서 우리는 그들의 정체를 삶으로 알고 있다. 문제는 그러한 억압자와 적그리스도가 그리스도교 속으로 내연(內延)되고 내연된 그들이 다시 외포(外包)되면서 — 일반적인 내포와 외연을 비틀어 꼬았다 — 민중신학은 잠행했다. 그러나 민중신학만이 잠행한 것은 아니었다. 원천으로서의 예수를 질문하는 노동은 언제나 고행을 감수해야 했다.

백여 년 전(1906), 알베르트 슈바이처는 '역사의 예수'에 대해 연구한다는 것이 어떤 사태를 초래했는지를 다음과 같이 말한다. "각오를 하고 착수한 그들에게도 그 길을 개척하는 데는 많은 비난과 저주를 감수해야 했으며, … 예수의 생애에 대한 연구는 신학에 있어서 진실성을 재는 시금석이었다. 최근 연구는 백 년간의 예수의 생애 연구에서 경험한바 그렇게 고통스러운, 절망적인 결투는 세상이 아직 알지 못할 것이며, 앞으로도 결코 경험하지 못할 것이다."[20] 말하자면 종말의 지연 상황 속에서 '완전히 가려지고' 지배 이데올로기적으로 '봉인된' 역사의 예수를 해방시키는 이론적 노동은 목숨을 건 내기였다는 것이다. 그 노동이 왜 목숨을 건

19　같은 책, 335.
20　A. 쉬바이처,『예수의 생애 연구사』, 허혁 옮김, 대한기독교출판사, 1986, 29.

내기가 되는가? 슈바이처에 따른다면 그 노동은 다음과 같은 작업이기 때문이다. (1) "역사적 예수를 다시 찾고 예수의 실존의 사상을 되찾기 전에 해야 했던 것은 우선 교리를 벗겨 내는 일이었다." 그러나 그 연구는 (2) "순수한 역사적 관심에서 발생되지 않았다. 그것은 오히려 교리로부터의 해방투쟁을 돕는 자로서 역사의 예수를 찾았다."²¹ (3) 나아가 예수를 "둘러싸고 있는, 둘러싸게 한 초자연적 후광"을 벗겨 내고, "그를 단순한 인간으로, 그를 감싸고 있는 화려한 옷을 그에게서 벗기고 그가 갈릴리에서 입고 다니던 남루한 옷을 그에게 다시 입히려고 한 것이다."²²

남루한 옷을 입은 갈릴래아의 예수, 그의 메시아-사건과 운동으로서의 복음을 성찰하고 이야기한다는 것은, 역사 속에서, 교회에서마저도 위험했다는 것이 한스 큉의 분석이다. 한스 큉은 "예수의 복음을 숙고해 보는 것은 교회의 존재를 위협하는 것이 될 수도 있다"고 전제하면서 예수와 교회 행태 사이의 관계를 끈질기게 발본적으로 반문하고 있다. "교회는 실제로 예수의 복음에 근거되어 있는가? … 오늘날 존재하는 것이 예수가 원했던 것인가? … 현대인들 또한 교회가 자신의 역사와 전통 그리고 자신의 표상과 법에 집착한 나머지 자신을 방어하기 위해 예수와 그의 엄청난 요청을 도외시한다는 인상을 받고 있는 것 아닌가? … 대심문관이 도래한 예수에게 물었던 질문, 곧 '당신은 우리를 괴롭히기 위해 오셨습니까?'라는 질문이 교회 자신의 질문이 되어야 하는가?" 한스 큉은 그러한 질문들을 다음과 같은 말로 가다듬고 있다. "예수의 복음은 교회에 있어서는 항상—파괴적은 아닐지라도—성가시고 귀찮은 존재로 여

---

21   같은 책, 27.
22   같은 책, 28.

겨져 왔다. 예수의 복음은 분명 어느 시대에나 '스캔들'이었다."²³

민중신학은 이 '스캔들', 집약하자면 예수—메시아—사건과 복음 그리고 에클레시아 운동의 정화인 십자가의 스캔들(σκάνδαλον τοῦ σταυροῦ: 갈라 5,11)의 매트릭스를 '민중'으로 파악한 것이다. 도래하고 있는 하느님 나라에 포획되고 포획되면서 연대하는 민중, 예수와 민중이 포획되고 연대하면서 일으킨 메시아—사건. 문제는 그 메시아—사건의 원천인 예수는 어떤 삶을 살았는가다. 그의 삶은 테리 이글턴의 관점에서 혁명적이며 전복적인 통찰의 원천이다.

> 종교가 인류 역사상 가장 유해한 제도 가운데 하나라는 것이 사실이기는 하지만 … 종교가 다양한 종류의 치명적인 종교적 근본주의를 길러 내기도 했지만, 동시에 급진적 신학의 조류를 만들어 내기도 했다는 점은 우리 시대의 역설이다. 급진적 신학은 반어적이게도 정치적으로 누덕누덕 기워진 시대에 흔치 않게 잔존하는 유물론적 사상의 영역을 나타내며, 흔히 정치적 함의에서 아주 세속적인 좌파 사상보다 더 혁명적이다. 우리가 신에 대한 학문에서 그처럼 전복적인 통찰을 구해야 한다는 것은 아마도 이 시대의 암울한 표시일 것이다. 그러나 주어진 선물을 굳이 흠잡을 이유는 없다.²⁴

예수의 선구자인 세례자 요한은 광야에서 예언한다. 사막에서 예수는 가장 강력한 포획 장치를 제공하겠다는 악마와 싸운다. 그 포획 장치는 권력과 부 그리고 권력의 신적(초월적) 이데올로기다. 오늘 이것이 바로

---

23 한스 큉, 『교회』, 정지련 옮김, 한들출판사, 2007, 55-56.
24 테리 이글턴, 『낯선 사람들과의 불화: 윤리학 연구』, 김준환 옮김, 길, 2017, 5.

자본주의의 포획 장치가 아닌가?[25] 예수는 이 싸움의 무기를 생산하는 메시아-기계가 아닌가? 이것이 예수-메시아-사건의 원천이고, 본질이다. 그렇기에 신학은 그 뿌리에서부터 반-신학(anti/counter-theology)이다. 알란카 주판치치에 따르면, "(니체의 '반-철학'에 비추어) 접두사 '반'(anti)은 철학에 대해 … 다른 어떤 것의 이름으로 하는 반대의 의미로 받아들여져서는 안 된다. … 내기에 걸려 있는 것은 다른 어떤 것, 다른 용어들로 정식화될 수 있을 어떤 것이다. 주어진 담론(철학적이거나 예술적인)의 내적 한계 또는 내속적 불가능성의 지점을 정위하기, 그리고 정확히 이 지점을 창조의 잠재적 지점으로 능동화하기."[26]

무슨 말인가? 예수는 사람을 규제하던 안식일을 사람을 위해, 생명을 위해 복무하도록 뒤집는다. 아흔아홉 마리를 남겨 둔 채 잃은 양 한 마리를 찾아 나선다. 이른 아침부터 일한 일꾼과 늦은 오후에야 비로소 일하게 된 일꾼에게 동일 임금을 지불한다. 원수를 사랑하라고 한다[김지하를 바탕으로 한 서남동의 '한(恨)의 단(斷)'의 성찰].

민중신학은 민중을 신적 계시 사건의 주체로 세웠다(안병무는 '전승 주체'). 신적 계시로서의 예수 사건의 '주체'가 민중(오클로스)이라는 것이다. 예수 사건은 민중을 도래하고 있는 신적 주권(하느님 나라, 하느님의 통치)의 주체로 세우면서, 주체로 세움을 통해서 일어난다. 교리적 정통 신학은 비웃었고 분노했다. 어떻게 민중이 주체냐? 정통 신학은 주장한다. 예수(그리스도)가 주체다. 민중은 그리스도(예수)의 구원의 대상/객체일 뿐이다. 그런데 예수는 '영원한 생명에의 길'을 묻는 율법학자에게 이웃 사랑에 관한 짤막한 이야기를 들려준다. 강도를 만나 죽어 가는 사람을 유대 사

---

25   발터 벤야민, 『발터 벤야민 선집 5: 역사 개념에 대하여』, 121-126 참조.
26   알란카 주판치치, 『정오의 그림자』, 조창호 옮김, 도서출판 b, 2006, 16.

회에서 배척받는 사마리아 사람이 살렸다. 이웃 사랑이 (물론 신을 사랑함과 함께) 영원한 생명의 길임을 아는 율법학자는 "자신이 사랑해야 할 이웃이 누구냐"고 물었다. 예수는 "누가 강도 만난 사람의 이웃이었느냐"고 율법학자에게 되묻는다. 강도 만난 사람은 영원한 생명의 길을 위한 매개(대상/객체)인가, 아니면 영원한 생명의 길을 여는 주체인가?(이것이 안병무의 성서적 민중 이해의 근간이다). 잃어버린 양 한 마리는 찾아야 할 대상인가, 아니면 그 한 마리가 존재함으로써 나머지 아흔아홉 마리와 더불어 온전한 삶의 질서를 구성하게 되는 주체인가?

민중신학은 예수의 메시아 사건으로 현행화된 이러한 "내적 한계 또는 내속적 불가능성의 지점"을 신학적으로 사유하고, 새롭게 "이 지점을 창조의 잠재적 지점으로 능동화하기"이다. 그러나 그 사유 노동은 과거를 뒤지거나 돌이켜 성찰하는 것을 넘어, 예수–메시아–사건이 그렇듯이 도래하고 있는 시대(하느님 나라)를 향한 노동이다. '도래하고 있는 사건'의 주체로서의 도래하고 있는 민중.

예수의 갈릴래아 선포는 도래하고 있는 하느님 나라와 그 시간, 카이로스로 결정화된다. 앞서 인용한 자크 데리다를 다시 불러내 보면, "발생하는 것은 시대 그 자체에 대해 발생하며, 그것은 역사의 목적론적 질서에 타격을 가한다. … 시대를 거스르기(contretemps)." 그리고 예수의 삶은 그 선포를 다양한 상황(조건) 속에서 반복적으로 현행화한다. "반복과 최초의 순간. … 반복과 최초의 순간이기도 하지만 또한 반복과 최후의 순간이기도 한데, 왜냐하면 모든 '최초의 순간'의 독특성은 또한 최초의 순간을 '최후의 순간'으로 만들기 때문이다. 매 순간마다 그것은 사건 그 자체이며, 어떤 최초의 순간은 최후의 순간이다. 전적으로 다른 것/모든 다른 것."²⁷ 이것이 바로 시간의 이음매를 어긋나게 하는 시간, 카이로스이며, 목적론적 시간의 궤도를 탈구시키는 에스카톤이다: "어떤 메시아적 극단성이 존재하지 않는가? 곧 그 궁극적인 사건(직접적 단절, 미증유의 폭발, 때맞지 않게 일어나는 무한한 놀라움, 완수 없는 이질성)이 노동과 생산 및 '모든' 역사의 목적(telos)과 같은 피지스(physis)의 최종적인 종점을 '매 순간' 초과할 수 있는 어떤 에스카톤이 존재하지 않는가?"²⁸

오늘 민중신학이라는 이론적 노동은 도래하고 있는 하느님 나라가 일으키는 카이로스적 사건을 말하고 현행화시키려는 것이다. 어떻게? 자크 데리다의 물음처럼 물음은 깊어지고 두터워진다: "어떻게 이것이 모든 시간에 타당할 수 있는가? … 다시 돌아와서 새롭게 자신을 현재화하고, 새롭게/다시 한번? 새로운 것으로 자신을 현재화할 수 있는가? … 그것의 시간이 더 이상 거기에 존재하지 않을 때에, 새롭게, 거기에 존재할 수 있는가? 어떻게 그것은 누군가가 '우리 시대'에 대해 말해 보려는 모든 경우에 타당할 수 있는가?"²⁹

바울로는 이 물음의 미래로 향하는 육상의 스타팅 블록이다. "나는 이 희망을 이미 이루었다는 것도 아니고 또 이미 완전한 사람이 되었다는 것도 아닙니다. 다만 나는 그것을 붙들려고 달음질칠 뿐입니다. 그리스도 예수께서 나를 붙드신 목적이 바로 이것입니다. 형제 여러분, 나는 그것을 이미 붙들었다고 생각하지 않습니다. 다만 나는 내 뒤에 있는 것을 잊고 앞에 있는 것만 바라보면서 목표를 향하여 달려갈 뿐입니다. 하느님께서는 그리스도 예수를 통하여 나를 부르셔서 높은 곳에 살게 하십

---

27 자크 데리다, 『마르크스의 유령들』, 진태원 옮김, 이제이북스, 2007, 34.
28 같은 책, 88.
29 같은 책, 113.

니다. 그것이 나의 목표이며 내가 바라는 상입니다. 그러므로 믿음이 성숙한 사람은 모두 이와 같은 마음가짐으로 살아가야 합니다. 만일 여러분이 어떤 문제에 관해서 다른 생각을 품었더라도(ἑτέρως φρονεῖτε), 하느님께서는 그것까지도 분명히 가르쳐 주실(ἀποκαλύψει) 것입니다. 어쨌든 우리가 이미 이룬 것을 바탕으로 해서 다 같이 앞으로 나아갑시다"(필립 3,12-16).

"헤테로스 프로네이테"(ἑτέρως φρονεῖτε, 불가타는 aliter sapitis)를 "달리 생각하면"(새번역) 혹은 "다른 생각을 품었더라도"(공동번역)로 번역하는 것은 단 한 번 쓰인 '헤테로스'라는 단어의 의미론적 힘을 드러내기에는 턱없지 않은가. 의학에서 ἑτέρως가 앞에 붙은 헤테로토피아 hetero-topia는 기관氣管 같은 것이 이상 위치로 전위된 것을 가리킨다. 이종 조직 이식술은 헤테로플래스티 heteroplasty이고, 착시나 시력 이상은 헤테로옵틱스 heteroptics다. 신학에서 ἑτέρως가 붙으면 '이단'(heterodoxy)이 된다. 소박하게 달리 생각하거나 관점을 바꾼다는 정도가 아니라 이질적으로, 이단적으로 생각하라는 것이다. '프로네이테'는 정동적 판별의 의미에 더 가깝다. 그러므로 '대립하고 있는 것과의 질적 이질성을 갖는 판별'을 말한다. 예수―메시아―사건 그 자체가 바로 이것이며, 우리에게 요구하고 있는 것도 바로 이것이 아닌가?[30]

'미래를 향해', "내적 한계 또는 내속적 불가능성의 지점을 정위하기, 그리고 정확히 이 지점을 창조의 잠재적 지점으로 능동화하기", 니체로 집약한다면 "고전 문헌학이 반시대적으로 ― 다시 말해 시대와 대립해

---

30 '헤테로토피아'에 대한 철학적 성찰은, 미셸 푸코, 『헤테로토피아』, 이상길 옮김, 문학과지성사, 2014 참조. 어쩌면 이 책은 경계적 사회체로서의 교회 공간에 대한 가라타니 고진의 연구와 맞물려 교회 공간에 대한 새로운 가능성을 열어 줄 수도 있을 것이다.

서, 그렇게 함으로써 시대에, 그리고 바라건대 앞으로 도래할 시대를 위해 — 영향을 미치는 것 ⋯."[31] 나는 예수 그리고 바울로를 유다이즘과 관련하여 이렇게 약호변환한다. '헤테로스 프로네이테'적 상상력이 예수와 바울로의 사유다. 민중신학은 이 반–신학적 상상력에 정확히 뿌리내린 신학이 아니었던가? '미래를 향해', '헤테로스 프로네이테'하면 대상이 새롭게 구성된다. 시간도 사건도 이야기도 새롭게 짜인다. 메시아 예수 사건이라는 원천이 새로운 모습으로 드러난다. 어떻게? 반시대적인 비판적 방식으로.

4.

신학에서, 그리스도교 신학에서 민중은 메시아 예수 사건의 '본질'이다. "그것이 주어지면 사물이 필연적으로 정립되고 그것이 제거되면 사물이 필연적으로 없어지는 것, 또는 그것이 없으면 사물이, 그리고 반대로 사물이 없으면 그것이 있을 수도 없는 생각될 수도 없는 그러한 것을 나는 어떤 사물의 '본질'이라고 한다."[32] 그러나 우리는 이 본질의 형이상학적 언술을 '관계론적으로' 우회해야 한다. 민중(오클로스)은 매트릭스다. 매트릭스이면서 도래하고 있는, 도래하면서 우리에게 질문하고 있는 사태로서의 민중이기도 하다. 안병무가 민중 '주체성'을 세우면서도 민중을 정의하고 규정하기를 거부했던 것은 민중에 대한 엘리트주의적인 과학

---

31 프리드리히 니체, 『니체 전집 2: 비극의 탄생/반시대적 고찰』, 이진우 옮김, 책세상, 2005, 289.
32 스피노자, 『에티카』, 제2부, 정의 2.

적 인식과 이데올로기적 (오)인식 사이의 틈 때문이기도 했지만, 민중을 '사건'과 '운동' 속에서 이해(해석)하려 했기 때문이다. 물론 "모든 독해는 그 나름의 방식으로 폭력적이며, 그렇지 않을 경우 독해는 고분고분하게 부연하는 데 그칠 것이다."³³

그럼에도 민중 규정을 거부한 것은 개념의 인식론적 지도가 살아 움직이는 지리地理를 대신할 수 없기 때문이다. "태초에 절규가 있었다"는 명제로 물신(주의) 비판을 추동하는 존 홀로웨이는 '정의'定義의 본질을 다음과 같이 정리한다.

> 정의는 비모순적인 방식으로 동일성을 한정하는 것을 목표로 한다. … 정의는 사회적 관계들을 정태적인, 파편화된, 사물화된 존재함(is-ness) 안에 고정한다. 정의적 세계는 순수한 세계, 명확한 구분들의 세계, 배제의 세계, 타자가 완전히 타자로서 분리된 세계이다. 정의는 타자를 구성한다. X에 대한 정의는 비非X를 타자로 구성한다. … 정의는 능동적인 주체인 '우리'를 배제한다. … 세계를 변혁시키기 원하는 아직 탐구되지 않는 '우리'는 세계에 대한 정의적 관점으로부터 배제된다. … 정의는 우리를 한정하며 능동적인 주체성을 부정하고 우리를 대상화한다. 세계를-변혁시키고-싶어하는-우리는 정의될 수 없다.³⁴

홀로웨이가 정의를 거부하는 것은 절규밖에 할 수 없는 사람들의 운동 속에서, 현존 질서를 변혁시키려는 운동 위에서, 그 운동을 통해 운동을 넘어 새로운 삶의 질서를 창출하려는 운동을 포착하려 하기 때문이다.

---

33 피에르 마슈레, 『헤겔 또는 스피노자』, 진태원 옮김, 이제이북스, 2004, 184.
34 존 홀로웨이, 『권력으로 세상을 바꿀 수 있는가』, 조정환 옮김, 갈무리, 2002, 105.

안병무가 말하는 민중 주체성에서 '주체성'은 어떤 집단의 규정된 정체성이 아니라 사건과 운동 속에서 현행화되는 해방적 역량이다.

> 주체성은 현존하는 것을 넘어서는 의식적 투영을 지칭한다. 주체성은 현존하는 것을 부정하는 능력을, 그리고 아직 존재하지 않는 무엇인가를 창출하는 능력을 지칭한다. 주체성은, 즉 절규 행위의 운동은 한계에 맞서며, 봉쇄에 맞서며, 폐쇄에 맞서는 운동을 의미한다. 행위자는 존재하지 않는다(생성은 존재의 일련의 상태들로 부서진다). 그뿐만이 아니라 행위는 존재함(is-ness)에-대항하는, 존재하는-것에-대항하는 운동이다. 그러므로 주체에 대한 모든 정의는 모순적이거나 정말로 폭력적이다. 왜냐하면 그것은 고정된 존재에 대항하는 운동을 고정시키려는 시도이기 때문이다.[35]

안병무가 마르코복음의 '오클로스'라는 단어를 개념화하는 독해의 폭력에서 벗어나면서도 오클로스를 민중신학의 토대로 삼는 방법을 나는 다나 해러웨이의 타임스케이프적 틈을 이용한 '회절'回折 이론으로 접근해 보려고 한다. 이 이론은 '민중'과 '신학'의 접속 혹은 배치, 나아가 '한국'(그리고 당대성)이라는 역사적 콘텍스트의 독특성 차원에서 논구되어야 하는 민중신학의 물음에 새로운 길을 다듬는 것일 수 있다. 서남동은 이 접속/배치를 '합류'(성서의 역사와 한국의 역사 속에서의 민중해방사의 합류)라는 개념으로 접근했다. 다나 해러웨이는 "어떤 것이 무엇인가뿐 아니라 그와 동시에 그것이 어떻게 '존재'하게 되었는가를 역사도 함께 보는 것"을 위해 광학적 '회절'의 방법을 은유로 끌어들인다. 빛을 구멍을 통해 회절시

---

35   같은 책, 48-49.

키면 스크린에 빛의 역사가, 빛의 "상호작용, 간섭, 강화, 차이의 역사"가 기록된다. 전략적 은유로서의 회절은 "정체성의 형이상학과 재현의 형이상학"을 중단시키면서, "끝없는 자기-반영성과 반대되는, 세계 속에서 차이를 만드는" 역사적 방법이다.³⁶ "그것은 하나의 물건 속에서 그동안 잃어버린 것들이 보이게 만드는 단순한 일이고 다른 의미들을 사라지게 만드는 게 아니라, 결론이 단 하나의 진술이 되는 걸 불가능하게 만드는 것이다."³⁷

회절 패턴은 상호작용, 간섭, 강화, 차이의 역사를 기록한다. 회절은 원본들에 관한 것이 아니라 이질적인 역사에 관한 것이다. 반사들과 달리, 회절들은 동일한 것을 다소 왜곡된 형태로 다른 곳으로 추방하지 않으며, 따라서 형이상학의 산업들을 발생시키지도 않는다. 오히려 회절은 이 고통스러운 기독교 천년 말에 또 다른 종류의 비판적인 의식을 표현하는 은유일 수 있다. 동일함이라는 성스러운 이미지를 반복하는 것이 아니라 차이를 만드는 데 몰두하는 은유일 수 있다. 회절은, 보다 정설적 표명뿐 아니라 신성하고 세속적인 과학기술적 설화들 속에서, 기독교 서사와 플라톤주의의 광학이 비스듬히 일그러진 것이다. 회절은 여러 중요한 의미들을 만드는 서술적, 그래픽적, 심리학적, 정신적, 정치적 기술이다.³⁸

우리는 신학을 민중의 틈 속으로 회절시킬 수 있을 것이다. 뒤집어 민중을 신학의 틈 속으로 회절시킬 수도 있을 것이다. "가난하고 버림받

---

36 다나 해러웨이, 『겸손한 목격자』, 민경숙 옮김, 갈무리, 2007, 172-173.
37 같은 책, 174-175.
38 같은 책, 503.

은 사람들과 연대"하다 처형당한 예수, "사회에서 버림받은 인간쓰레기, 그러나 하느님의 나라로 알려진 새로운 형태의 인간세계에서는 주춧돌 역할을 할 사람들"인 민중, "그들을 대표하는 존재로 시종일관 계시"되는 예수. 그럼에도 자칫 민중은 여전히 예수-메시아-사건(그리고 운동)의 **대상**으로 규정될 수 있다. 여기서 우리에게 요구되는 것은 "너희는 더 이상 종(δοῦλος)이 아니라 '동무'(φίλος)"(요한 15,15)라고 말하는 예수를 전해 준 요한복음의 통찰이다. 김영민의 사려 깊은 사유 속에서 모습을 드러내고 있는 '동무'.

> 동무의 한 축은 말 그대로, '같은 것'(同)이 '없는'(無) 관계와 같은 것이다. 그것이, 임계와 경계와 한계를 걷는 삶과 더불어 위험한, 서늘한 관계일 수밖에 없는 이유가 바로 여기에 있다. 그러므로 동무를 사귀는 일은 그 위험한, 없는, 미래적인 존재 양식에 나를 견주며 겹치는 일이며, 그래서 나를(즉, 내 관계를) 재조정하고 재구성하는 계속적인 과정, 그 끝없는 '고쳐말하기', '고쳐던지기'(再投棄), 그 섭동攝動의 실존적 조형에 다름 아니다. … 동무는 체계와의 창의적 불화를 통해 '위험한 삶'을 일상화하고, 그 위험이 유혹하는 전염의 자장 속, 그 열린 동무의 지평 앞으로 나를 호출해서 내 삶의 양식을 그 근간에서 뒤흔들어 보는 재조합, 재구성의 실험이며, 해체와 갱신의 경험이다. 그래서 동무와 나는 끝없이 '넘어가는 존재' 그리고 무엇보다 모든 표준화한 위성衛星들을, 그들의 백귀야행百鬼夜行하는 인정투쟁과 냉소와 가족주의를 '섭동시키는 존재'로 부름 받는다.[39]

---

39 김영민, 『동무론』, 한겨레출판, 2008, 216-217.

민중과 예수가 줄탁동시啐啄同時로 창출되면서, 이제 서로서로의 무늬로 각기 상감되어 새로운 존재로 변신하기. 민중은 예수의 무늬로 상감되며, 예수는 민중의 무늬를 상감한다. 예수─메시아─사건은 그 상감의 섭동을 바탕으로 창출된다. 마침내 민중신학은, 무대의 탑 라이트 밑에서 독백하는 예수, 그리스도론적 독백의 신학에 틈을 낸다. 갖가지 '임계와 경계와 한계'에 갇혀 그 껍질(界)을 부수기 위해 몸부림치는 민중, 그 민중의 껍질 부수기 몸부림에 참여하는 예수의 몸부림, 그것이 예수─메시아─사건이다.

| 참고 문헌 |

김영민, 『동무론』, 한겨레출판, 2008.
다나 해러웨이, 『겸손한 목격자』, 민경숙 옮김, 갈무리, 2007.
발터 벤야민, 『독일 비애극의 원천』, 최성만·김유동 옮김, 한길사, 2009.
─────, 『발터 벤야민 선집 5: 역사 개념에 대하여』, 최성만 옮김, 길, 2008.
A. 쉬바이처, 『예수의 생애 연구사』, 허혁 옮김, 대한기독교출판사, 1986.
자크 데리다, 『마르크스의 유령들』, 진태원 옮김, 이제이북스, 2007.
전태일기념관건립위원회 엮음, 『어느 청년노동자의 삶과 죽음: 전태일 평전』, 돌베개, 1983.
존 홀로웨이, 『권력으로 세상을 바꿀 수 있는가』, 조정환 옮김, 갈무리, 2002.
테리 이글턴, 『신을 옹호하다: 마르크스주의자의 무신론 비판』, 강주헌 옮김, 모멘토, 2010.

3부

개념을 말하다

1

왜 고통이 중요하며, 왜 고통이 문제인가?

정용택

고통(Leiden)을 표현하려는 욕구가 모든 진리의 조건이다.

테오도르 아도르노

민중신학에서 왜 고통이 중요한가?

안병무를 비롯한 1세대 민중신학자들에게 민중은 지식의 대상이나 객관화된 실체가 아니라 살아서 움직이는 경험적 실재, 즉 사건으로 어느 날 갑자기 다가왔다. 그들은 특히 전태일 사건을 성찰하게 되면서 자신들이 민중신학을 시작할 수밖에 없었다고 고백한다.[1] 전태일로 상징되는 민중 사건의 흐름 속에 휘말리면서 일단의 신학자들은 민중을 만났고, 자신들이 경험한 민중 사건을 증언하기 위해 신학의 언어로 그 사건을 재구성하는 과정에서 민중신학자가 되었다. 민중신학자들에게 민중은 오직 '민중 사건' 안에서, 민중 사건을 통해서만 도달 가능한 경험적 실재라는 안병무의 주장을 전제로 했을 때, 비로소 그가 한편으로는 민중을 개념적으로 정의하는 것을 거부하면서도 다른 한편으로는 여전히 민중을 이해하는 것이 가능하다고 말하는 이유도 알 수 있게 된다. 안병무는 "민중을 이해하는 두 가지 생각"에 대해 이렇게 말한다.

> 하나는 지식층의 권력에 억눌리고, 경제적으로 빼앗긴 가난한 자, 힘없는 자라는 이해입니다. 또 하나는 일상적인 착취의 대상이라는 생각입니다. 진정한 민중의 현장에는 식민지의 경험이 있습니다. 일상적으로 착취당하는 현장은 식민지이며, 오늘날 말하는 제3세계입니다. 거기에서 민중의 사건이 일어나고 있는 것은 사실입니다.[2]

민중신학자 본인들에게 일차적으로 민중이 민중 사건을 통해 경험되었으므로, 이제 민중에 대한 학문적 해석 역시 민중이 들려주는 민중들 자신의 이야기, 곧 '민중의 사회전기'를 세밀히 읽고 들으며, 그것을 다시 신학의 언어로 기술하는 과정에서만 이루어질 수 있다.[3] 요컨대 객관

---

1 서남동, 『민중신학의 탐구』, 한길사, 1983, 223-224; 안병무, 『민중신학 이야기』, 한국신학연구소, 1988, 257; 최형묵, 『보이지 않는 손이 보이지 않는 것은 그 손이 없기 때문이다』, 다산글방, 1999, 15-16.
2 안병무, 『민중신학 이야기』, 285.
3 김용복, 「민중의 사회전기와 신학」, 『민중과 한국신학』, 한국신학연구소, 1982, 370.

화, 대상화된 개념 규정이 아니라 민중이 겪고 있는 모종의 경험에 대한 '정의적定義的 서술'을 통해, 즉 "공공화된 담론이라기보다는 '비공공적 담론'"을 매개로 하여 민중에 대한 접근이 가능하다는 것이다.[4] 그렇다면 민중을 이해할 수 있게 해 주는 민중의 독특한 경험이란 대체 무엇일까? 이미 앞에서 인용한 안병무의 말 속에 실마리가 담겨 있지만, 좀 더 명확한 답을 김용복의 논리에 근거하여 민중론民衆論을 재정식화하는 서광선의 진술에서 찾을 수 있다.

> 김용복 교수는 민중의 정의定義는 민중의 사회전기로 대치된다는 입장이다. '민중'이라는 주어와 '민중의 사회전기'라고 하는 서술 부분이 있음으로 해서 '민중이란 …'이라는 이른바 정의적定義的 서술이 가능하다는 것이다. 그 서술 부분, 즉 민중의 사회전기의 공통분모는 역시 고난의 경험이라고 한다. 그래서 민중을 한마디로 말한다면 '고통을 당하는 자들'로 정의할 수 있다는 것이다.[5]

결국 민중에 대한 이해는 고통이라는 경험을 통해서 가능하다는 것이다. 따라서 민중신학에서 고통이 중요한 이유는 고통이야말로 민중을 객관화, 대상화된 실체가 아니라 변화와 생성의 흐름 가운데서 우연적이고 비결정적으로 출현하는 '사건' 그 자체로 파악할 수 있게 해 주는 경험적 실재이기 때문이다. 그리하여 민중 사건론에서는 민중의 '날것의 고통'(raw pain)이라는 표현의 실재가 여타의 민중의 실천들(민중운동을 포함하

---

[4] 김진호, 「고통과 폭력의 신학적 현상학」, 『안병무 신학사상의 맥 II』, 한국신학연구소, 2006, 235.

[5] 서광선, 「한국의 민중신학」, 『1980년 한국 민중신학의 전개』, 한국신학연구소, 1990, 56.

여)을 '과잉결정'하는 구조화 원리임을 인식하는 경향이 나타난다. 이제 고통은 어떠한 방식으로건 "상징화에 절대적으로 저항하는", 마치 라캉의 '실재'(the Real)와도 같이, 그것을 '안다'는 선험적 추정을 무너뜨리거나 패배시키는 방식으로 지식과의 간극을 보여 주는, 따라서 민중운동에서든 민중의 사회전기에서든 민중신학 담론에서든 그 어디에서도 결코 완벽하게 재현될 수 없는 그 무엇으로서 이해된다.

이렇듯 민중신학이 민중을 고통의 주체, 보다 전통적인 어법으로는 '고난苦難의 담지자'라 규정해 왔다는 것은 새삼 재론할 필요도 없는 사실이다. 그런데 민중신학이 고통 일반이 아니라 '사회적 고통'을 주목한다고 했을 때, 여기서 '사회적'이란 무엇을 의미할까? 민중신학이 말하는 사회적 고통이란 구체적으로 '언제 어디에서' 어떤 형태로 발견되고 있는 경험인가? 그리고 민중신학은 민중이 '비존재'(non-being)로서 여전히 우리 사회에 존재하고 있다고 주장하는데, 그렇다면 '어떻게' 고통의 담지자들이 우리의 눈앞에서 보이지 않게 되고 그들의 말이 우리의 귀에 들리지 않게 되는 것일까?

사회적 고통에서 '사회적'이란 무엇인가?

2000년대에 들어서면서 민중신학은 민중을 이해하는 경험적 실재로서의 고통에 '사회적' 의미를 명시적으로 부여하기 시작했다. 특히 2002년에 번역 출간된 『사회적 고통』*Social Suffering*이라는 저작에 준거하여 민중의 고통에 관한 새로운 인식틀로 '사회적 고통'의 개념이 제시된다.

민중신학은 고통이 개체적으로 체감된 것이든 집단적인 것이든, 그것의 사회적 차원에 주목한다. … 가해자와 희생자가 겪는 고통은 개체의 자기 선택의 문제로 단순 환원되지 않는다. … 요컨대 고통은 사회적 맥락과 깊이 연계되어 있다. 나아가 고통의 문화적 표상이 삶을 조직하기도 한다. … 이와 같이 고통이 사회적 성격을 지닌다는 관점은, 고통이 개체적 선택 혹은 운명의 귀결인 양 표상하는 지배적 담론들에 대한 문제 제기다.[6]

2000년대 이후의 민중신학이 스스로를 '고통과 폭력의 신학적 현상학'으로 정체화하는 출발점에 바로 이와 같은 고통의 '사회적' 차원에 관한 문제의식이 자리 잡고 있다. 문제는 여기서 고통을 수식하는 '사회적'이라는 표현이 '사회적 배제'라는 의미로 너무 단순하게 해석되고 있다는 점이다. 쟁점은 민중신학이 말하는 '사회적 고통'이 정말로 "거의 모든 계층을 망라하는 인간 실존의 보편적 양태"를 가리키는 '일반적인 고통'이냐는 것이다. '사회적 고통'에서 '사회적'인 것이 의미하는 바가 명확히 드러나지 않기 때문에, '사회적 고통'과 '고통 일반'이 무슨 차이가 있는가라는 물음이 제기될 수밖에 없게 된다. 그리하여 '사회적 고통'과 '고통 일반'을 구별하지 못하고 제기된 "고통은 거의 모든 계층을 망라하는 인간 실존의 보편적 양태일 수 있기 때문에" 결국 "'고통'이라는 지표는 '사회적'이지만 '사회학적'이기는 어렵다"는 비판을 그대로 받아들이면서, 그럼에도 민중신학은 고통을 중시한다고 답할 때, 이미 고통의 사회적 차원을 강조하고자 도입된 '사회적 고통' 개념의 특수성은 민중신학 안에서도 사장되어 버리고 만다. 그러한 문제는 이후에 고통을 "언어화가 가능한

---

[6] 김진호, 「고통과 폭력의 신학적 현상학」, 233-234.

고통(언표적 고통)과 언어화를 상실한 고통(비언표적 고통)"의 두 가지 범주로 나눌 때도 명확히 해소되지 않는다.[7]

언어화 가능성 여부가 사회적 고통의 재생산적 차원을 규정하는 데 중요한 요소이긴 하지만, 그것이 사회적 고통의 생산적 차원과 관련된 의미에서 결정적인 심급은 아니다. 왜냐하면 언어화를 상실한 고통(비언표적 고통) 가운데는 사회적으로 생산되지 않은, 즉 사회적 관계의 조건하에서 사회적 강제력이나 상징 폭력에 의해 발생하지 않은, 예컨대 지극히 자연적인 현상에서 초래된 고통이나 타자와의 별다른 상호작용 없이 오로지 주체 자신의 부주의로 일어난 고통도 있을 수 있기 때문이다. 그렇지만 사회적 고통은 우연적인 자전적 특성들, 개인적 실수, 불운의 결과로 생긴 고통을 가리키지 않는다. 아무리 그런 사례들이 사회적으로 문화적으로 언어적으로 매개되어 있다 해도, 사회적 재생산 및 통합의 구조적 강제력이 작동하는 제도, 조직, 관행과 같은 사회적 관계의 차원에서 비롯된 것은 아니기 때문이다.[8]

따라서 우리는 사회적 고통에서 '사회적'이란 표현이 고통의 발생 조건, 즉 고통이 일차적으로 생산·구성·표현되는 사회적 조건을 엄밀하게 규명하기 위해 주어진 것임을 다시 한번 유념할 필요가 있다. 예컨대 『사회적 고통』의 서문에서 편저자들이 밝히고 있듯이, 사회적 고통의 개념은 일차적으로 "사회적 강제력(social force)이 인간에게 타격을 줄 수 있는 파괴적인 상처들의 원인과 결과 그리고 이로 인한 여러 가지 문제점

---

7   같은 책, 238.

8   Emmanuel Renault, "The Political Philosophy of Social Suffering", *New Waves in Political Philosophy*, Basingstoke: Palgrave MacMillan, 2009, 160.

들"을 가리킨다.[9] 사회적 고통은 집합적 경향에 근거를 두고 있기에 개인을 압도할 뿐만 아니라 개인의 선택을 좌우할 정도로 강제적인 힘을 행사하는 '사회적 사실'(social facts)의 성격을 지닌다. 그렇기에 사회적 고통은 일차적으로 사회적 강제력이라 불리는 특정한 사회적 조건하에서 생산된 특수한 고통, 즉 "정치적, 경제적, 제도적 권력이 인간에게 미치는 영향력에서 비롯된" 고통에 한정하여 사용될 수 있는 것이지, 사회적 조건에 해당하지 않는 요인들에 의해 생산된 여타의 고통들(자연적 고통, 개인적 고통, 불운 등)까지 무제한적으로 포괄하진 않는다.

물론 "이로 인해 생겨난 사회적 문제에 대해 이들 권력이 대응하는 방식은 또다시 사회적 고통을 야기한다"는 점에서, '고통의 생산적 차원'과 그렇게 생산된 고통에 대응하는 과정에서 고통을 증언하는 이의 목소리와 존재가 사라짐으로써 고통이 더욱 심화되거나 확장되는 '고통의 재생산적 차원'을 명시적으로 구별하는 것은 중요하다. 후자 역시 사회적 고통의 범주에 들어간다는 데는 이견이 없다. 그러나 동시에 그러한 고통의 사회적 재생산은 사회적 강제력에 의해 일차적으로 생산된 고통들에 사회적으로 대응하는 과정에서 이차적으로 야기되는 고통의 문제를 가리키는 것으로 이해될 필요가 있다. 만일 "정치적, 경제적, 제도적 권력이 인간에게 미치는 영향력에서 비롯되는" 고통의 생산적 차원을 통해 사회적 고통의 개념을 먼저 엄밀하게 규정하지 않고서, 종류와 성격을 불문하고 주체가 고통으로 느끼는 모든 경험들을 고통 일반과 변별성 없는 '사회적 고통'으로 전제한 후, 단지 그 고통의 언어화 가능성 여부만을 따져서 언어화 불가능한 고통은 무엇이든 사회적 고통이라고, 그것이야말로

---

[9] 아서 클라인만 · 비나 다스 외, 『사회적 고통』, 그린비, 2002, 9.

민중신학이 말하는 고통[특히, 민중의 한(恨)]이라고 단정지어 버린다면, 사회적 고통은 민중신학적 사회비판의 준거점으로 기능하기 어려워질 것이다. 사회적 강제력에 의해 생산되지 않은 고통에 대해 사회가 그 고통을 무시한다고 비판하는 것은 규범적으로 타당성이 없기 때문이다.

그렇다면 사회적 고통은 정확히 어떤 의미에서 '사회적'이라 할 수 있는가? 사회적 고통은 특정한 사회적 조건, 정확히는 주어진 제도적 틀 안에서 특정한 규범 및 기대가 전혀 충족되지 않거나 단지 부분적으로만 충족될 때(즉, 주어진 사회에서 완벽하게 실현되지 않을 때) 또는 규범적 요구와 이러한 요구가 완벽하게든 부분적으로든 무시됨으로써 규범과 현실의 괴리가 발생할 때 주어지는 고통이다.[10] 신체적, 정신적으로 고통을 느낀다고 할지라도, 나아가 때론 그 고통이 너무 커서 언표화 불가능한 고통으로 남는다 할지라도, 그런 충격이나 상흔만으로 어떤 고통들을 사회적 고통이라 규정할 순 없다. 언어로 표현조차 못할 만큼, 그래서 개인에게 한恨으로 남을 만큼 신체적, 정신적 고통이 아무리 크다 해도, 그 고통에 사회적 지시가 주어져 있지 않다면 그것은 사회적 고통이 아니라는 것이다. 예를 들어, 난민難民의 경우를 생각해 보자. 기아와 정치적 공포를 피해서 "망명자가 고국을 떠나기로 결정하는 순간 그는 아직 난민이 아니다".[11] 망명자에게 난민의 고통은 단순히 고국의 상실이 아니라, 그들이 발을 들인 새로운 땅에서 그들에게 어떠한 사회적 자리, 존중, 권리도 주어지지 않을 때 비로소 체감된다. 특히 최근 한국인들의 눈에, 예멘인의 삶은 정상성(normality)을 상실한 삶, 따라서 생산적이지 않은 '잉여'의 삶(Wasted

---

10   Benno Herzog, "Suffering as an Anchor of Critique: The place of critique in Critical Discourse Studies", *Critical Discourse Studies* 15(2), 2018, 116.
11   기욤 르 블랑, 『안과 밖: 외국인의 조건』, 박영옥 옮김, 문학동네, 2014, 95.

Lives), '우리, 한국의 시민들'의 일자리와 세금을 축내는 기생충 같은 삶, 심지어 한국 여성들에게 공포를 불러일으키는 잠재적 강간범의 삶, 고로 추방되어 마땅한 삶으로 비춰지고 있다. 이러한 사회적 지시가 예멘인을 '난민'이라는 사회적 고통에 종속시키는 것이다.

요컨대 사회적 고통에서 '사회적'이라는 것은 단순히 개인들 간의 수평적, 대인적 관계에서의 상호작용을 가리키는 것이 아니라, 사회적 상호작용을 구조화하는 법칙들, 특히 제도적 틀 안에서, 그러한 제도들을 규제하는 규범적 원칙에 따라 결정되는 사회적 인정認定 관계의 구조를 지시한다.[12] 다시 말해, 사회적 고통에서 '사회적인 것'은 고통을 사회적 차원에서 발생하는 것으로 규정하는 제도적 조건을 의미하는 것이다.

사회적 고통은 언제, 어디에서 발견되는가?

현존하는 인정적 상호작용들, 즉 행위자들이 서로에 대하여 서로의 욕구, 정서적 본능, 도덕적 판단 능력, 권리, 능력, 정체성, 가치, 기여 등을 인정해 나가는 상호작용은 언제나 자연적, 인공적 사물들, 신체들과 제도들과 같은 물질적 조건들에 의해 구조화되어 있다. 마찬가지로 이러한 상호작용들의 규범적 내용은 그것들의 물질적 조건과 무관하게는 충분히 기술될 수 없다. 물론 이때 신체와 제도 역시 별개의 무관한 것들로 이해될 수 없다. 신체를 가진 인간들 없이 작동하는 제도는 없고, 제도적으로

---

12   Jean-Philippe Deranty, *Beyond Communication*, Leiden: Brill, 2009, 348; Emmanuel Renault, "The Theory of Recognition and Critique of Institutions", *Axel Honneth: Critical Essays*, Leiden: Brill, 2011, 213.

구성되지 않은 신체도 없기 때문이다. 사회적 상호작용을 구조화하는 다양한 물질적 조건들 가운데서도, 특히 제도적 틀은 고통의 사회적 차원을 규정하는 결정적인 심급이라 할 수 있다. 현대사회에서 인간은 제도가 구성하며 제도를 통해 표현되는 '인정'(recognition)의 경험 속에서 자기 자신과의 실천적 관계를 맺어 나가기 때문이다. 인정 경험과 자기 자신에 대한 관계를 매개하는 것이 바로 제도적인 관계의 틀이다.

예컨대 가족, 연인, 친구, 공동체와 같은 친밀성의 영역에서 인간으로서의 기본적 권리를 존중받으며 사랑이나 우정, 신뢰 같은 정서적 배려를 누릴 때 인간은 기본적인 '자기믿음'을 가질 수 있다. 한편 법률이나 사회운동 또는 정치와 같은 권리의 영역에서 도덕적 판단 능력과 시민으로서의 정치적 권리를 보장받을 때 인지적인 '자기존중'이 실현된다. 끝으로, 노동시장이나 직장, 국가와 같은 연대성의 영역에서 고유한 능력과 기여, 정체성 등을 인정받을 때 사회적 '자기 가치 부여'도 가능해진다.[13] 반대로 그러한 인정에 대한 근본적인 기대가 좌절될 때 혹은 불완전하게 충족될 때 인간은 고통을 느끼게 된다. 그때의 고통이 바로 사회적 고통이다. 이렇듯 제도가 사회적 고통의 발생 여부를 결정하는 조건이 되는 이유는 제도가 개별적인 인정적 상호작용의 사회적 차원을 가장 결정적으로 규정하고 있기 때문이다.[14]

그렇다면 제도가 구체적으로 어떤 효과를 낳기에 그토록 사회적 고통의 발생에서 결정적인 위상을 지니고 있을까? '제도'(institution)란 무엇인가? 일반적으로 제도는 "사회적 상호작용을 구조화하도록 확립된 일

---

13 악셀 호네트, 『인정투쟁』, 문성훈·이현재 옮김, 사월의책, 2011, 249.

14 Jean-Philippe Deranty & Emmanuel Renault, "Politicizing Honneth's Ethics of Recognition", *Thesis Eleven* 88, 2007, 100.

반적인 사회적 규칙들의 체계"로 규정되며, 넓은 의미에서 "언어, 화폐, 법, 도량형 체계, 테이블 매너, 기업(또는 여타의 조직들)" 같은 것들을 망라한다.[15] 하지만 사회적 고통의 발생과 관련하여 제도를 이해하기 위해선, 좀 더 세밀한 개념 규정이 필요하다. 현대사회를 그 이전의 사회와 구별 짓는 결정적인 제도, 즉 현대적인 사회관계 및 계급관계를 규정하는 두 개의 대표적인 제도가 바로 시장(자본관계)과 조직(관리관계)이다.[16] 특히 후자의 제도, 즉 조직은 '단체', '기업', '행정당국'에서처럼 규칙들에 따른 '관리적' 지배관계를 형성하고 있다. "조직에 관해 말하자면, 그것은 다음과 같은 함의를 지닌 특수한 제도이다. 첫째로 조직의 경계를 확정하고 조직의 일원과 그렇지 않은 사람들을 구별하는 기준, 둘째로 지배권이 있는 명확한 주권의 원리, 셋째로 조직 내부의 책임을 결정하는 지휘 계통이다."[17] 사회적 고통과 관련하여 중요한 점은 이러한 조직으로서의 제도가 행위들을 배치하는 기술을 전제로 하는 동시에 규범적 모델의 복잡한 제도화, 즉 상호작용의 파트너들의 가치를 규정하는 상호작용의 규칙들, 그들의 갈등을 해결할 수 있는 정당화의 원칙들, 개인들이 어떻게 행해야 하는지를 규정하는 규범들과 그들이 되어야 하는 것을 규정하는 정체성들을 전제로 한다는 사실이다. 그러한 규범적 모델을 따라서, 주어진 제도적 조건하에서 규범적 요구와 모순을 일으키는 사회적 현상들이 제도에 참여하는 행위자들에게 사회적 고통으로 경험되기 때문이다.

엠마뉘엘 르노에 따르면, 제도는 규범적 도식을 구현하기 때문에

---

[15] Geoffrey M. Hodgson, "What Are Institutions?", *Journal of Economic Issues* 40(1), 2006, 2.

[16] 자크 비데·제라르 뒤메닐, 『대안마르크스주의』, 김덕민 옮김, 그린비, 2014, 103.

[17] 베르나르 샤방스, 『제도경제학의 시간과 공간』, 양준호 옮김, 한울, 2009, 157-158.

인정의 효과 및 그러한 인정의 부정否定으로서의 사회적 고통을 생산 · 구성 · 표현한다. 그럴 때 사회적 고통은 현대 관리자본주의(managerial capitalism) 사회의 주요한 제도적 효과, 특히 시장(자본관계)과 조직(관리관계)이라는 제도적 틀을 통해 생산되는 역사적으로 특수한 고통이라 볼 수 있는 것이다. 그런데 우리가 참여하고 있는 조직화된 제도들은 단일한 형태를 띠고 있지 않다. 각각의 제도들이 나타내는 규범적 원칙 또는 제도가 개별적 행위에 영향을 미치는 효과는 크게 세 가지 형태, 곧 규칙(rules), 규범(norms), 정체성(identities)으로 구별될 수 있다. 제도는 우선 규칙들을 수단으로 하여 행태를 조정하는 방식을 의미한다. 그러나 제도는 개별적 행위를 조정하기 위해 반드시 규칙들에만 의존하진 않는다. 때로는 규범적 동일시에 의해서도 개별적 주체성의 동원을 수반할 수 있다. 나아가, 제도는 사회화 과정에서 개인의 정체성이 구성되는 장소로 기능한다.[18]

제도적 틀 내에서 작동하는 세 가지 종류의 규범적 원칙들은 사회적 행위에 뚜렷하게 다른 효과를 나타낸다. 규칙은 주로 행위 조정에 작용한다. 마찬가지로 규범도 행위에 대한 주관적 관여에 미치는 효과를 산출한다. 사회화의 주체적 결과로서 주어지는 정체성은 사회적 행위의 집합적 차원에, 그리고 삶의 다른 영역들(사적/공적, 친밀성/직업영역 등) 간의 교섭에 작용한다. 따라서 각각의 유형의 제도적 효과에 상응하는 사회적 인정 관계의 상이한 유형들이 수립되며, 만일 그러한 적절한 인정 관계들이 무너질 때, 즉 인정 자체가 '몰수'没收되거나 인정에 대한 요구가 '부정'되거나 인정에 대한 기대가 '무시'될 때, 개인들은 고통을 '사회적인 것'으로서 경험하게 된다. 제도가 개인에게 영향을 미치는 규범적 원칙의 종류에 상응

---

18   Emmanuel Renault, "What Is the Use of the Notion of the Struggle of Recognition?", *Revista de Ciencia Política* 27(2), 2007, 201-203.

하여 제도가 산출하는 사회적 인정의 효과와 그러한 인정의 부정으로서의 사회적 고통 역시 유형화될 수 있다는 것이다.

한편, 제도적 틀 내에서 생산되는 고통들 가운데는 개인들이 자신들이 겪고 있는 고통을 명료한 공적 언어로 분절해 내지 못하면서도, 그 상황을 불의한 것으로 명확히 인지하고 있는 그러한 유형의 도덕적 경험이 존재한다. 이러한 경우에, 불의를 생산하는 것은 바로 현 상황에서 특정한 규범적 원칙들에 의해 틀 지어져 있는 사회질서 그 자체이다. 따라서 제도적 틀을 규정하고 있는 규범이나 규칙들이 근본적인 인정 기대와 모순을 이루고 있는 상황이 전개되고 있다. 그러한 불의는 기존의 제도적 규칙 및 규범을 통해선 불의한 것으로 서술될 수 없기 때문에 문제적이다. 이는 불의를 규정하는 보편성의 최종 심급이 되어야 할 법이나 국가, 혹은 시민사회 전체가 이미 규범적으로 그릇된 상태에 빠져 있는 상황을 암시한다. 아도르노식式으로 말하자면, '총체적 현혹 연관'(total delusion)에 빠져 있기에 규범적 이상과 현실 간의 괴리에 근거한 내재적 비판조차 불가능해지는 상황인 것이다.[19]

프랑스 철학자 리오타르는 이러한 상황을 '잘못'(wrong; [佛] tort)이라는 개념으로 설명했는데, 놀랍게도 이는 가장 극단적인 형태의 사회적 고통을 설명하기 위해 민중신학에서 제시된 '한'恨, 즉 언표화 불가능한 고통의 개념과 유사한 사회적 맥락을 반영하고 있다.[20]

잘못이란, 손해의 증거를 제시할 수 있는 수단을 상실한 손해일 것이다. 만

---

19 테오도르 아도르노, 『부정변증법』, 홍승용 옮김, 한길사, 1999, 128.
20 서남동, 『민중신학의 탐구』, 44.109; 안병무, 『민중신학 이야기』, 290; 김진호, 「민중신학과 비참의 현상학」, 『21세기 민중신학』, 삼인, 2013, 364.

약 희생자가 생명을 잃거나 모든 자유를 잃는다면, 또는 자신의 생각이나 의견을 공개적으로 표현할 자유, 아니면 단순히 이러한 손해에 대하여 증언할 권리를 잃는다면, 그것도 아니라면 단순히 증언의 문장 자체가 권위를 잃는다면, 이는 사실일 것이다. 이 모든 경우에서, 손해로 인한 상실에 대해, 타자에게, 특히 법정에게 이러한 사실을 알리는 것의 불가능성이 추가된다.[21]

리오타르에게 '잘못'이란 합리적으로 혹은 법리적으로 시비를 가릴 수 있는 소송의 영역을 초과하는, 즉 법정에서 그 진실을 증언하는 것조차 불가능한 어떤 절대적인 '불의'나 '피해'를 의미한다. 다시 말해, '잘못'은 사회 전체가 이미 잘못 구조화되어 있기 때문에, 어떤 식으로든 공정한 게임을 통해 갈등을 해결하는 것이 불가능한 상태를 가리킨다. 이를테면, 최근에 박근혜 정권하에서의 고용노동부 고위 관료들이 2013년 노동자 불법파견 의혹을 받던 삼성전자서비스에 대해 일선 근로감독관이 내렸던 '불법파견' 결론을 뒤집고 '면죄부'를 준 것으로 드러났다.[22] 이는 행정당국이 노동자들의 편에서, 그들의 근로조건을 개선하는 데 적극적인 역할을 수행하는 것은 고사하고, 최소한 근로감독 업무라도 공정하게 수행해 주기를 바라는 것이 얼마나 요원한 일인지를 잘 보여 준다. 수시 근로감독 과정에서 실무자들이 내린 '불법파견' 결론은 향후 법적 소송에서 사측의 유죄를 입증할 중요한 증거로 채택될 수 있었겠지만, 노동부 차관까지 나서서 일종의 "근로감독 '출구전략'을 직접 지휘"하며 불법파견 사

---

21 장 프랑수아 리오타르, 『쟁론』, 진태원 옮김, 경성대학교출판부, 2015, 23.
22 남지원, 「박근혜 정권 노동부는 어떻게 삼성전자서비스 불법파견 결론 뒤집었나」, 『경향신문』, 2018. 6. 30.

실 자체를 무효화해 버리는 상황에서, 노동자들의 분쟁은 사측의 불법성에 대한 "증명의 불가능성에 의해 표시"되는 것이다. 법정에서 아무런 증거도 제시할 수 없는 무력한 상태에 놓인 노동자들은 사법 체제의 희생자로 남게 된다. 국가와 자본이 담합하여 벌인 '잘못'의 희생자가 된 노동자들은 더 이상 그 누구에게도 억울함을 호소할 수 없는 침묵에 빠져드는 것이다.

그래서 리오타르가 이러한 '잘못'이 "감정의 침묵, 고통에 의해 표현된다"고 말할 때, 그는 매우 근본적이고 총체적인 수준에서 "증명의 불가능성에 의해 표시"되는 고통의 상황을 사유하고 있음이 드러난다. 그는 맑스의 초기 텍스트 가운데 하나인 「헤겔 법철학 비판을 위하여」에서 '잘못'이라는 개념의 중요한 역사적 용례를 발견한다. 리오타르는 '잘못'이라 불리는 극단적인 사회적 고통의 상황을 환기시킴으로써, 우리를 맑스의 세계, 곧 '보편적 잘못'의 세계로 다시 돌려보낸다. 바로 '자본'의 세계이다. 자본의 세계는 자본의 목적성인 '교환원리'가 지배하는 세계를 말한다. 자본의 교환원리는 철학적으로 동일성의 원칙을 전제로 한다. 바꿔 말하면, 모든 교환관계는 곧 동일성 원칙을 구현하고 있다는 이야기다. 교환이 이뤄지기 위해서는 우선 교환에 참여하고 있는 서로 다른 사물들이 어떻게든 동질적이거나 동일한 것으로 간주되어야 한다. 자본주의적 교환관계에 동일성 원칙이 적용됨으로써, 동일하지 않은 모든 것들이 동일한 것으로, 즉 교환이 가능한 '상품'으로 변화하는 사태가 발생한다. 이러한 동일시는 다양한 실재의 대상을 가리키는 '사용가치'를 억압하고, 모든 종류의 다양한 사용가치를 교환가치라는 하나의 동일한 개념에 포섭하는 것을 의미한다. 자본주의 사회형태가 확립하고 있는 이 동일성의 원칙을 우리는 일반적으로 '가치법칙'이라 부른다.

문제는 바로 그러한 가치법칙이 "사회적 삶 전체의 토대에 존재하는 공통된 가치", 즉 경제적 가치로 표현된 자본주의 사회형태의 핵심적 제도 그 자체라는 점이다. "가치는 공통의 삶을 허용하는 집단적 산물이다. 가치는 제도적 성격을 갖는다."[23] 사회적 고통을 생산·구성·표현하고 있는 제도적 틀 안에, "즉, 명성과 사회적 인정의 규범 이면에는 이해관계와 타자의 욕망을 포획함으로써 이해관계를 표출해 줄 수 있는 힘이 존재"[24]하는데, 그것이 바로 모든 가치들 위에 군림하는 '경제적 가치'라는 것이다. "경제적 가치는 사회적 성격을 갖는 힘이다. 특히 경제적 가치의 경우에는 사물에 대한 구매력이라는 형태를 취하는 타자에 대한 권력이고, 그 원천은 유동성에 대한 개인들의 욕망을 보편적으로 포획하는 데 있다."[25]

사회적 고통이 궁극적으로 무엇을 표현하고 있는지를 해명하는 데 '가치'價値(value)가 왜 그토록 중요한가? 교환원리를 지배하는 가치법칙의 '가치'라는 개념이 "엄청나게 다양한 실재 대상들을 동일한 용어나 관념 밑에 포섭하려는 강력한 동일성의 형식"을 띠고 있기 때문이다.[26] 결코 '화폐적 (교환)가치'와 동일시될 수 없는, 따라서 화폐와 교환될 수 없는 많은 것들의 고유한 '가치'를, 가치법칙에서의 가치는 파괴해 버리고 있다는 것이다. 이는 오늘날 가치가 윤리학적 개념인 동시에 경제학적인 개념이라는 모순적인 현실, 즉 질質의 문제를 다루는 윤리학적 가치 개념이 양量의 문제를 상대하는 경제학적 가치 개념에 포획되어 있는 그야말

---

[23] 앙드레 오를레앙, 『가치의 제국』, 신영진·표한형·권기창 옮김, 울력, 2016, 369.
[24] 같은 책, 168.
[25] 같은 책, 219.
[26] 프레드릭 제임슨, 『후기마르크스주의』, 김유동 옮김, 한길사, 2000, 81.

로 가치전도價値顚倒의 현실에서 극명하게 드러난다. 그런 의미에서, 우리가 살아가는 자본-관리주의(capito-cadrisme) 사회란 경제적 가치, 정확히는 화폐적 교환가치에 의해 모든 사회적 삶의 가치들이 양적으로 측정되어 상품으로 교환되는 사회, 또한 그러한 과정이 물신화物神化됨으로써 보편적 타당성을 획득하는 병리학적 사회형태에 다름 아니다. 가치에 대한 논의는 자본주의가 사회적으로 구성되는 양식 — 즉, 그것을 떠받치는 사회적 규범 — 을 넘어, 고통이 제도적 틀 안에서 사회적으로 생산·구성·표현되는 양식을 설명하는 데 있어서도 중요한 의미를 갖는다. 사회적 고통의 주체들이 말하지 못하고 있지만, 고통의 경험에 수반되는 도덕적 감정들, 수치심, 모멸감, 한恨, 분노 등을 통해 분명하게 표현하고 있는 사회형태의 숨겨진 핵심 원칙을 '가치'의 지점에서 비판적으로 분석할 수 있도록 도와주기 때문이다.

이러한 연구들을 전유했을 때, 민중신학이 말하는 사회적 고통이란 제도적 틀 안에서 인정에 대한 부정의 형태로 생산·구성·표현되고 있는 경험이라 할 수 있다. 그리하여 '고통과 폭력의 신학적 현상학'으로서 민중신학을 본격화한 2000년대 이후의 민중신학에서 고통에 대한 접근은 고통의 담지자인 민중과 마찬가지로, 그것을 사회적으로 생산·구성·표현하는 특수한 메커니즘을 추적하고 드러내는 방식으로 이루어져 왔다. 민중신학이 고통 일반이 아니라 '사회적 고통'을 주목한다고 했을 때, 여기서 '사회적'(social)이란 제도적 틀 안에서의 규칙과 규범과 정체성의 인정을 둘러싼 상호작용을 가리킨다. 따라서 이제 인간의 고통은 이러한 사회적 인정 관계의 구조 안에서 인정이 부정될 때 주어지는 경험이라는 의미에서, 자연적인 것도 초역사적인 것도 아닌 말 그대로 역사적으로 특수하게 조건 지어져 있는 '사회적인 것'(the social)으로 규정될 수 있다. 인정에 대한 기대가 제도적 틀 안에서의 규범적 원칙들에 의해 조건 지어져 있는 것과 마찬가지로 그러한 인정 기대가 실현되지 않음으로써 주어지는 고통 역시 동일하게 제도적 틀 안에서 생산·구성·표현된다는 의미에서, 민중신학은 고통이 사회적 차원에서 생산되고 구성되며 표현되고 있다고, 즉 고통은 철저하게 사회적인 경험으로 제도적 틀 안에서, 지배와 불의가 일상화된 세계에서 발견된다고 주장하는 것이다.

민중이 누구인지를 선험적으로 규정해 놓고, 그 민중의 경험과 이야기를 증언하면서, 민중의 시선으로 세계를 비판하는 손쉬운 길을 제쳐 두고, 왜 이렇게 고통이 사회적으로 구성되는 다양한 측면들을 분석하려고 하는 것인가? 그것은 전통적으로 민중신학이 민중을 개념적으로 규정하는 데 부정적이었던 이유와 관련 있다. 민중에 대한 개념적 규정은 민중의 '실체화'로 이어지고, 그러한 실체화는 민중으로 손쉽게 특정될 수 있는 구체적인 집단이나 계층 혹은 정체성에 대한 맹목적 지지로 귀결될 위험이 있기 때문이다. 아울러 민중신학의 목표는 초역사적이고 보편적인 고통 일반의 담지자로 가정되는, 민중이라는 실체적 존재의 관점에서 사회를 바라보는 것이 아니라, 민중을 이해하는 방식으로 제시되는 민중사건, 즉 사회적 고통의 경험을 근거로 삼아 바로 그러한 불의한 현실을 만들어 내는 우리의 사회적 삶의 세계를 비판하는 것이기 때문이다.

고통의 현상학적 탐구의 핵심은 앞서 살펴본 고통의 사회적 사태, '고통의 사회적 동학'의 전개에 있다. 이를테면 '체제 비판으로서의 페미니즘 연구'가 "가부장제·남성 중심의 사회 체계에서 어떻게 여성들이 타자가 되는가, 무엇이 여성을 종속적인 존재로 만드는가, 여성들이 그토록 착취적이고 불평등한 지위를 오랫동안 견뎌 온 이유는 무엇인가라는 질문을 했고, 그 기원을 찾고자 했다"²⁷던 것처럼, 민중신학 역시 고통이 제도적으로 생산·구성·표현되는 고통의 사회적 동학을 비판적으로 해부하는 신학적 비판 이론을 지향해 왔던 것이다. 따라서 최근 민중신학의 흐름은 고통을 민중이라는 실체를 설명하는 여러 경험 가운데 하나로 간주하고 단지 이를 소유한 존재나 집단을 재현하는 데 몰두하기보다는, 그리고 민중이라는 실체를 선험적으로 규정해 놓고 거기에 부합하는 성격을 지닌다고 판단된 특수한 행위자들을 옹호하는 데 전력하는 '정체성의 정치'를 추구하기보다는, 고통의 사회적 (재)생산 메커니즘을 분석하는 데 집중함으로써, 어떤 이들이 민중적 존재로 구성되고 발견되는 사회적 과정을 분석해 온 것이다. 이처럼 2000년대 이후의 민중신학에서 고통의 '사회적' 전환은 사회적 지배 관계를 그 원인으로 하지 않는 고통이란 없으며, 반대로 그것이 의식적이건 무의식적이건 주체들에게 고통을 강제하지 않는 지배 역시 있을 수 없다는 점에 기초하여, 바로 그러한 고통을 만들어 내는 세계를 총체적으로 부정하고 근본적으로 비판하려는 의도에서 추동되어 왔다.

사회적 고통은 어떻게 사라지(면서 재생산되)는가?

민중을 사회적 고통의 담지자로 만드는 것은 단순히 그들을 둘러싸고 있는 객관적인 현실 또는 물질적인 사회구조만이 아니다. 생산관계 안에서의 계급 위치이건, 다중 격차 구조 안에서의 차별화된 계층적 위치

---

27 김은실, 「페미니스트 크리틱, 새로운 세계를 제안하다」, 『더 나은 논쟁을 할 권리』, 휴머니스트, 2018, 18.

이건, 이러한 사회구조적 차원의 물질적 조건이 고통의 담지자들의 비참한 자기인식에 강력한 영향을 미친다는 점을 부정할 수 없지만, 그러한 외재적 조건만으로는 사회적 고통의 재생산 과정을 충분히 설명하기 어렵다. 다양한 제도들(물질적 사회구조)이 생산하는 고통과 폭력이 공적 영역(public sphere)에서 말해질 수 없는 것, 또는 보여질 수 없는 것으로 재구성되어 끝내 담론의 질서에서 사라지기 위해선 시민들 스스로 낯선 삶들과 자신들을 연결하는 공통된 인간성을 적극적으로 지워 버리는 또 다른 메커니즘이 작동해야 한다. 지배적으로 구조화된 사회적 세계에서 생산된 고통이 그 모습을 드러내자마자 곧바로 공적 영역에서 고통의 주체의 얼굴은 비가시화되고, 그 목소리는 침묵을 강요당한다. 그로 인해 고통은 더욱 확장되고 심화된다. 고통이 끝없이 재생산되는 것이다. 공적 영역은 배제, 주변화, 그리고 의식적, 무의식적으로 고통을 외면하는 규칙으로 가득 차 있다.[28] 그것은 비가시화(invisibilization)와 침묵시키기(silencing)의 공간이다.[29] 그렇기에 "정치의 틀의 구조화 자체 그리고 주체의 가시성이 구조화하는 방식에 주의를 기울이지 않은 채 원칙적으로 모든 목소리가 들릴 수 있는 틀이 존재한다고 상정하는" 그런 경향을 우리는 피해야 한

---

[28] 특히 노숙인, 부랑인 앞에 세워진 제도적 장벽은 그들이 공공 영역에 진입하지 못하도록 하는 물리적 제한에 머무르지 않는다. "비가시화된 부랑인의 존재는 대중들에게 잊힌 존재가 아니라 오히려 추상화된 혐오의 대상이 되어" 감으로써, 누구나 경험할 수 있는 주거 상실의 가능성에 불가촉천민의 거리를 만들고, 결국 '집 없음'(homeless)을 수치스러운 타자성으로 지시하는 시민사회의 국경을 건설한다. 정수남, 「'잉여인간', 사회적 삶의 후기자본주의적 논리」, 『한국 사회학』, 48(5), 2014, 285-320.

[29] Françoise Král, *Social Invisibility and Diasporas in Anglophone Literature and Culture*, Basingstoke: Palgrave Macmillan, 2014, 42-66; Benno Herzog, "Invisibilization and Silencing as an Ethical and Sociological Challenge", *Social Epistemology* 32(1), 13-23.

다.[30] '인간의 목소리'에 열려 있는 장소는 미리 구축된 정치적 주체화의 장소가 아니기 때문이다. 따라서 민중신학은 고통 생산의 사회적 조건을 규정하는 제도적 틀과 함께, 사회적 고통의 담지자를 비가시화하고 침묵시키는 사회적 동학, 고통의 재생산 메커니즘에도 관심을 기울이지 않을 수 없다.

사회적 고통에 대한 비가시화와 침묵시키기는 물리적으로 존재하는 사람을 '보고도 못 본 척하기'와 매우 닮아 있다.[31] 그것은 고통을 표현하고 있는 주체들로부터 우리의 관심을 떼어 내도록 견인하는 사회적 구성물이다. 고통의 생산과 마찬가지로 고통의 재생산 역시 '사회적인 것'이다. 지금 예멘에서 온 난민들을 추방하자고 우리가 쉽게 말할 수 있는 것도 그들이 더 이상 우리의 눈에 어떤 식으로든 보이지 않아야 하며, 그들의 목소리가 우리의 귀에 들리지 않는 조건에서만 가능하다. 설령 그들의 얼굴이 보이고 목소리가 들린다 해도 그것은 우리와 공통된 인간성을 지닌 얼굴로, 우리와 동일한 언어로 말하는 목소리로 들리지 않는다. 이러한 설명은 타자들의 고통을 보이지 않게 하고 들리지 않게 만드는 복잡한 사회적 메커니즘, 즉 나 자신과 비슷하게 고통받는 인간으로서의 타자에 대한 인식을 방해하는 체계화된 망각의 메커니즘이 존재한다는 것을 암시한다.

2000년대 이후의 민중신학은 시민사회의 일상적 제도적 차원에서 작동하는 이와 같은 '망각의 정치'를 주목해 왔다.[32] 망각의 정치가 작동

---

[30] Alteta Norval, *Aversive Democracy*, Cambridge: Cambridge University Press, 2007, 102.

[31] Axel Honneth, "Invisibility: On The Epistemology of Recognition", *Aristotelian Society* 75(1), 2001, 111-126.

[32] 박배균 · 정건화, 「세계화와 '잊어버림'의 정치」, 『한국지역지리학회지』 10(4), 2004, 800-

하는 사회적 감성의 체계를 물질적 사회구조와 구별하여 '감정의 구조'(structure of feeling) 내지는 '마음의 레짐'(regime of the heart)이라 부를 수도 있을 텐데,[33] 중요한 것은 이러한 구조가 사회적 고통의 담지자에 대하여 시민사회의 구성원들에 의해 의식적, 무의식적 차원의 배제가 수행됨으로써 성립되는 구조라는 점이다. 이는 충분히 구조라고 할 수 있을 만큼 강고한 질서로 구축되어 있다. 이러한 사회적 감정의 구조가 고통의 주체들이 처해 있는 객관적인 현실을 더욱 실재적인 고통으로 인지하게 만드는 재현의 원인으로 작용한다. 고통은 분명히 그들이 처해 있는 객관적인 사회구조의 현실을 재현하고 있다. 하지만 그 자체로는 재현되지 않으면서도 이러한 고통이 재현되는 것을 가능하게 만드는 '사라지는 매개자'가 있다. 고통의 담지자로 하여금 민중적 삶을 살아가도록 이끄는, 다시 말해 그들을 민중으로 주체화하는 것은 사회구조와 밀접하게 연결되면서도 분명히 구별되어 작동하는 감정 구조이다. 더 정확히 말하자면, 감정 구조가 주체의 내면으로 침입했을 때 생겨나는 일련의 고통스러운 감정들이다.

여기서 조심스럽게, 2009년 이후부터 2018년 6월 27일까지 해고자와 희망퇴직자, 그 가족 등 30명이 자살과 질병으로 세상을 떠난 쌍용자동차 정리해고 사태를 생각해 보자. 신자유주의 때문에, 노동시장 유연화 때문에, 기업의 구조조정 혹은 정리해고 때문에, 실직의 장기화 때문에, 국가나 사회의 제도적 보호 장치의 결핍 때문에, 지난 2월부터 시작된 해고자 복직 교섭에서 복직 시한 명시를 사측이 여전히 거부하고 있기 때

823.

[33] 레이먼드 윌리엄스, 『기나긴 혁명』, 성은애 옮김, 문학동네, 2007; 김홍중, 『마음의 사회학』, 문학동네, 2009.

문에, 그들의 고통이 생산되었다는 것은 너무나 자명하다. 하지만 그것만으로는 무려 서른 명에 달하는 쌍용차 해고 노동자 본인과 그 가족들의 연쇄적인 자살 현상을 충분히 설명할 수 없을 것이다. 77일 동안 식수와 전기가 차단된 농성장에서 그들이 사측과 용역으로부터 경험했던 장기간의 일상적 폭력, 그리고 마지막에 경찰특공대들로부터 당했던 전쟁 같은 진압의 경험은 그들이 이후 갖게 된 정신적 외상의 원체험原體驗으로 남았을 것이다. 그렇지만 이러한 체험이 그 자체로 끝내 트라우마로 고착화되어 그들을 자살로 이끈 직접적 원인이라 보긴 어렵다. 물론 이들이 해고당한 후 겪게 된 경제적 빈곤도 분명히 자살의 중요한 원인으로 작용했을 것이다. 그러나 그들에게 자살이라고 하는 극단적인 선택을 강제한 또 다른 중요한 요인이 있었으니, 바로 그들의 내면세계에서 일어난 감정적 붕괴였다. 이들을 자살로 이끈 고립감이나 좌절감, 소외감 등을 발생시킨 결정적인 원인은 다름 아닌 이들의 저항과 투쟁을 정당한 것으로 '애도'해 주지 않았던 시민들의 감정적 사회구조, 한국 사회의 '마음의 레짐'이었다. 그들은 자신들이 겪은 해고에서 파업을 거쳐 진압과 구속으로 이어지는 일련의 고통들에 대한 애도를 경험할 기회를 영원히 상실함으로써 결국 죽음의 문턱까지 내몰린 것이다.[34]

결론적으로, 사회적 고통의 관점에서 민중을 이해한다는 것은 민중론에 있어서 두 가지 중요한 함의를 갖는다. 첫째, "우리는 어떤 인간의 삶은 다른 이들의 삶보다 더 취약하고 따라서 어떤 인간의 삶이 다른 사람들의 삶보다 더 슬픔이 되는 그런 조건을 비판적으로 평가하면서 그런 조건에 반대할 수 있다"[35]는 사실이다. 민중신학에서 민중은 바로 이러한

---

[34] 김석, 「애도의 부재와 욕망의 좌절」, 『민주주의와 인권』 12(1), 2012, 57-83.
[35] 주디스 버틀러, 『불확실한 삶』, 양효실 옮김, 경성대학교출판부, 2008, 60.

조건에 놓여 있는 주체를 가리킨다. 제도적 틀 안에서 규범적 기대와 어긋나는 현실의 문제들을 그야말로 폭력으로 인지·지각·체험하지 않을 수 없을 만큼 상대적으로 더욱 취약한 조건에 놓여 있는 어떤 사회적 존재의 이름이 '민중'이라는 것이다. 다른 한편으로, 고통을 겪는다는 것, 즉 "상처를 입는다는 것은 상처에 대해 성찰하고, 상처를 배포하는 메커니즘을 찾아내고, 튼튼하지 못하고 성긴 국경, 예기치 못한 폭력, 탈취, 공포 때문에 누가 어떤 식으로 고통을 겪는지를 알아낼 수 있는 기회를 갖게 된다는 것을 의미한다".[36] 그럴 때 사회적 고통은 민중적 존재의 삶, 즉 사회적 고통에 더욱 취약한 존재의 삶을 만들어 내는 사회의 작동 원리나 구조를 이해할 수 있게 해 준다. 따라서 민중은 사회적 고통에 특히 취약한 삶, 또는 그런 삶을 사는 존재들을 끊임없이 만들어 내는 사회의 구조와 제도와 관행들 내부의 균열이라고 말해도 좋을 것이다. 민중은 그들이 속해 있는 사회가 사회 자체에 대해 갖는 내적인 차이, 사회가 사회 자체의 규범이나 규칙, 이데올로기, 정당성과 갖는 자기모순을 지시하는 기표이다.

| 참고 문헌 |

김석, 「애도의 부재와 욕망의 좌절」, 『민주주의와 인권』 12(1), 전남대학교 5·18 연구소, 2012, 57-83.
김용복, 「민중의 사회전기와 신학」, NCC신학연구위원회 엮음, 『민중과 한국신학』, 한국신학연구소, 1982, 369-389.
김은실, 「페미니스트 크리틱, 새로운 세계를 제안하다」, 김은실 엮음, 『더 나은 논쟁을 할 권

36　같은 책, 12.

리』, 휴머니스트, 2018, 8-29.

김진호, 「고통과 폭력의 신학적 현상학」, 심원 안병무 선생 기념사업위원회 엮음, 『안병무 신학사상의 맥 II』, 한국신학연구소, 2006, 229-265.

──, 「민중신학과 비참의 현상학」, 김진호 · 김영석 엮음, 『21세기 민중신학』, 삼인, 2013, 331-366.

김홍중, 『마음의 사회학』, 문학동네, 2009.

레이먼드 윌리엄스, 『기나긴 혁명』, 성은애 옮김, 문학동네, 2007.

박배균 · 정건화, 「세계화와 "잊어버림"의 정치」, 『한국지역지리학회지』, 10(4), 한국지역지리학회, 2004, 800-823.

베르나르 샤방스, 『제도경제학의 시간과 공간』, 양준호 옮김, 한울, 2009.

서광선, 「한국의 민중신학」, 『1980년 한국 민중신학의 전개』, 한국신학연구소, 1990, 39-58.

아서 클라인만 · 비나 다스 외, 『사회적 고통』, 그린비, 2002.

악셀 호네트, 『인정투쟁』, 문성훈 · 이현재 옮김, 사월의책, 2011.

앙드레 오를레앙, 『가치의 제국』, 신영진 · 표한형 · 권기창 옮김, 울력, 2016.

자크 비데 · 제라르 뒤메닐, 『대안마르크스주의』, 김덕민 옮김, 그린비, 2014.

장 프랑수아 리오타르, 『쟁론』, 진태원 옮김, 경성대학교출판부, 2015.

주디스 버틀러, 『불확실한 삶』, 양효실 옮김, 경성대학교출판부, 2008.

최형묵, 『보이지 않는 손이 보이지 않는 것은 그 손이 없기 때문이다』, 다산글방, 1999.

테오도르 아도르노, 『부정변증법』, 홍승용 옮김, 한길사, 1999.

프레드릭 제임슨, 『후기마르크스주의』, 김유동 옮김, 한길사, 2000.

Alteta Norval, *Aversive Democracy*. Cambridge: Cambridge University Press, 2007.

Axel Honneth, "Invisibility: On The Epistemology of Recognition", *Aristotelian Society* 75(1), 2001, 111-126.

Benno Herzog, "Invisibilization and Silencing as an Ethical and Sociological Challenge", *Social Epistemology* 32(1), 2018, 13-23.

──, "Suffering as an Anchor of Critique", *Critical Discourse Studies* 15(2), 2018, 111-122.

Emmanuel Renault, "What Is the Use of the Notion of the Struggle of Recognition?", *Revista de Ciencia Política* 27(2), 2007, 195-205.

──, "The Political Philosophy of Social Suffering", Boudewijn de Bruin & Christopher F. Zurn (eds.), *New Waves in Political Philosophy*, Basingstoke: Palgrave MacMillan, 2009, 158-176.

──, "The Theory of Recognition and Critique of Institutions", Danielle Petherbridge (ed.), *Axel Honneth: Critical Essays*, Leiden: Brill, 2011, 207-231.

Françoise Král, *Social Invisibility and Diasporas in Anglophone Literature and Culture. The Fractal Gaze*, Basingstoke: Palgrave Macmillan, 2014.

Geoffrey M. Hodgson, "What Are Institutions?", *Journal of Economic Issues* 40(1), 2006, 1-25.

Jean-Philippe Deranty, *Beyond Communication: A Critical Study of Axel Honneth's Social Philosophy*, Leiden: Brill, 2009.

Jean-Philippe Deranty & Emmanuel Renault, "Politicizing Honneth's Ethics of Recognition", *Thesis Eleven* 88, 2007, 92-111.

2. 공公과 인권, 촛불의 열망과 더불어 생각하는 '공'公의 의미

최형묵

"이게 나라냐?"

"이게 나라냐?" 2016년 박근혜, 최순실의 국정농단의 실체가 드러났을 때 사람들은 그렇게 탄식했다. 국민으로부터 권력을 위임받은 이가 국민적 합의와 공적 절차를 무시하고 임의의 사인에게 의존하여 국정을 운영한 데서 터져 나온 온갖 부조리에 대한 탄식이었다.

아니, 사실 그 탄식은 그 이전부터 터져 나왔다. 2014년 4월 16일 세월호 침몰 사건이 발생하였을 때 국민의 생명과 안전을 보장해야 할 국가는 존재하지 않았다. 사건 현장에서 단 한 명도 구조하지 못한 것만이 문제가 아니었다. 평상시 안전 관리에서도, 사건 자체에 대한 대응에서도,

이후 수습 과정에서도 국가의 공적 책임은 부재하였다. 국민의 생명과 안전을 보장해야 할 공적 책임에서 국가가 철저하게 무력하다는 것이 확인되었을 때 사람들은 탄식하지 않을 수 없었다. 기업 사회라 불릴 만큼 사회 전반에 대한 기업의 지배력이 강화된 조건에서, 자본의 이윤 보장을 위한 정책을 최우선시할 뿐 아니라 국민의 생명과 안전 문제까지 시장가치로 환원하여 계산한 국가권력의 적나라한 민낯을 본 셈이었다. 공적 책임에 무능할 수밖에 없는 신자유주의 국가의 전형을 확인한 것 같았다.

그런데 국정농단의 실체가 확인되었을 때 문제는 그보다 훨씬 더 심각하였다. 그것은 이른바 신자유주의 국가 이전의 문제였다. 주권자로부터 적절한 통제를 받지 않은 국가권력은 권력자와 그 집단에 의해 남용되고 있었고, 어처구니없이 사인화私人化되어 있었다. 결국 줄기찬 촛불항쟁으로 그 타락한 국가권력의 정점에 있던 대통령 박근혜가 탄핵을 받게 되었고 이후 권력남용과 국정농단에 대한 책임을 추궁받게 되었다. 국가의 공적 규범인 헌법을 위반함으로써 탄핵당한 박근혜는 또한 권력을 남용함으로써 각종 법률을 위반한 것으로 확인되어 구속 수감되었다. 점입가경! 이후 국가권력의 남용과 사인화 현상은 뿌리가 깊고 광범위했다는 것이 점차 확인되고 있다. 그 전직 대통령 이명박 또한 구속 수감되기에 이르렀다. 이명박의 구속은 다스를 둘러싼 비리 혐의를 밝히는 데서 비롯되었지만, 박근혜로 이어지는 권력남용의 혐의까지 밝혀지면서 그 사유가 추가되었다. 이들의 통치 기간 국가권력의 남용과 사인화 현상은 열거하기 번거로울 정도로 광범위하다. 최근에는 삼권분립의 원칙마저 뒤흔들 만큼 심각한 사법 거래 행위까지 드러나고 있는 지경이다.

국가권력이 공적 책임을 다하지 못하고 거꾸로 그 권력을 남용하고 있을 때 사람들의 마땅한 권리는 부정당하고 고통은 가중될 수밖에 없었다. 기왕에 국민을 위한 국가의 공적 책임을 무력화시킨 신자유주의 정책 기조 가운데서 고통을 겪고 있던 사람들에게 고통은 가중되었고 국가에 대한 냉소가 확산되었다. 고통과 냉소가 한계상황에 이르렀을 때 사람들은 "이게 나라냐?"를 외치며 광장에서 촛불을 들었다.

2017년 5월 문재인 대통령이 "촛불혁명을 통해 국민들이 염원했던 공정하고 정의로운 나라", "국민을 우선"하는 "나라다운 나라"를 만들겠다고 했을 때 절대다수의 사람들이 전폭적인 지지를 보낸 것은 그간 어처구니없는 나라의 실상에 대한 즉각적인 반사작용이기도 했다. "무능한 정부에 대한 분노, 불공정한 기회에 대한 불만, 격차 확대로 인한 희망 상실로 개인과 사회 모두가 불안한 것이 우리 사회 현주소"라고 진단한 문재인 정부의 국정기획위가 "정의의 기반 위에서 나라다운 나라를 만드는 것"을 최우선의 시대적 과제라고 강조한 것도 평범한 사람들의 기대를 그대로 반영한 것이었다. 촛불혁명으로 탄생한 정부가 한반도 평화체제 확립을 위하여 노력하고 남북·북미정상회담이 열리는 일련의 과정 가운데 치러진 2018년 6·13 지방선거의 결과 또한 국가의 공적 책임을 환기시켜 주었다고 하겠다.

물론 촛불혁명으로 탄생한 새 정부의 등장과 함께 한국 사회의 과거 적폐가 청산된 것은 아니다. 새 정부의 정책이 모든 분야에서 성과를 내고 있는 것도 아니다. 특별히 경제적 격차를 넘어 일상의 평화를 이룰 수 있는 변화는 더디고 새 정부의 정책 기조마저도 흔들리는 것처럼 보이는 것이 사실이다. 한반도 평화체제를 바라보는 놀라운 변화는 일어나고 있지만 사람들의 실생활의 변화를 체감할 수 있는 조건의 형성과 제도의 정착은 여전히 과제로 남아 있다. 권력의 남용으로 발생한 과거의 적폐는 아직 청산되지 않았고, 또한 사회 모든 분야에서 공적인 것을 소멸시켜 나가는 신자유주의적 물결의 파고 또한 잦아들지 않았다.

"하늘도 땅도 공이다"

"하늘도 땅도 공이다." 한국 민중운동이 절정기에 이를 무렵인 1986년 여름 『신학사상』에 안병무는 흥미로운 제목의 이 글을 발표하였다.[1] 이 글은 당시 시대를 향한 매우 강렬한 메시지를 선포하고 있거니와, 여기에 등장한 '공'空 개념은 이후 안병무의 민중신학에서 매우 중요한 핵심적 개념으로 자리하게 된다. 오늘의 상황에서도 그 통찰이 퇴색하지 않은 것은 그 통찰이 겨냥했던 것과 같은 문제를 오늘 우리 사회가 그대로 안고 있기 때문일 것이다. 그래서 그 통찰은 오늘 한국 사회의 문제를 진단하고 전망하는 데서 여전히 중요한 영감의 원천이 되고 있다.

"하늘도 땅도 공이다." 매우 함축적인 통찰을 담고 있는 신학적 수상으로서 이 글의 요체는 간결하다. 성서 창세기의 낙원 이야기에 근거하여 실낙원의 현실을 되비추고 있는 이 글은 성서가 그리고 있는 낙원의 모습을 '인간 삶의 한 가능성'에 관한 이야기로 해석한다. 그것이 단지 과거에 대한 회고적 이야기가 아니라 인간의 역사가 추구해야 할 목적을 일러 주는 이야기로 본 것이다.

'하느님, 인간, 자연이 혼연일체'가 되는 현실로서 낙원의 모습에서 안병무는 세 가지 초점을 주목한다.

첫째 초점은, 땅의 가능성을 도와 경작하며 자연과의 조화를 이룸으

---

1 안병무, 「하늘도 땅도 공이다」, 『신학사상』 53, 1986 여름.

로써 하느님의 역사 창조에 동참하는 것으로서의 인간의 노동의 의미이다. 이에 대한 강조는 이원론적 세계관에 따라 계급 분화의 현실을 정당화하여 물질적 세계 안에서 노동의 의미를 변질시킨 세계에 대한 통찰로서 의미를 지닌다. 다시 말해 창조적 행위로서 즐거워야 할 노동이 강제되고 그 결과마저 불공평하게 분배되는 세계의 현실은 창조 질서에 부합할 수 없다는 것을 말한다.

둘째 초점은, 양성 간의 공평한 동반자적 관계를 이룸으로써 생육하고 번성하여 하느님의 역사 창조에 동참하는 인간의 사명에 대한 환기이다. 이것은 피차 간 자주적인 인격으로서 관계를 형성해야 할 양성 관계가 남성 위주로 타락한 현실을 꼬집는다. 그렇게 왜곡된 관계 안에서 애초 창조적 행위여야 할 성性마저도 일방적으로 남성에 의해 전유되고 말았다.

셋째 초점은, 금단의 열매는 선택할 수 있는 인간의 자율성을 상징하는 동시에 사유화될 수 없는 공을 상징한다는 점이다. 역사적 존재로서 인간은 타인들과 더불어 삶을 영위할 수밖에 없는데, 타자 때문에 자신을 제한할 수 있는 한계를 지킬 때 진정한 의미의 자율적 존재로서 인간의 삶이 가능해지며 공적인 질서가 유지될 수 있다는 것을 금단의 열매 이야기가 함축하고 있다는 것이다. 이 대목에 이르러 공公의 의미는 확연하게 드러난다.

요컨대, 하느님의 창조 행위에 동참하는 인간은 바로 그러한 의미에서 창조성과 가능성을 지닌 존재이지만, 다른 존재들과 더불어 사는 인간은 더불어 사는 조건을 형성하는 공의 질서를 유지할 때 비로소 모든 인간의 그 창조성과 가능성을 구현할 수 있다. 여기서 '공'은 인간이 주어진 조건 안에서 인간답게 살아갈 수 있도록 보장하는 일체의 관계를 규율하는 규범적 표상이 된다. "하늘도 땅도 공이다." 이 말은 그 진실을 선명하게 선포하고 있다.

'공' 개념의 역사적 맥락

안병무가 '공'을 민중신학적 사유의 한 중심으로 삼고 그것을 바탕으로 한 주장을 본격적으로 펼치게 된 것은 1980년대 한국 민중운동의 현실에서이다. 안병무는 당대의 민중운동을, 공을 사유화함으로써 빚어진 권력의 독점과 물질의 독점으로 피폐해진 삶의 현장에서 공의 회복을 위하여 나아가는 도도한 장정이라고 보았다. 안병무는 이에 대해 스스로 이렇게 밝혔다.

나를 그동안 지배했던 것은 크게 두 가지이다. 하나는 이 엄청난 민중 사건을 어떻게 소화하느냐 하는 것이고 또 하나는 자본주의 체제를 '국시'라도 되듯이 굳혀 가는 마당에서 일어나는 모순과 갈등을 어떻게 헤쳐 나가야 하느냐 하는 문제였다. 그것은 민족통일이라는 민중적 염원과도 깊은 관계가 있다. 그러한 생각에서 나온 것이 '공'(公)이라는 사상이다. 우리 민중은 '公'을 사유화한 것과 싸우고 있다. 그것이 독점 세력과의 투쟁이다. 공을 사유화하는 과정에서 온갖 비리가 발생하고, 그것을 지키기 위해 온갖 폭압이 자행된다.[2]

---

2   안병무, 『민중 사건 속의 그리스도』, 한국신학연구소, 1989, 서문 7.

'공' 사상을 착안한 일차적 동기가 1980년대 한국 사회 안에서의 독점적 체제에 대항하는 민중운동에 있었음을 밝힌 것이다. 특별히 반자본주의적 대안을 지향한 당시 민중운동의 전망은 '공' 사상을 착안하는 데 큰 자극이 되었음에 틀림없다. 잘 알려져 있다시피 1980년대 민중운동은 1970년대 반독재 민주화운동의 수준을 넘어 한국 사회의 근본적 변혁을 지향하고 있었고, 그러한 맥락에서 1980년대 중반에는 한국 자본주의의 성격을 규명하려는 '사회 구성체 논쟁'이 뜨겁게 펼쳐지고 있었다. '공' 사상은 그로부터 상당한 자극을 받았다는 것을 알 수 있다.

그러나 사실 안병무의 '공' 사상의 착상은 그보다 오랜 기원을 갖고 있다. 일찍이 1967년 숭실대 강연문 「한국 사회와 기독교 대학의 방향」에서 '공公 사상의 실질적 확립'을 강조한 바 있다.[3] 그 내용은 주로 땅에 대한 공 개념을 중심으로 한 것으로, 그 주장이 기독교 대학의 방향을 모색하는 맥락에서 펼쳐졌다는 점에서 교육의 공공성의 근거로서 공을 말한 것으로 보인다. 안병무가 민중신학을 본격적으로 펼치기 훨씬 이전부터 공에 대한 착상을 갖고 있었다는 것은 그의 신학적 근본 동기의 일관성을 보여 주는 것이라 할 수 있을 것이다. 물론 그 착상은 바로 앞에서 확인한 바와 같이 1980년대 민중운동의 현실에서 불꽃처럼 피어났으며, 안병무의 민중신학이 만개했을 때 그 중심 개념으로 자리잡게 되었다.

부연하건대, 안병무가 '공'公 사상을 본격적으로 제기한 1986년 전후 시기는 한국 민중운동의 최고 절정기로서 그 거시적 상황이 안병무의 민중신학적 사유를 더욱 깊게 한 것이 분명하다. 하지만 이 시기에 안병무는 청년·학생운동 및 민중운동에 투신하고 있거나 밀착되어 있는 후학

---

3   안병무, 「한국 사회와 기독교 대학의 방향」, 『한국 민족운동과 통일』, 한국신학연구소, 2001, 221 이하.

들과 깊은 대화를 나눌 기회를 빈번히 가졌고 그 대화는 그즈음 그의 민중신학적 사유에 깊은 영향을 끼쳤다. 「하늘도 땅도 공이다」는 물론이거니와 바로 그 직전에 발표된 글로서 한국 기독교의 '物과 계급에 대한 인식의 혁명'을 역설했던 「한국적 그리스도인상의 모색」(『신학사상』 52, 1986 봄) 그리고 후학들과의 대화를 통해 완성된 대표작 『민중신학 이야기』가 그런 과정에서 탄생했고, 한신대 퇴임 강연을 기초로 한 「민중운동과 민중신학」(1987), 「예수운동과 物」(1988) 그리고 『갈릴래아의 예수』(1990) 등은 그즈음 안병무의 민중신학 경향을 잘 드러내 주는 대표작에 해당한다.

'공' 개념의 민중신학적 심화

1986년 여름 「하늘도 땅도 공이다」라는 신학적 수상이 발표된 다음부터 안병무는 일관되게 공의 개념을 심화시키고 발전시킨다. '텍스트'와 '콘텍스트'를 분리될 수 없는 하나의 현실이라고 봤던" 안병무는 그에 대한 성서적 전거를 더욱 탄탄히 하는 가운데 성서의 민중 전통에서 공의 의미를 역설한다. 안병무에게서 공은 하느님 나라의 실재를 역사화하는 의의를 지니는 것이었다. 1987년에 간행된 대화록 『민중신학 이야기』에서는 이렇게 밝혔다.

하느님 나라가 실제로 뭐냐? 그것은 公을 公으로 돌리는 것이다. 사유화하지 않는 것이다. 정치나 경제나 모든 걸 포함해서 사유화함으로써 분열되고

---

4 안병무, 『민중신학 이야기』, 한국신학연구소, 1987, 69.

찢겨진 그것을 다시 공으로 돌리는 일은 하느님 나라의 성취와 불가분의 관계에 있다 그거예요. 하느님 나라를 자꾸 정신화해 버려서 피안적이고 관념화된 그런 하느님 나라는 민중의 입장에서는 있을 필요도 없어요. '公은 公으로 돌려라' 하는 말은 하느님의 것은 하느님께 돌리라는 말인데, 이것은 결국 민중의 언어로 바꾸면, 다 빼앗긴 사람들, 밭 뙈기 없이 거덜 난 사람들에게 자기 것을 되돌려 주는 것입니다. 생산의 주체인 노동자, 농민에게 그 생산한 몫을 정당하게 돌려주는 것이에요. 이렇게 잃어버린 제 것을 도로 찾는 운동만큼 하느님 나라를 의식할 수 있는 구체적인 건 없다고 생각해요. 어쨌든 하느님 나라의 실현이란 '公은 公으로', 곧 사유했던 것을 다시 참주인에게 돌려주는 것과 떼려야 뗄 수 없는 것입니다.[5]

하느님 나라의 실재가 공을 공으로 돌리는 데 있다는 것은, 하느님 나라의 요체로서 '하느님의 주권'이 구현되는 구체적인 형태가 곧 공을 공으로 돌리는 것과 직결되어 있다는 것을 뜻한다. 바로 그 점에서 공 사상의 결정적 근거는 하느님의 주권에 있다.

안병무는 예수운동이 그 하느님의 주권을 철저화하려는 성격을 지닌 것이었다고 역설하였을 뿐 아니라,[6] 1990년에 간행된 『갈릴래아의 예수』에서 「하느님의 것은 하느님에게(公)-회개」라는 제목으로 한 장을 할애하고 예수운동과 공의 관계를 깊이 있게 규명하였다.[7] 제목 자체가 시사하는 바와 같이, 안병무는 예수께서 하느님 나라의 도래를 선포하면서 회개를 명했을 때 그 의미는 결코 개인적 회심이나 이른바 '죄인'들만의

---

5 같은 책, 246.
6 안병무,「예수운동과 物」,『신학사상』 62, 1988 가을, 574.
7 안병무,『갈릴래아의 예수 - 예수의 민중운동』, 한국신학연구소, 1990, 202-219.

회심이 아니라 공동체 전체에 요구된 것으로서 공公을 요체로 하는 사회적 관계의 형성을 뜻하는 것으로 보았다. 그렇기에 "소유와 밀착되지 않은 회개란 있을 수 없다"고 단언하기까지 하였다.⁸

여기서 안병무는, 먼저 땅은 '하느님의 것'임을 분명히 하였다. "땅은 내 것이요. 너희는 나에게 몸 붙여 사는 식객에 불과하다"(레위 25,23). 이와 같이 땅이 하느님의 것이라는 사상은 구약에서 많이 발견할 수 있다(참조: 출애 9,29; 19,5; 신명 10,14; 시편 50,10-12; 24,1-2; 1역대 29,11-12).

땅은 하느님의 것이기 때문에 인간은 누구도 땅에 대한 영구한 사유권을 주장할 수 없다. 사람은 식객처럼 나에게 허락된 땅을 경작할 수 있는 날까지 경작할 뿐이다. '하느님의 것'이라는 주장을 사회학적 개념으로 말하면 땅에 대한 공(公) 개념이다. 아무도 사유할 수 없는 것, 모두를 위한 것이면서도 어느 누구에게도 소속될 수 없는 것이다. 하느님이 창조주라고 믿는 한, 이것은 자연스러운 귀결이라고도 할 수 있을 것이다.⁹

물론 여기서 땅이 모든 피조물의 세계를 뜻한다는 것은 두말할 것 없다. 비단 토지에만 한정된 것이 아니라 모든 물질세계에 해당하는 것이다. 그 물질세계 안에서 인간은 창조적 노동으로써 자기를 구현하고 더불어 다른 인간을 먹여 살릴 수 있는 것을 생산하는 가운데 새로운 세계를 열어 간다.¹⁰ 이것이 세계(物)를 창조하고 다음에 그 동반자로 인간을 창조한 하느님의 참뜻이다. 그렇기에 인간은 자연(物)을 계발할 임무를 지

---

8   같은 책, 215.
9   같은 책, 205-206.
10 안병무, 「예수운동과 物」, 568.

니며, 또한 그것을 사유화할 수 없다. "물은 결코 독점하라는 것이 아니다."[11]

땅으로 대표되는 모든 물질세계가 '하느님의 것'이라는 것은 권력 또한 '하느님의 것'이라는 사실과 직결된다.

> 땅은 하느님의 것(公)인데 그 소유(사유)권 쟁탈을 위한 전쟁이 계속되고 그로 인해 불의가 자행되며, 사실상의 주인인 현 주민은 가혹한 착취의 대상이 되어 인간으로서의 존엄성을 유린당했다. 땅의 소유권을 둘러싼 싸움은 바로 권력 싸움이었다.[12]

이것은 예수 시대 팔레스타인의 상황을 언급한 것이지만, 이러한 양상, 곧 권력 싸움이 땅(物)의 소유권을 둘러싼 싸움과 직결되어 있다는 것은 비단 그 시대만의 양상은 아니다. 안병무는 "사유화를 인정하고 보호해 주는 것"이 "국가권력의 존재 이유"가 되어 버렸고, 나아가 "국가권력 자체도 사유화에서 독점화를 위한 도구로 이용"되고 있음을 지적한다.[13] 그러나 권력 역시 하느님에게만 속했다는 것이 성서의 기본 전제이다.[14] 즉 "권력도 '공'이지 사유화의 대상이 될 수 없다".[15]

---

11 같은 글, 570.
12 안병무, 『갈릴래아의 예수』, 210.
13 같은 책, 202.
14 안병무, 「하늘도 땅도 공이다」, 448.
15 안병무, 『갈릴래아의 예수』, 210.

하느님의 주권의 표상으로서의 '공'과 인권

안병무는 하느님 나라, 곧 하느님의 주권을 역사화하려는 뜻에서 '공'의 의미를 사용하고 있는데, 그것은 인간이 맺고 있는 모든 관계를 규율하는 규범적 표상이 되며 관계 안에 있는 인간의 권리를 뒷받침하는 근거가 된다. 안병무는 하느님의 주권에 대한 역사적 표현으로서의 '공' 개념이 신학적 의미에서 인권의 근거가 된다는 것을 분명하게 주장하였다.[16] 이미 앞에서 살펴본 바와 같이 '공' 개념은 기본적으로 하느님의 창조 질서에 근거한다. 하늘도 땅도, 그 위의 인간 그리고 물질이 모두 하느님에게 속해 있다는 것, 하느님의 주권 아래 있다는 것이 '공'의 의미이다.

이미 창조 이야기 가운데 등장하는 '하느님의 형상'을 인권의 대전제로 제시한 바 있는[17] 안병무의 입장에서 인권의 근거로서 '공' 개념을 제시한 것은 새로울 것이 없어 보임에도 불구하고 그 개념을 새삼스러운 근거로 제시하고 있는 것은 그 나름의 의도성을 띠고 있다. 우선 그것은 신권을 강조함으로써 인권을 배제한 과거 기독교 역사에 대한 반성을 함축하는 동시에 인권의 불가양도성과 근원적인 보편성을 강조하려는 의도를 지니고 있다. 또한 동시에 당대 현실에서 인권유린의 심각성을 지적하려는 의도를 지닌다.

안병무는 "'공'을 사유화한 데서 인권유린이 시작"되었다고 단언한다.[18] 하느님의 것으로, 곧 공적인 것으로 보존되어야 할 모든 것들이 사

---

16 안병무, 「인권에 대한 신학적 조명」, 『민중 사건 속의 그리스도』, 한국신학연구소, 1989, 186.
17 같은 글, 181.
18 같은 글, 187.

유화되고, 이로부터 사적인 소유 여부에 따라 지배자와 피지배자, 고용자와 피고용자가 생겨 인권유린이 '합법화'되기 시작했다. 이것은 하느님의 창조 질서에서 볼 때 전혀 가당치 않은 인권유린의 현실이 마치 자연적 질서이거나 불가피한 사태인 것처럼 정당화되는 현실을 근본적으로 문제시하고 있다.

안병무는 기본적으로 민중들이 '죄인'으로 낙인찍히는 현실, 곧 민중들이 인권보호의 울타리 밖으로 내몰리는 현실이 현존하는 체제로부터 비롯되고, 그 체제는 민중을 죄인으로 배제하는 논리를 통해 스스로를 더욱 강화시키고 있다고 본다.[19] 안병무는 국가지상주의 및 법률만능주의에 대해 그것이 인권유린을 야기한다는 점에서 일관되게 비판하였고,[20] 국가권력의 합법성이 곧 인권을 옹호하는 기준이 될 수 없다는 것을 명확히 하였다. 예컨대 마르틴 루터 킹 목사의 흑인 인권옹호 운동이 당대의 법률에 비추어 '합법적'일 수 없었다는 점을 지적하는 한편 백인 기득권의 보호가 인권보호로 혼용되고 있는 현실을 문제시한 점을 주목한다.[21] 여기에서 안병무가 인권의 근거로서 '공' 개념을 제시한 의도가 더욱 분명하게 드러난다. '공' 개념은 기본적으로 현존하는 체제 내지는 국가권력의 합법성을 뛰어넘는 신학적 인권옹호의 정당성의 근거로 제시한 것이다. 특별히 '공'의 사유화에서부터 인권유린이 시작되었다는 진단은, '공'의 사유화를 보장하는 체제에 대한 비판을 겨냥하는 동시에 사유화의 욕망으로 그 체제의 정당성을 승인하는 사람들의 일체의 태도에 대한 비판을 겨냥하고 있다고 할 수 있다. 바로 그 점에서 안병무가 제시

---

19   안병무,「죄와 체제」,『민중신학 이야기』, 한국신학연구소, 1987, 186-208.
20   안병무,「그리스도교와 국가」,『역사 앞에 민중과 더불어』, 한길사, 1986, 180 이하.
21   안병무,「인권에 대한 신학적 조명」, 185.

한 '공의 사유화' 논거는 인권 논의의 지평을 '국가 대 국민'의 차원에서 '국민 대 비국민'의 차원으로 전화시킬 수 있는 실마리 또한 함축하고 있다.²²

1980년대 중반 이후 민중운동이 무르익어 가는 동안 그 운동과의 깊은 교감 가운데 새삼 제시한 '공'의 개념과 인권의 상관성을 밝힘으로써, 안병무는 이전까지 논의해 왔던 인권의 신학적 기초를 더욱 탄탄히 함과 동시에 오늘 우리가 신학적 차원에서 인권을 논의할 때 참조하여야 할 중요한 거점을 예비해 준 셈이다.

촛불의 열망 그러나 여전히 과제로 남는 '공'의 의미

안병무는 공公의 사상을 펼치면서 그것을 구체화할 수 있는 경제제도 및 정치제도 또는 여타의 사회제도에 대한 구체적 청사진을 제시하지는 않았다. 그러나 하느님 나라의 구체화이자 동시에 민중들의 염원의 집약적 표현으로 '공'公의 의미를 구현하는 과제는 현저하게 공적인 것의 소멸화 현상이 강화되고 있는 오늘의 현실에서 매우 중요한 영감의 원천이 되고 있다. 공적인 것을 회복하는 것은 여전히 오늘 우리 현실에서 매우 절실한 과제가 되고 있다.

촛불혁명 이후 한국 사회는 민주주의와 인권의 신장에 대한 높은 기대를 안고 있으며, 눈에 띄는 성과 또한 나타나고 있다. 가장 두드러진 변화를 꼽는다면 역시 남북간 평화체제 확립의 가능성이 가시권 안에 들어

---

22 김진호, 「한국 그리스도교 인권 담론과 신학적 성찰 – 안병무의 신학을 중심으로」, 『종교문화비평』 12, 2007. 9.

왔다는 점이다. 그 성과는 대통령의 의지와 외교적 협상 능력의 결과로 그 의의가 협소하게 평가될 일이 아니다. 촛불의 열망은 민주주의와 인권을 실질적으로 제약해 온 분단체제를 넘어설 것을 포함하고 있었고, 그 열망을 배경으로 새로운 정부가 탄생하였기에 그 놀라운 성과를 보게 된 것이다. 한반도에서 평화체제가 확고하게 정착된다면 민주주의와 인권을 제약하는 구실이 되어 왔던 중요한 한 요인이 제거되는 만큼 그 진전이 이뤄질 것이다.

그러나 여전히 한국 사회는 과거의 적폐를 청산하고 국가적 차원에서 공공성을 확립해야 하는 과제를 안고 있다. 현대 민주주의의 근간인 삼권분립의 법치주의 원칙마저 무너뜨릴 만큼 심각한 양상을 띤 권력의 남용을 제어할 수 있는 규범과 제도의 확립이 요청되고 있다. 1987년 민주항쟁의 결과로 탄생한 이른바 87년 체제는 절차적 민주주의의 측면에서 진일보한 것이 사실이지만, 실질적 민주주의를 정착시키는 데에는 한계를 노정하고 있다. 따라서 집중된 권력을 분산 견제하는 가운데 평범한 사람들의 기본권을 강화할 수 있는 규범과 제도의 확립은 지금 한국 사회의 중요 과제로 제기되고 있다.

공적인 것을 소멸시켜 나가는 가장 중요한 주범으로서 신자유주의적 경제질서의 폐해를 극복하는 것은 이 시대 가장 절실한 과제 가운데 하나이다. 한국 사회에서는 오래전부터 경제민주화의 과제가 제기되었지만 여전히 그 실효적 성과는 기대할 수 없는 상황이다. 경제민주화란 사실상 '공' 사상이 의도하는 것과 같은 사유제도 자체를 근본적으로 문제시하는 급진적 대안이 아니다. 그저 자본주의적 경제질서가 존속하는 조건 안에서 여러 경제 주체들 간, 특히 노사 간의 불균등을 시정하여 균형을 맞춤으로써 경제적 차원에서 공공성을 강화하려는 취지를 지니고 있을 뿐이다. 그나마 한국 사회에서는 그 실현이 지체되고 있다. 전반적인 노동권의 제약, 비정규직의 양산과 노동자들의 생존권의 위기는 반드시 극복해야 할 과제이다. 촛불의 염원으로 등장한 현 정부하에서도 그 과제는 안타깝게도 이렇다 할 성과를 내지 못하고 있는 실정이다.

국가적 차원에서 공공성을 회복하는 것만이 오늘 한국 사회의 과제 전부는 아니다. 오늘 한국 사회에는 '국민'과 '비국민'을 나누는 차별과 혐오의 논리가 만연해 있다. 오랫동안 그 논리는 반공주의를 중심으로 하였다. '빨갱이' 또는 '종북주의자'라는 딱지가 붙는 순간 모든 권리가 박탈되어도 상관없다는 생각이 마치 상식처럼 통용되었다. 오죽하면 '이면 헌법'이 존재한다고까지 해야 할까? 분단체제가 위력을 잃고 평화체제가 가시권 안에 들어온 이즈음 그 차별과 배제의 논리는 다른 형태로 등장하고 있다. 소수자들, 특히 성소수자와 난민 그리고 이주민을 향한 혐오가 날로 격화되어 가고 있다. 유감스럽게도 그와 같은 배제와 혐오의 논리가 기독교 신앙으로 정당화되고 있다.

"하늘도 땅도 공이다!" 바로 그 '공'의 의미를 다시금 환기하는 것은 바로 그와 같은 오늘 우리의 현실 때문이다.

| 참고 문헌 |

강원돈, 「심원 안병무 선생의 윤리사상」, 『신학사상』 139, 2007 겨울.
김진호, 「한국 그리스도교 인권 담론과 신학적 성찰 - 안병무의 신학을 중심으로」, 『종교문화비평』 12, 2007. 9.
안병무, 「하늘도 땅도 공이다」, 『신학사상』 53, 1986 여름.
———, 「그리스도교와 국가」, 『역사 앞에 민중과 더불어』, 한길사, 1986.

──, 「예수운동과 物」, 『신학사상』 62, 1988 가을.

──, 「인권에 대한 신학적 조명」, 『민중 사건 속의 그리스도』, 한국신학연구소, 1989.

──, 『민중 사건 속의 그리스도』, 한국신학연구소, 1989.

──, 『갈릴래아의 예수 – 예수의 민중운동』, 한국신학연구소, 1990

──, 「한국 사회와 기독교 대학의 방향」(1967), 『한국 민족운동과 통일』, 한국신학연구소, 2001.

최형묵, 「안병무의 인권사상」, 『신학사상』 160, 2013 봄.

3

논란의 중심 민중 메시아

이상철

Intro: 별이 빛나는 밤에 … 메시아를 떠올리다

　헐리우드 영화「딥 임펙트」Deep Impact(1998)는 지구와 혜성이 충돌하게 되는 상황을 다룬 영화이다. 정체불명의 혜성이 지구로 점점 다가오자 우주선 메시아호가 폭파의 임무를 띠고 혜성을 향해 출발한다. 인류 구원의 사명을 품고 출격하는 우주선의 이름을 메시아호라 칭하고 그것을 미국으로 치환하는 헐리우드의 방식은 전 세계를 상대로 한 미국식 패권주의의 전형이라 할 만하다. 하지만 헐리우드가 지닌 조악한 영화 문법에 대한 비판이 이 글의 목적은 아니다. 관객들은 우주로부터 중계되는 메시아호의 활약상을 손에 땀을 쥐며 지켜본다. 그런데 문제가 발생한다. 20

초의 공백이다. 지구와 혜성 사이의 거리로 인해 메시아호의 활약이 스크린 상에서는 20초 후에 나타난다는 사실이다. 그 20초 사이에 우리는 메시아호에서 무엇이 일어났는지 알지 못한다.

흔히 별에 대한 이야기를 할 때, 지금 우리 눈에 보이는 저 별이 현재는 있는지 없는지 아무도 모른다고 하지 않는가. 실제로 북극성은 지구에서 8백 광년 떨어져 있다. 지금 우리가 보고 있는 북극성은 8백 년 전 북극성인 것이다. 이런 이야기를 밤하늘의 별을 보며 했던 기억 한 번쯤은 다 있지 않나. 시간이란 과거로부터 와서 현재를 지나 미래를 향해 달려간다지만, 이런 시간의 연쇄와 흐름, 혹은 그 시간이 지니는 의미가 내게로 다가오는 방식은 항상 과거로부터 사후적으로 구성된다. 과거의 사건이 불현듯 출몰하여 현실을 뒤엉키게 하고, 과거의 기억이 갑자기 등장하여 현재의 진실을 역전시키는 경우를 우리는 왕왕 경험하거나 목격한다. 어쩌면 인간이 확실하게 발언할 수 있는 것은 과거가 아닐까 싶다. 현재는 그것을 누릴 여유도 없이 혹 지나가 버리고, 미래는 아직 오지 않는 텅 빈 그릇이기 때문이다. 그러므로 역사란 불분명한 미래가 현재를 견인하는 것이 아니다. 오히려 역사는 각자에게 다양한 의미로 존재했던 과거가 각각의 현재와 미래를 지배하고 있는 것은 아닐는지.

나는 영화 「딥 임펙트」를 통해 메시아가 도래하는 방식에 대해 다시 생각하게 되었다. 메시아(호)에서부터 전해지는 메시지는 미래로부터 오지 않고 20초 뒤에서 온다. 미래로부터 도래하는 메시아가 아니라, 과거로부터 도래하는 메시아! 이것이 민중 메시아론에 내포된 숨겨진 비밀 아닐까.

'민중 메시아'를 둘러싼 논란, 변증 그리고 상상

그리스도교 전통에서 메시아주의는 미래의 어느 막연한 시점에서 현실의 절망적 공간 안으로 귀환하는 한 슈퍼스타를 기다리는 열망이었다고 할 수 있다. 메시아적 대망은 현실의 고통과 환난을 견디게 하는 종교적 위안이자, 미래를 대망하는 종교적 비전의 역할을 수행해 왔다. 그(녀)의 재림으로 인해 체제의 압제로부터 비롯되는 이 땅에서의 고통과 억울함, 분노와 절망은 일거에 사라질 것이다. 그러니 "이 땅의 민중들이여, 조금만 더 참고 견디라! 이제 곧 그분이 오신다!" 이것이 메시아주의를 바라보는 범박한 정의이자 주술이라고 한다면 불손한 발언일까?

하지만 유감스럽게도 역사에서 전개되었던 메시아주의의 현실은 배제와 차별, 적대와 응징의 메커니즘을 양산하면서 비극적 메시아 현상학으로 나타났다. 현실의 역사 가운데 전개되었던 메시아적인 열망과 환상은 그것 이외의 것들을 끊임없이 타자화시키는 배제의 메커니즘을 낳았고 폭력을 정당화시켰다. 초대교회 때부터 있어 왔던 각종 이단 논쟁, 십자군전쟁, 마녀사냥, 선교와 식민주의, 원주민 학살, 인종주의, 제국주의적 침략 과정에서 그리스도교의 이름으로 수행된 침략과 학살, 타 종교 배제와 억압, 전통문화의 파괴, 근래에 있었던 '테러와의 전쟁'까지, 시대와 이유를 떠나서 폭력과 혐오의 이면에는 서구 열강의 음모를 메시아적 환상으로 등치시키고 메시아주의 이외의 것은 모두 악으로 규정하는 배제의 메커니즘이 깔려 있다. 이러한 메시아주의 안에 깃든 광신성을 감지했던 데리다는 "메시아주의 없는 메시아적인 것"(the meesianic without messianism)¹이라는 다소 과한 표현을 동원하면서 전통적 메시아주의를 향한 적대를 선언한 바 있다.

민중신학에서 말하는 민중 메시아는 서구 메시아주의의 입장에서 보면 그 위상이 파격적이고 독특하다. 역사적 예수가 성취했던 유일회적 그리스도 사건을 예수라는 어느 한 슈퍼스타의 일인 무용담으로 가두지 않고, 예수와 더불어 함께한 민중(오클로스)까지를 포함한 사건으로 취급했다는 점에서 그렇다. 그리고 그것은 유일회적인 화석화된 유물로 끝나는 것이 아니라 역사의 고비마다 민중의 함성과 저항을 통해 되살아나 지금까지 면면히 이어지는 메시아 사건으로 부활한다. 이런 이유로 민중신학의 메시아론은 주체의 역동과 시대적 사명이 강조되었던 시기에 진보 기독교 진영은 물론, 인문─사회과학에 몸담고 있었던 많은 양심적 지식인들에게 당대를 해석하는 중요한 해석학적, 실천적 동력이었다.

그러나 민중 메시아론은 민중신학을 비판하는 이들에게는 가장 문제적인 이슈였다. 민중이 어떻게 스스로 자기를 구원할 수 있다는 말인가. 죄 많은 인간은 오직 하느님의 섭리와 은총, 자비와 긍휼에 의해 구원으로 인도되는 피조물 아닌가. 그런데 어떻게 민중이 메시아가 될 수 있다는 거지? 민중 메시아에 대한 비판과 논란의 중심에는 독일의 신학자 위르겐 몰트만이 있었다.² 그는 민중신학이 지녔던 신학적, 시대적 메시지에 대해 다른 서구의 신학자들보다는 매우 우호적이었다. 하지만 몰트만 역시 민중 메시아론만큼은 받아들이지 못했다. 안병무는 이러한 몰트만의 비판에 대해 "민중을 모르면 예수를 모르고 예수를 모르면 민중을

---

1 Jacques Derrida, *Specters of Marx*, New York: Routledge, 1994, 210-211.

2 Jürgen Moltmann, "Minjung Theology for the ruling classes", *Experiences in Theology: Ways and Forms of Christian Theolgy*, Minneapolis: Fortress Press, 2000, 249-267 참조.

모른다"고 반박하면서, 예수, 그리스도, 메시아 등을 종교적인 언어와 도그마로 한정하는 것을 거부한다. 안병무는 현존의 그리스도, 즉 메시아가 오늘 이 시대에 어떻게 나타나는가에 주목하면서 그것은 민중 사건을 통해 출현한다고 말한다.[3]

'민중이 메시아다'라는 고백은 황망한 삶을 살아야만 했던(/하는) 민초들이 본인들의 삶의 자리에서 외쳤던(/외치는) 절박한 소리다. 안병무가 처음 '민중 메시아' 발언을 했을 때 그것은 전통 신학에 대한 반박이나 평신도의 신앙을 흔들기 위함이 아니었다. 고난의 시간을 지나오고 지금도 여전히 고통의 가운데 있는 민중들이 인식한 하느님이 그에게는 교리와 신조 안에만 갇혀 있는 그런 신일 수 없었다. 민중이 메시아라는 말은 고난의 역사를 뚫고 온 민중들이 하느님의 구원 활동을 사후적으로 파악하면서 획득한 실존적 고백이라 할 수 있다. 하느님의 구원 행위를 역사 속에서 일어났던 민중의 자기초월적 행위와 언어로 파악하려고 했던 것이 민중 메시아라는 혁명적인 사유가 나오게 된 이유다.

민중신학자들은 말도 많고 탈도 많았던 민중 메시아를 둘러싼 논란에 대해 많은 변증을 시도했다. 이를 위해서는 1970년대와 80년대 한국 사회를 지배했던 민중담론이 민중신학이라는 신학적 언어 안으로 용해되어 편입해 들어오던 무렵의 풍경에 대한 묘사도 필요했고, 민중 메시아를 공표할 수 있게끔 했던 민중신학의 해석학에 대해서도 논해야 했다. 안병무의 '사건' 개념과 서남동의 '합류'가 민중 메시아를 유의미하게 설명할 수 있는 용어들일 텐데, 양자는 역사적 예수 사건과 현실의 민중 봉기를 따로 분리시키지 않는 선택을 감행하였다. 김희헌은 이를 '이원론적

---

3   안병무, 『민중신학이야기』, 한국신학연구소, 1990, 33-35.

이신론'에서 '관계론적인 범재신론'이라는 말로 설명하면서 민중 메시아가 가능했던 이유가 민중신학 안에 내포된 '관계론적인 세계관' 때문이었다고 주장한다.[4]

이렇듯 민중 메시아를 둘러싼 논쟁은 이전에도 있었고 앞으로도 민중신학을 이야기할 때 지속적으로 설명이 필요한 부분이다. 나는 이 글에서 민중 메시아에 대한 기존의 입장을 다시 정리하고, 그간의 논쟁과 민중신학의 재반박에 대한 내용을 전개하지는 않을 것이다. 대신 현대철학자들의 메시아 담론과 민중 메시아 사이 상관성을 거론하고자 한다. 본서의 제목은 『민중신학, 고통의 시대를 읽다』이다. 민중신학이 동시대의 담론과 조우하면서 어떻게 새로운 영역을 확보할 수 있을지를 도모하는 것이 책의 목적이라고 할 때, 현대철학자들의 메시아 담론은 민중 메시아에 대한 함의를 놓고 골몰하는 우리들에게 새로운 지평을 보여 줄 수 있으리라는 기대가 내게는 있다.

1990년 현실사회주의의 실패 이후 자본의 무한 질주는 거침이 없어 보였다. 하지만 그것은 2001년 9·11 테러를 통해서, 2008년 미국을 강타한 서브프라임 모기지 사태를 거치면서 문제점들을 하나씩 노출하기 시작한다. 신자유주의가 갖는 모순들, 즉 체제는 숨기려 하지만 감출 수 없는 틈과 균열이 더 이상 은폐가 안 되고 드러나기 시작한 것이다. 이는 그동안 움츠려 있었던 진보 진영으로 하여금 변혁에 대한 꿈을 다시 한 번 도모하게 하는 요인이 되고 있다.

그런데 이 대목에서 우리가 주목해야 할 사항이 있다. 맑스의 세례를 받은 진보적 좌파 지식인들 사이에서 벌어지는 신학 논쟁이 근래에 뜨거

---

4 김희헌, 『민중신학과 범재신론: 민중신학과 과정신학의 대화』, 너의오월, 2014, 65.

운 쟁점으로 떠오르고 있다는 것이다. 우리로 따지면 빨갱이들이 기독교로부터 변혁을 위한 상상을 끌어오고 있는 셈이다. 특이한 것은 그들의 논의 주제가 메시아라는 점이다. 왜, 무엇 때문에 맑스주의자들이 메시아를 소환하는 것일까? 이 글은 전 시대와는 다른 양상으로 전개되는 현대 좌파 사상가들의 메시아 논의 중 특별히 발터 벤야민과 데리다의 메시아론에 주목하였다. 그것이 어떻게 민중 메시아의 신학적 상상력과 조우할 수 있을지 추적해 보기로 하자.

발터 벤야민의 메시아, '희미한 메시아적인 힘'

현대 좌파 철학자들 가운데 신학적 상상력으로부터 혁명의 기운을 취하려는 인물들은 대략 데리다, 바디우, 아감벤, 타우베스, 지젝, 이글턴 같은 인물들이라 할 수 있을 텐데, 이들보다 앞서서 20세기 초반에 벌써 유물론적인 신학, 혹은 유물론자들의 신학을 언급한 사상가가 있었으니 그가 바로 발터 벤야민Walter Benjamin(1892~1940)이다. 벤야민이 활동하던 20세기 초반은 제국주의와 자본주의, 그리고 그들의 광기로 자행된 세계대전이 창궐하던 때였다. 이러한 시기에 벤야민은 유대교와 그리스도교에서 공히 취급되는 메시아 담론을 유물론적 상상력과 결합하여 혁명을 위한 정치술로 제안하였다.

벤야민은 유명한 소논문 『역사철학테제』에서 신학과 '사적 유물론'(historical materialism)의 결합을 다음과 같은 비유로 설명하고 있다. 난쟁이 꼽추로 그려진 숨어 있는 신은 메시아, 혹은 유토피아에 대한 열망으로 상징된다. 우리의 상상 속에서 빛나는 메시아의 모습, 혹은 지난 역사에서 유토피아 건설을 가열차게 주장했던 혁명 전사들의 늠름한 모습에 비하면 난쟁이 꼽추로 묘사된 숨어 있는 신은 우리를 당혹스럽게 한다. 이렇듯 벤야민이 말하는 메시아론은 기존 메시아론과는 다른 느낌을 우리들에게 선사한다. 거기에는 벤야민 나름대로의 계산이 깔려 있다.

역사의 발전 과정에서 인류는 많은 유토피아 담론을 경험하였다. 그리고 유토피아를 꿈꾸었던 다수의 실험들이 디스토피아로 변했던 역사를 우리는 또한 기억한다. 우파 유토피아의 대표적 케이스가 나치일 것이고, 좌파 유토피아의 실패는 스탈린으로 상징되는 교조주의적 공산주의가 아닐까 싶다. 기독교의 유토피아적 열망이 불러일으켰던 만행에 대해 이 자리에서 일일이 열거하고 싶지는 않다. 십자군전쟁, 종교개혁에 이은 각종 종교전쟁들, 서구 열강의 식민지 개척 과정에서 종교의 이름으로 벌어진 만행들은 모두 유토피아를 내걸고 진행된 디스토피아 역사였다.

이러한 역사적 교훈을 통해 다시 한번 깨닫는 것은 유토피아는 말 그대로 '없는 세상' 혹은 '도래하지 않는 세상'이라는 점이다. 하지만 유토피아는 있어야 하고 도래해야 한다. 유토피아에 대한 환상과 기대 그리고 욕망이 없었다면 어떻게 인류가 진보를 거듭해 왔겠는가. 이렇듯 유토피아와 디스토피아는 서로 짝패인 셈이다. 존재하면서 부재하는, 부재하면서 존재해야만 하는 운명 속에서 우리는 메시아를 어떻게 이해해야 하고, 유토피아를 어떻게 취급해야 하는 것일까. 벤야민의 『역사철학테제』는 이러한 문제의식에서 시작되었고, 그것이 유물론자의 신학을 태동하게 만들었다.

벤야민은 기존의 유토피아 이론과 메시아에 대한 믿음에 의심의 해석학을 들이댄다. 역사를 목적론적으로 생각할 때에는 사건들을 수미일관하게 구성할 수 있지만, 벤야민은 이와는 달리 사건이란 의미의 계열로

낄 수 있는 것이 아니라고 주장한다. 벤야민에게 구원의 때는 미래의 어느 한 지점으로부터 도래하는 것이 아니라, '희미한 메시아적인 힘'으로부터 기인한다.[5] 그 시간은 현재를 충만케 하는 시간(Jetztzeit)이다(같은 책, 261). 벤야민이 논란의 중심이 되었던 이유는 이런 시간관 때문이다.

벤야민의 시간의식은 변증법적 시간관과 다르다. 그는 "희미한 메시아적 힘"과 "현재 시간"(Jetztzeit)을 이야기하면서 기존의 변증법적 시간관에 대해서, 더 나아가 미래에서 기인하는 메시아의 도래에 대해 회의적인 시선을 보낸다. 그가 말하는 '희미한 메시아적 힘'이란 지나간 과거의 역사적 흔적을 통해 현실의 변혁을 꿈꾸게 하는 기제다. 그러나 그것은 기존의 메시아관처럼 뚜렷한 목적론적 역사의식에 젖어 있지는 않다. 그것을 벤야민은 "역사의 개방성으로의 도약"(같은 책, 261)이라 표현하였다.

유물론자는 그런 비상을 꿈꾸는 자들이다. 그들은 지난 시절 발생했던 실패와 좌절을 역사의 패배라 인정하지 않는다. 그것들은 상처와 상흔으로 남아 우리 삶의 구석구석에 파편이 되어 박혀 있지만 부활할 것이다. 다시 되살아나 지금을 주도하고 현실을 역전시킬 것이다. 이것이 벤야민이 말하는 역사적 유물론자들이 지니는 미래에 대한 전망과 삶의 태도이다.

하지만 이 대목에서 벤야민은 다시 한번 논리를 비튼다. 지금까지 의심의 대상이 되어 왔던 유토피아는 결코 폐기되어서는 안 된다는 것이다. 그것을 벤야민은 다음과 같은 비유로 설명하고 있다. 체스게임 판 앞에 터키풍의 의상을 입고 파이프를 물고 있는 인형이 앉아 있다. 이 인형은 게임을 매번 승리로 이끈다. 좀 더 그림을 살펴보면 인형의 배후에는 게

---

5 Walter Benjamin, "Theses on the Philosophy of History", *Illuminations*, with an introduction by Hannah Arendt, New York: Schocken Books, 1968, 254.

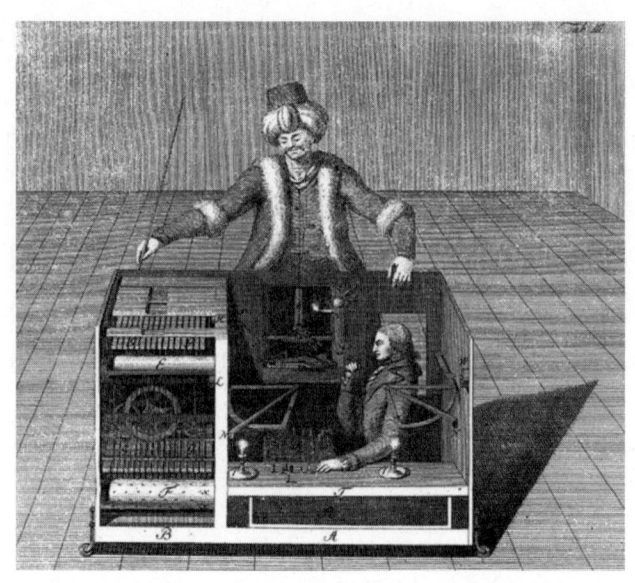

임의 명수인 난쟁이 꼽추가 있고, 그 둘은 줄로 연결되어 있는 것을 알아차릴 수 있다. 벤야민은 인형을 사적 유물론으로, 체스의 명수인 꼽추를 신학으로 비유한 후에, 신학과 사적 유물론이 제휴하면 "그 누구와도 한 판 싸움을 벌일 수 있다"(같은 책, 253)고 말한다.

벤야민의 발언은 포스트-맑시즘Post-Marxism이 걸어가야 할 바에 대한 아포리즘 같은 역할을 하였다. 혁명이 더 이상 번지지 않고 중단된 상황 속에서 맑스주의자들에게 혁명이란 인간의 하부구조뿐 아니라 그동안 혁명의 요소에서 도외시되어 왔던 인간의 상부구조, 즉 정신, 신화, 무의식 그리고 종교적 믿음으로까지 영역을 확대해야 한다고 벤야민은 조언한다. 그의 작업은 현대의 유물론자들로 하여금 현실의 문제를 돌파하는 데 신학적 상상력을 요청할 수 있도록 하는 전기를 마련하였다.

지젝은 벤야민의 의중을 관통하면서 유물론의 특징을 다음과 같이 정리한다. "이 유물론적 전통은 매우 독특한데, 그것은 우리가 우주를 지배하는 것이 아니라 예기치 않게 전개되는 운명에 완전히 내맡겨진 작은 존재에 불과하다는 겸손한 자각과 우리 스스로 우리 삶을 개척해 나간다는 무거운 책임감을 기쁘게 받아들이는 것이 결합된 것이기 때문이다."[6] 인간이 아무리 뛰어나도 우주적 차원에서 보자면 하나의 티끌에 지나지 않으므로 '절대 겸허'의 마음을 가지라는 메시지와 인간이 비록 보잘것없어 보이지만 거기에는 태초부터 있던 우주 전체의 에너지가 응축되어 있으므로 이제부터는 세상을 향해 '절대 용기'의 마음을 가지고 쫄지 말고 나아가라는 메시지는 종교적 깨달음의 양대 축이라 할 수 있다. 지젝의 문장을 접하면서 어느 유명 신학자의 테제를 접하고 있는 듯한 착각을 경험했다. 유물론과 신학의 공명이 이루어지고 있는 셈이다.

벤야민과 지젝에 기대어 내 나름대로 민중신학을 정의한다면 민중신학이란 하느님 나라를 향해 가는 점근선이라 말하고 싶다. 수학에서 어떤 목표를 향해 무수히 무한히 접근하지만 닿지 않는 선을 점근선이라고 한다지. 선은 점으로 구성되어 있다. 수많은 점을 이어야 선이 되듯이 메시아는 역사의 고비 고비마다 점으로 존재했던 민중들을 잇는 무엇 아닐까. 이는 기존의 진보적 상상과는 다르다. 맑스는 '혁명이 세계사의 기관차'라 말했다지만 일방적으로 이루어지는 진보에 대한 신화적 믿음에 민중 메시아는 동의하지 않는다. 과거로부터 이어져 왔던 민중들의 투쟁의 역사를 복기하고, 실패한 기억과 상처를 보듬으며 민중은 하느님 나라의 주역으로 스스로를 고양시킨다. 초대교회부터 있었던 하느님 나라 운동의 역사가 그것을 보증하고 있다.

시간이 지나면서 십자가 처형으로부터 도망가거나 회피했던 추종자

---

6 슬라보예 지젝, 『폭력이란 무엇인가』, 이현우 외 옮김, 난장이, 2011, 197.

들은 예수의 죽음에서 자신들이 자유롭지 못하다는 사실을 깨달았다. 그 절패의 감정과 오욕의 역사는 씻을 수 없는 트라우마로 남았다. '그때 내가 왜 그랬을까, 예수님이 십자가에서 울부짖고 있었을 때 내가 뭘하고 있었던 거지?' 이것이 바로 그들이 던졌던 외상적 기억의 내용이었다. 정신분석학은 모든 억압되었던 것은 귀환한다고 말한다. 어쩌면 성령강림 사건은 억압된 트라우마를 지우고 현실로 귀환하게 하여 다시는 그렇게 행동하지 않겠노라고 다짐하면서 용기를 주는 역할을 하지 않았을까. 실제로 그들은 변했다고 성서는 말한다.

예수의 추종자들은 다양한 민중해방의 운동에, 유대-로마 전쟁에서, 회당 시스템에서 축출당하는 위험을 감수하면서도, 지난 시절 예수의 죽음 앞에서 도망갔던 굴욕적인 삶을 살지 않았다. 자신들을 휘감는 고통 속에서도 예수의 고통을 계속 떠올리면서 그 순간을 견디며 예수를 전승하였다. 예수를 기억하면서 현실에서 자신들에게 닥치는 불의와 고난에 당당히 맞섰다. 이런 예수 전승의 활성화가 그때 그곳에서의 저항과 부활 사건을 가능하게 하였고, 화산맥처럼 이어져 지금 이곳에서 벌어지는 부정의와 폭력에 맞서는 메시아 사건을 가능하게 하였다.

데리다의 메시아, '메시아주의 없는 메시아적인 것'

발터 벤야민의 메시아에 대한 상상은 사회주의 멸망 이후, 즉 자본에 의한 전 지구적 지배가 완성된 이후 프랑스의 해체주의 철학자 자크 데리다에 의해 유령이 되어 되살아나 귀환한다. 1990년 현실사회주의가 무너지고 1992년에 후쿠야마가 자본주의의 전 지구적 승리를 선언한 『역사의 종말』이라는 책을 썼다. 그로부터 1년 후에 데리다의 가장 문제적인 저작이라 할 수 있는 『마르크스의 유령들』이 출판된다. 이 책을 기점으로 해서 전기 데리다와 후기 데리다를 나눈다. 전기 데리다는 주로 서구 형이상학에 대한 해체에 주력하면서 그에 대한 전략으로 언어, 기호, 텍스트에 대한 천착을 그 특징으로 한다면, 후기 데리다는 정치, 윤리, 법, 신학, 정의론 등 정치철학과 신학적인 부분으로까지 자신의 관심사를 확대하여 해체론을 적용하기에 이른다.

데리다의 '해체' 개념은 그의 사상 후반기에 다양한 형태로 변형되는데, 특별히 신학적으로 "메시아주의 없는 메시아적인 것"으로 표현되었다. 그리스도교 전통에서 메시아론을 언급할 때 그것은 현실 세계와의 혁명적 결렬 내지 극적 파국의 과정을 겪은 후에 도래하는(to-come) 상태 내지 상황을 전제로 하는 것이었다. 그런데 데리다가 말하는 '메시아적인 것'(the messianic)은 기존의 메시아론을 배제한다(without messianism).

우선 데리다의 '메시아적인 것'은 시간관부터가 종전 메시아론의 그것과 다르다. 데리다는 햄릿에 나오는 대사를 인용하면서, 메시아적 사건으로 인해 현재의 질서와 '시간이 탈구될 것'(time is out of joynt)이라고 예언하였다.[7] 본래 변증법적 시간관은 실패했던 쓰라린 과거를 안고 여전히 고단한 현재의 시간이지만 준비되어 있는 밝고 희망찬 미래를 향해 중단 없이 달려 나가는 낙관적인 세계관이다. 그런데 데리다가 "시간은 탈구될 것"을 이야기하면서 기존의 변증법적 시간관에 대해서, 더 나아가 미래에서 기인하는 메시아의 도래에 대해 회의적인 시선을 보내고 있는 것이다.

---

[7] Jacques Derrida, *Specters of Marx*, Translated from the French by Peggy Kamuf, New York: Routledge, 1994, 1.

데리다는 '메시아적인 것'을 텅 빈 기표로 남겨 두었다. 메시아주의(messianism)로 상징되는 중심이 꽉 찬 존재론적 확신이 역사의 진행 과정에서 수많은 사람들을 광기로 몰아넣었기 때문인데, 데리다는 이를 다음과 같이 설명하고 있다. "'메시아적인 것'의 지평은 어떠한 메시아주의에 의존하지 않는다. 그것은 어떠한 특정 계시도 따르지 않으며, 어떠한 아브라함적인 종교에도 속하지 않는다."[8]

그렇다면 데리다가 '메시아적인 것'을 텅 빈 기표로 남겨 둔 이유는 무엇일까? 나는 그것이 우리들에게 새로운 윤리에 대한 상상을 요청하는 데리다의 선물이라고 본다. 텅 빈 기표란 무의미한 말이 아니라 새로운 욕망과 비전과 혁명을 상상하고 추동하는 그것이다. 그렇다고 볼 때 텅 빈 기표로서 '메시아적인 것'은 무의미의 의미를 내장하고 있는 셈이다. 그것은 현재의 지배적인 시스템 속에서 틈과 균열의 역할을 담당할 것이고, 그 틈과 균열을 통해 도래하는 사건이 우리를 새로운 지점으로 인도할 것이다. 데리다는 이러한 의도를 갖고 우리들에게 새로운 윤리적 요청을 한다.

> 정의에 대한 불굴의 욕망은 이러한 기다림과 관련된다. 기다림이라는 것은 그 정의상 그 어떠한 것에 대해서도, 그 어떠한 지식, 의식, 예측, 프로그램으로도 확신할 수 없고 확신해서도 안 된다. 이러한 추상적 메시아성은 애당초 신앙의 경험, 믿음의 경험 또는 지식으로 환원 불가능한 신탁의 경험, 그리고 증언을 통해 타자와의 관계 일체를 '창설하는' 신뢰성의 경험에 속하는 것이다. 내가 법과 구분하고자 하는 이러한 정의만이 '메시아주의들'

---

8 Jacques Derrida, *Acts of Religion*, Edited by Anidjar, New York: Routledge, 2002, 56.

너머에서 단독성들을 보편화하는 문화, 그럼에도 불가능한 번역의 추상적 가능성이 그 안에서 예고될 수 있을 문화를 희망할 수 있게 한다.[9]

전통적인 메시아주의가 기실 헤겔적인 변증법의 포로에 불과하다면, 데리다에게 '메시아적인 것'이란 변증법을 넘어서는 진공의 상태, 혹은 그 가장자리에서 변증법을 조롱하면서 예측 불가능성 속으로 사라지는 것이다. 그것은 역사의 계기에서 스스로를 산종散種하다가 메시아적 계기를 불어넣고, 다시 체계에 갇히지 않고 사라지는 역사의 새로움을 겨냥한다. 데리다가 '메시아적인 것'을 언급하면서 '시간의 탈구'를 끌어들이는 이유가 바로 여기에 있다. '메시아적인 것'이란 메시아주의로 대표되는 신학적 도그마와 교리적 환상으로부터 벗어나는 것이고, 그것은 또한 피안의 세계에 대한 맹목적 황홀경으로부터도 탈구한다. '메시아적인 것'이란 나를 한곳에 정주하지 않게 하고, 나를 체제에 순응하지 않게 한다는 점에서 '메시아적인 것'이고, 기존의 체제와 시스템, 교리와 도그마에 종속되지 않는다는 점에서 메시아적이다.

회상해 보라, 메시아주의(messianism)로 상징되는 존재론적 확신이 역사의 진행 과정에서 얼마나 많은 사람들을 광기로 몰아넣었던가. 이런 이유로 데리다는 '메시아적인 것'(the messianic)을 그 누구도 정착할 수 없는 탈영토화된 공간으로 조성하고자 했던 것은 아닐는지. 만약 그렇다면 거기에는 다음과 같은 정치적, 윤리적 노림수가 깔려 있다고 봐야 옳다. 텅 빈 기표로서 '메시아적인 것'이 현재의 지배적인 시스템 속에서 틈과 균열의 역할을 담당할 수 있으리라는 믿음 말이다. 그 틈과 균열을 통해 도

---

[9] Ibid., 56-57.

래하는 사건이 현재를 지배하는 절망에 반하는 희망으로 우리를 인도할 것이다. 이 대목에서 '메시아적인 것'은 위험한 정치적, 윤리적 상상으로 전환되어 우리에게 다가온다. 그것이 데리다의 '메시아적인 것'이 지니는 윤리적 전환이고 정치적 전략이다. 바로 그 지점에서부터 우리의 혁명은 다시 사유되고 요청된다.

민중 메시아와 '앙겔루스 노부스'Angelus Novus(새로운 천사)

이 글에서 나는 민중 메시아론이 지니는 신학적 논란과 함의에 대한 언급을 하였고, 이어서 민중 메시아와 대화 가능한 발터 벤야민과 자크 데리다의 메시아론에 대해 논하였다. 민중 메시아와 벤야민과 데리다의 메시아 담론을 기존 기독론적인 관점에서 보면 심각한 난관에 봉착한다. 민중 메시아론은 하느님 나라를 향해 가는 민중들의 이야기이고 그 과정에서 신이 그들의 행진에 동참하면서 함께 그 여정을 만들어 간다는 점에서 전통 신학의 입장에서 보자면 파격적이다. 어떻게 이런 사유가 가능한가? 예수를 이천 년 전에 있었던 화석화된 인물로 이해하는 것이 아니라, 오늘의 사건으로 이해했기 때문이다.[10]

벤야민과 데리다의 메시아 담론은 민중 메시아론의 시간론과 사건론을 풍부하게 할 수 있는 이론적 여지를 제공한다. 우리는 결코 유토피아에 도달할 수 없고, 그러므로 굳이 메시아의 도래를 손꼽아 기다릴 필요도 없다. 메시아는 수미일관하게 흘러가는 시간의 계열을 따라 도래하

---

10   안병무, 『민중신학 이야기』, 25-26.

지 않는다. 메시아는 부재하지만 그럼에도 불구하고 희미한 메시아적인 흔적으로 유령처럼 우리 곁에 머문다. 메시아는 시간과 사건이 자아내는 의미의 계열로 엮이지 않고 정지된 어느 한 순간에 솟아오른다. 이러한 메시아를 둘러싼 아포리즘은 예수의 마지막 어록과도 겹친다. 예수가 니고데모를 향해 말했던 것처럼 (메시아는) 어디에서 와서 어디로 가는지 모르고(요한 3,8), 그날과 그때는 아무도 모른다(마태 25,13). 그날은 도적과도 같이 임한다(묵시 3,3). 그날이 바로 벤야민이 말했던 정지된 어느 한 순간이고, 데리다가 말하는 탈구되는 시간이며, 안병무는 이를 '화산맥'[11]으로 설명하려 했던 것 아닐까.

안병무와 벤야민과 데리다가 그렸던 메시아를 생각하는데 그림이 하나 떠올랐다. 파울 클레 Paul Klee(1879~1940)의 그림 「새로운 천사」(1920)다. 제1차 세계대전이 끝난 뒤 그려진 어딘지 모르게 어수룩하고 모자라게 보이는 이 그림을 통해 클레는 '새로운 천사'를 '파국의 천사'로 그렸다. 하느님의 복음을 전하던 과거의 날개 달린 천사가 아니라, 파국을 지켜볼 수밖에 없는 새로운 천사 말이다. 새로움이라는 말 안에 들어 있는 기대와 약속, 희망과 진보는 실상은 과거와 현재의 파국으로 되돌아왔다. 이 그림은 발터 벤야민의 아래 글 때문에 더욱 유명하다.

그림의 천사는 자기가 줄곧 보던 것들로부터 떠나려는 것 같다. 눈을 크게 뜨고 있고, 입은 벌어져 있으며, 날개는 펼쳐져 있다. 역사의 천사도 이런 모습일 게다. 그의 얼굴은 과거를 향하고 있다. 그는 온갖 난파된 잔해를 쌓아 올리며, 그의 발 앞에 내던져진 대참사를 목격한다. 천사는 거기 머물며 죽

---

11   안병무, 『민중신학 이야기』, 59.

은 자들을 깨우고 파괴하던 것들을 복구하고 싶다. 폭풍으로 날개를 접지도 못한 채, 그저 미래를 향해 날아가면서 쌓이는 과거에서 시선을 떼지 못한다. 우리가 진보라고 일컫는 것은 바로 이런 폭풍을 두고 하는 말이다.[12]

독자들은 하늘에 떠 있는 천사가 어떻게 보이는가. 하늘을 향해 수직으로 상승하는 것처럼 보이기도 하고, 그냥 하늘에 떠 있는 것 같기도 하고, 캔버스 밖으로 뛰쳐나올 것 같기도 하고, 캔버스 멀리 사라져 가는 것 같기도 하다. 벤야민은 천사가 비록 폭풍에 떠밀려 뒤로 날아가면서도 그것에 저항하듯 앞을 응시하는 것으로 해석한다.

벤야민은 『역사철학테제』에서 변증법적 역사관의 낙관적 사고에 대해 의심을 하면서 그들이 꿈꾸는 진보적 세상에 대해 딴지를 건다. 그 과정에서 클레의 그림 「새로운 천사」에 대한 해석을 『역사철학테제』 IX장에 배치시켰다. 벤야민은 진보와 낙관에 기대어 미래를 응시하는 천사가 아니라, 실패와 좌절을 거듭하고 있는 역사를 안타깝게 바라보는 천사를 '역사의 천사'(the angel of history)라 불렀다. '역사의 천사'는 폭풍우에 떠밀려 하늘을 향해 마지못해 올라가는 듯 보이나 정면으로 퍼붓는 바람에 굴하지 않고 두 눈을 똑바로 뜨고 여전히 지상을 바라보고 있다. 슬픔 많고 한 많은 이 땅에 대한 응시를 포기하지 않는 천사를 클레는 「새로운 천사」라 이름 지었고, 벤야민은 이를 진보 진영의 새로운 운동의 방향으로 설정하였던 것이다.

나는 「새로운 천사」가 오늘 이 시대에서 민중 메시아를 읽어 내는 유의미한 상징이라 말하고 싶다. 민중 메시아는 하느님 나라가 어느 한 몽

---

12 Walter Benjamin, "Theses on the Philosophy of History", *Illuminations*, with an introduction by Hannah Arendt, New York: Schocken Books, 1968, 257-258.

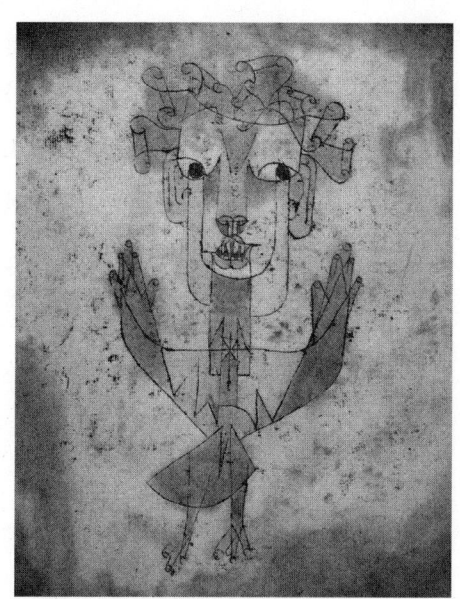

파울 클레, 「새로운 천사」

상가의 비전 속에 갇혀 존재하는 신기루가 아닌, 지금 현재 (혹은 먼 훗날까지) 투쟁하는 사람들의 집단적 기억 속에 흔적(trace)으로 존재하다 현현(epiphany)하는 것임을 안다. 이런 이유로 테리 이글턴도 다음과 같은 말을 남겼다. "내가 이해하는 바의 기독교 신앙에서 일차적인 것은 초월자인 하느님이 존재한다는 명제에 동의하느냐 않느냐의 문제가 아니라, 어둠과 고통과 혼란 속에 허덕이며 막다른 지경에 이르렀음에도 세상을 변화시키는 사랑에 대한 약속을 충실하게 믿고 지키는 인간들이 보여 주는 헌신이다."[13]

---

13 테리 이글턴, 『신을 옹호하다: 마르크스주의자의 무신론 비판』, 강주헌 옮김, 모멘토, 2010, 55.

천사는 바람에 떠밀려 하늘로 올라가면서도 창공을 바라보지 않고 이곳을 바라보는데, 이는 지금 여기서 벌어지고 있는 비참과 탄식, 폭력과 혐오에 맞서 싸우는 사람들을 기억하기 위함이다. 그(녀)가 바라보고 있는 지점은 4·3의 제주, 혹은 80년 광주일는지 모르겠다. 용산 참사가 벌어졌던 당시의 참혹한 목소리를, 4대강에서 울려 퍼졌던 절규를 천사는 망각하지 않으려고 애쓴다. 강정과 밀양과 성주의 아픔에 천사는 눈을 거두지 못하고, 세월호에서 죽어 간 우리 아이들의 영정을 가슴에 품고 천사는 바람에 밀려간다. 바로 이 지점이 민중 메시아가 발생하고 작동하는 지점이 아닐까.

그러므로 민중 메시아는 절대자인 신의 음성을 무조건적으로 수동적으로 따르지 않는다. 민중 메시아는 우리로 하여금 그동안 우리를 지탱케 했던 상징계의 법칙과 교리의 강제와 도그마의 환상을 버리게 한다. 그리고 현실에 존재하는 다양한 복수적 타자들이 일으키는 변혁의 사건들을 지지하는 사랑의 자리로 우리를 초대한다. 그 자리란 모든 개별적 존재가 지니는 차이와 다양성을 자본이라는 등가의 원칙으로 서열화한 세상이고, 그 자리란 생명에 대한 존엄이 무너진 디스토피아 세상이다. 더 구체적으로 그곳은 성의 차이로 인한 혐오가, 계급의 차이로 인한 소외가, 종교의 차이로 인한 적대가 넘치는 그곳이고, 인종과 문화의 차이로 인한 배제가 발생하는 이곳이다. 그 파국의 한가운데서 민중신학은 구원을 이야기하였고, 그것의 이름이 바로 민중 메시아였다.

| 참고 문헌 |

김희헌, 『민중신학과 범재신론: 민중신학과 과정신학의 대화』, 너의오월, 2014.
슬라보예 지젝, 『폭력이란 무엇인가』, 이현우 외 옮김, 난장이, 2011.
Jacques Derrida, *Acts of Religion*, Edited by Anidjar, Routledge, 2002.
─────, *Specters of Marx*, Translated from the French by Peggy Kamuf, Routledge, 1994.
Jürgen Moltmann, "Minjung Theology for the ruling classes", *Experiences in Theology: Ways and Forms of Christian Theolgy*, Fortress Press, 2000.
Walter Benjamin, "Theses on the Philosophy of History", *Illuminations*, with an introduction by Hannah Arendt, Schocken Books, 1968.

4 민중신학의 성서텍스트론

이영미

들어가는 말

'민중신학의 성서텍스트론'이란 주어진 글의 제목은 '민중신학'이라는 한 실체가 있어서 그 신학과 성서텍스트의 관계를 논의해 주기를 요청하는 듯하다. 그리고 성서=텍스트라는 전제가 깔려 있어 보인다. 어쩌면 제목이 던져 주는 질문의 답변은 간단하다. 즉 지금까지 민중신학은 그 신학의 성서적 기초를 마련하기 위해서, 성서 속의 민중의 실재와 민중해방 전통을 찾아 탐구하였다. 이때 성서는 텍스트라기보다 민중신학을 체계화하기 위한 보조 텍스트(참고 도서)이다. 이러한 성서관, 혹은 성서 이해는 교회 전통이 '성서'에 앞서서 '교리'를 전제로 그 교리의 정당성을 찾기 위해 성서를 증빙 자료로 사용하는 예와 별반 다르지 않다. 민영진이 "민중신학은 일종의 이론신학(적어도 성서신학은 아니고)인데 성서신학자로서 그 신학의 타당성 여부를 성서적으로 증명해 본다거나 그 신학적 주제들의 성서적 증빙구들을 제공하는 일을 한다는 인상을 받게 된다면 그것이야말로 성서신학이 교의학의 시녀로 다시 돌아가고 마는 것"[1]이라고 우려한 점도 같은 맥락에서 이해된다. 안병무 역시 기존의 성서 해석이 "콘텍스트에서 텍스트로, 가령 그리스도론(콘텍스트)을 성서(텍스트) 안에서 찾아 증명한다는 점을 지적하면, 교회라는 콘텍스트, 교리라는 콘텍스트에서 출발해서 그 눈을 가지고 성서텍스트로" 읽는 방식을 경계한다.[2]

그렇다면 민중신학이 성서텍스트를 그 신학의 근거를 증빙하는 자료로 사용하는 방식을 넘어서 성서텍스트의 역할과 기능을 어떻게 상정해야 하는 것인가? 이에 대한 답변은 민중신학의 성서텍스트 이해와 성서텍스트에 대한 민중신학적 성서 해석이란 두 영역으로 나누어 제시될 것이다. 성서학적 연구의 하나로서 민중신학적 성서 해석과 성서텍스트에 대한 논의는 민중 사건 현장에서 출발한 상황신학으로서의 민중신학의 성격에서 동떨어진 감이 있지만, 한국의 정치신학으로 시작된 지 40여 년이 지난 민중신학의 이론적 발전을 위해 필요한 작업이라고 본다. 이를 통해 민중신학이 그 신학의 틀을 정비하고 체계화하는 계기를 마련하여 논의의 지평을 넓혀 나갈 수 있기를 바란다.[3]

---

[1] 민영진, 「민중신학의 전승사적 위치와 평가」, 『한국 민중신학의 조명』, 크리스천아카데미 대화출판사, 1983, 23.

[2] 안병무, 『민중신학 이야기』, 한국신학연구소, 1987, 67.

[3] 신학을 성서신학, 이론신학, 역사신학, 실천신학의 네 영역으로 구분하는 전통은 서구 신학의 산물이지만 신학의 발전으로 그 내용이 방대하고 전문성이 높아진 현대 신학 조류에서 편의

민중신학의 성서텍스트 이해
― 서남동의 「민중의 신학: 두 이야기의 합류」와 성서텍스트

민중신학과 그 신학의 텍스트에 관한 논의는 『신학사상』 1975년 4월호에 실린 서남동의 「민중의 신학: 두 이야기의 합류」라는 논문에서 처음 구체적으로 이루어졌다. 서남동은 70년대에 들어와 성서의 민중해방 전통과 한국 역사 속에서 계승된 정치, 경제, 문화, 예술, 그것도 지배자 전통이 아닌 피지배자의 한국 민중 전통이 한국 선교 현장(현재의 민중 사건)에서 이루어진다고 본다. 한국 민중신학의 과제는 "기독교의 민중 전통과 한국의 민중 전통이 현재 한국 교회의 '신의 선교' 활동에서 합류되고 있는 것을 증언하는 것"[4]이다. 이와 같은 합류가 구체적으로 나타난 대표적 사례는 서울 평화시장의 전태일이며[5] 70년대 후반에는 시인 김지하에게서도 나타났다. 그의 가톨릭 신앙과 문예창작 활동이 합류되었던 것이다. 홍길동인지 전봉준인지 여하튼 한국의 민중 전통과 모세이든 예수님이든 여하튼 성서 속의 민중 전통이 실현된 것이다.[6] 이때 성서와 한국의 역사(전통)라는 두 이야기(텍스트)가 민중의 사회전기 속에서 합류한다는 점에서 공시적이다.

서남동은 특별히 성서의 이야기와 한국의 민담의 합류에 많은 관심을 기울인다. 그의 말을 직접 인용하면, "한국의 민중신학은 방법에 있어서 경제나 유물사관의 방법으로 사회문제를 분석하는 것을 참고로 하

적이고 필요한 구분으로 활용될 수 있다고 본다.
4   서남동, 『한국 역사 속의 기독교』, 159.
5   서남동, 『민중신학의 탐구』, 한길사, 1983, 223.
6   같은 책, 224.

긴 한다. 그러나 한국에서 민중신학을 특이하게 발전시킨 방법, 즉 세계의 새로운 신학에 공헌한다고 인정되는 방법은 민담"이다.[7] 민중신학의 신학적 근거가 되는 이 전통들은 하느님의 구원의 역사를 바로 이해하는데 '전거'가 되며,[8] 민중들의 민담과 성서의 이야기는 동등한 비중으로 받아들여진다.[9]

서남동은 먼저 성서 속의 '민중'을 찾는 탐구로 시작한다. 그에게 성서 속의 민중은 루가복음 14장 15절 이하(마태 22,1-10 참조)에서 잔치에 초대된 사람들, 즉 신체 불구자, 과부, 빈자, 고아, 노예살이하던 사람들이며, 이들은 믿음으로 약속된 새 나라에 들어가는 사람들이다. 성서에서 민중은 그리스도교 신앙이 약속한 하느님 나라의 주빈이며 담당자이다. 한편 구약에서의 민중의 실재는 당시 천민이나 유랑민을 지칭했던 합비루였던 히브리인들에게서 발견된다. 이들의 부르짖음에 응답한 하느님은 사회에서 억압받고 천대받는 억울한 사람들의 인권을 보호하며 그들을 역사의 앞길로 인도하신 분이다.[10]

다음으로 서남동은 사회사적 접근을 통해 성서의 역사적 핵을 찾아 민중 전통의 성서적 전거로 제시한다.[11] 그는 구약의 핵심을 출애굽과 이

---

[7] 같은 책, 225.
[8] 서남동, 「두 이야기의 합류」, NCC신학연구위원회 엮음, 『민중과 한국신학』, 한국신학연구소, 1982, 271.
[9] 서남동, 『민중신학의 탐구』, 225.
[10] 같은 책, 237. 서남동은 비록 논문에서 인용하고 있지는 않으나 노만 갓월드(Norman Gottwald)의 야웨의 부족들(The Tribes of YHWH)의 연구 결과들을 그대로 성서 해석에 적용한다. 갓월드의 사회과학적 분석이 민중신학의 신학 연구 방법론과도 상응하는 면이 있으므로 별 무리 없이 민중신학의 성서적 전거를 밝혀 주는 데 활용되고 있다.
[11] 그가 성서적 근거가 아니라 전거(reference)란 말을 사용하는 이유는 성서적 계시가 철학적 근본이 아니라 역사적 사건으로 이해되기 때문이다. 서남동이 성서의 민중 전통을 찾아가는 방식은 성서의 '중심적인 핵심 사상'이 있다고 전제하고 그 핵심 사상이 민중의 전통을 밝혀 준다

스라엘의 형성으로 보면서, "부족 연맹과 더불어 민주 체제가 있고, 그리고 약자를 보호하고 인권을 보호하는 계약 법전이 있다. 이것이 하느님의 계시인 것이다. 이 같은 사실에 입각한 것이 민중신학이다"[12]라고 주장한다. 그는 이스라엘-하느님 통치는 현대 정치 질서에 대한 비판의 척도가 되며, 이런 연구를 통하여 신앙의 출발이 무엇인지를 알게 된다고 역설한다.

서남동에게는 두 이야기(성서의 민중 전통과 한국의 민중해방 전통)가 동등한 비중을 지닌 것으로 간주되는데, 이 점은 한국의 역사와 전통을 배제한 채 성서와 교회 전통만을 중심에 놓고 신학화 작업을 하는 서구 중심적 전통 신학과 다르다. 그에게 있어서 '성서'는 시대와 공간을 초월한 전대미문의 일회적 계시를 묘사하는 문자가 아니라, 당대에 일어났던 하느님의 실제적인 구원 행동, 역사적 사건을 통한 구원 역사가 계시된 증언이다.[13] 인간을 구원하시려는 하느님의 역사적 계시는 성서 시대뿐 아니라 한국 역사와 현재의 삶에서도 계속되며, 민중신학은 이를 증언하는 과제를 가진다. 이런 점 때문에 안병무는 "서남동에게 (민중신학의) 전거는 성서와 함께, 한국 민중사, 교회사도 포함되지만 나의 전거는 성서뿐이에요"라고 말하면서 서남동과의 입장 차이를 밝힌다.[14]

서남동의 성서텍스트론 평가

서남동이 성서 속에서 '민중'의 실재를 찾아내고 하느님은 이들 민중

고 본다.
12 서남동, 같은 책, 240.
13 같은 책, 233.
14 안병무, 『민중신학 이야기』, 75.

의 삶에 응답하는 하느님으로 증언하는 점은 중요한 신학적 고찰이다. 그리고 민중신학의 성서적 전거로서 민중해방 전통을 사회사적 해석으로 들추어 소개하는 점도 적절하다. 서남동이 민담의 중요성을 강조하면서 사회사적 성서 연구와 더불어 성서 연구의 방법에서 문학 비평의 가능성을 열어 놓고 있는 점은 고무적이다. 그는 성서 안의 민담을 찾아 이에 대한 탈신학적 고찰을 하도록 제안한다. 탈신학화 작업은 성서 저자 혹은 편집자가 자신의 신학적 틀에 맞춰 민중의 민담을 재해석, 왜곡한 것을 다시 풀어 본래의 민중해방적 성격을 회복시키는 작업이다. 서남동 자신이 말한 탈신학화 작업은, 민중신학의 성서적 전거를 찾기 위해서는 민중의 실재나 민중해방 전통이 언급된 본문에 한정되지 않고, 반민중해방적 전통의 본문까지도 동일한 비평 방식으로 비판하고 한계를 지적하는 데로 나아가야 함을 뜻한다. 그러나 서남동의 사회사적 해석은 성서 속에서 민중해방 전통을 담은 본문만 취사선택하여 이루어진다.

무엇보다 서남동의 「두 이야기의 합류」는 텍스트의 개념을 좀 더 분명하게 명시하지 않음으로써 해석학적 과정에서 두 이야기와 민중 사건 현장의 관계를 모호한 채로 남겨 두었다. 서남동의 말을 다시 인용하면, "한국의 민중신학의 과제는 기독교의 민중 전통과 한국의 민중 전통이 현재 한국 교회의 '신의 선교' 활동에서 합류되고 있는 것을 증언하고 거기에 동참하고 그것을 신학적으로 해석하는 일이다." 내가 이해하기로는 서남동은 여기서 주 텍스트는 하느님의 계시 현장, 즉 민중 사건이며, 이 계시의 의미를 찾는 데 잣대 역할을 해 줄 참고 텍스트(참고 자료)가 성서의 민중 전통과 한국의 민중 전통이라고 주장하는 것으로 보인다. 안병무가 대담에서 "언젠가 어느 모임에서 서 목사는 '우리'가 텍스트지 왜 성서가 텍스트냐고 했어요"[15]라고 회상한 점도 나의 판단을 지지해 준다.

서남동의 본래적 의도와는 별개로 '두 이야기의 합류'는 합류되는 지점, 즉 현재의 민중 사건 혹은 개인의 삶이 주 텍스트이며, 여기에 합류되는 두 이야기 — 성서와 그가 처한 사회의 전통 — 는 보조 텍스트(참고 자료)이다. 세 개의 텍스트, 더 엄밀하게 말하면 하나의 텍스트와 두 개의 보조 텍스트는 각각의 콘텍스트(정황)에서 먼저 해석됨으로써 그 가치관이 다른 텍스트를 이해하는 척도(전거)로 사용된다. 텍스트 자체가 다른 텍스트의 전거가 되는 것이 아니다. 다시 말해서, 해석학적 전거를 마련할 참고 텍스트(reference)로서 성서의 민중 전통과 한국의 민담은 그 이야기 자체가 아니라 그 이야기로부터 풀어낸 의미, 즉 해석학적 틀이 민중의 현재적 사회전기 속에 숨겨진 하느님의 계시의 의미를 풀어 내기 위한 척도가 된다.

전문적인 훈련을 받은 신학자들의 역할은 두 이야기 속에 담긴 해석학적 틀을 각각의 영역에서 작업함으로써 현재 일어나는 민중 사건 속에 역사하는 신의 선교 활동을 드러내는 전거를 제시하는 것이다. 성서신학자들은 성서의 민중적 본질을 밝혀 성서신학적 전거를 민중신학적 담론에 제시하고, 이론신학자들은 한국 전통의 민중적 본질을 신학적으로 정립할 과제를 지닌다.[16] 이 두 텍스트의 해석학적 결과는 민중의 현재적 사건에 직면한 민중이 그 역사(사건) 속에 계시된 하느님의 뜻을 들춰내는 전거의 역할을 한다.

---

15 같은 책, 68.

16 안병무는 "신학자로서 나는 성서의 전거에 의해서 신학적 공헌을 하는 것을 자신의 임무로 여기고 있어요."라고 말함으로써 성서학자로서 민중신학의 성서적 전거의 중요성을 강조한다. 안병무, 『민중신학 이야기』, 75.

민중신학적 성서 해석과 성서텍스트론

민중신학의 성서적 전거를 마련한다는 것이 성서 안의 민중의 실재나 민중해방 전통 본문을 취사선택해서 제시하는 것은 아니다. 만일 그렇다면 그러한 접근은 교리를 선별된 성서를 통해 증명하기 위한 문서 증빙과 다르지 않다는 점을 앞에서 지적하였다. 민중신학의 성서적 전거는 성서의 민중적 본질을 밝혀 주는 과정을 통해 제시될 수 있다. 성서텍스트의 민중신학적 해석의 사례는 성서학자로서 민중신학의 선구자였던 세 학자 안병무, 김정준, 문익환의 저작을 통해 살펴볼 수 있다.

민중신학적 성서 해석의 선구자, 안병무

안병무에게 성서의 본질은 성서의 민중 사건에 있다.[17] 그것이 하나의 맥을 이루어 성서 전체를 관통하면서 구약과 신약의 통일성을 이룬다. 이 맥은 '야훼만'이란 민중의 신앙, 즉 어떠한 다른 권력도 거부하는 신앙에 기초한 사건에서 시작되고, 또 이어진다. 이 맥의 출발은 출애굽인데, 이것이 지파 동맹을 통해 이어지다가 왕정 시대에 종말을 고한다. 이 시기 야훼는 다윗 왕조의 이데올로기로 격하된다. 그러나 이 맥은 예언자 전통에서 다시 살아나 절정을 이룬다. 결국 '야훼만'과 연결된 '예수 그리스도만'이라는 신앙의 맥은 갈릴래아 민중으로 이어져 로마제국의 공인 종교가 되기 전까지 이어진다.[18]

그러나 안병무의 보다 특별한 공헌은 성서의 민중 전통과 한국 민중 사건에서 역사적 주체로서의 민중을 표명해 낸 것이다. '민중'이란 말이

---

17 같은 책, 74.
18 같은 책, 52-58.

처음 학술의 장에서 사용된 것은 1975년 3월 민청련 사건 석방 인사 환영 모임에서 안병무가 행한 '민족, 민중, 교회'란 강연에서였다. 그는 성서 전통에서의 민중의 실재를 마르코복음의 오클로스에서 찾는다.[19] 민중이 역사적 주체라는 안병무의 인식은 성서적 조명을 통해 예수가 바로 민중이었다는 사실에까지 이른다. 그에게 예수는 첫째, 출신으로나 형태상으로나 민중이다. 둘째, 예수는 늘 민중과 더불어 있었다. 셋째, 예수는 시종일관 민중의 언어를 썼다. 넷째, 예수의 수난은 민중의 수난이다. 다섯째, 예수의 부활은 민중의 부활이다.[20] 이러한 관점은 예수와 민중을 주-객의 입장이 아니라 관계의 입장에서 이해하려는 것이다. 성서의 예수 사건 속에서 예수와 민중이 하나 된다는 인식이다.

안병무는 예수의 민중성을 밝히는 데 그치지 않고 이렇게 예수를 사건으로 인식하는 관점에서 예수는 민중이라는 진술은 민중이 예수라는 진술을 동시에 내포한다고 보면서, 예수가 민중이라는 말은 곧 민중이 예수라는 등식이 자연스럽게 성립된다고 말한다.[21] 민중의 역사적 주체성의 강조는 민중 구원론으로 발전되는데, 민중 구원론에 의하면 하느님/그리스도는 민중 고난의 현장에 현존하며 구원자 그리스도는 고난 받는 민중과 동일시된다. 민중과 그리스도가 동일시됨으로써 민중의 주체성이 극적으로 부각된다.

민중신학적 성서신학의 수립을 시도한 김정준

김정준은 「민중신학의 구약성서적 근거」라는 논문에서 민중신학의

---

19   그러면서도 안병무는 '민중'을 개념화하기를 거부한다.
20   안병무, 「마르코복음에서 본 역사의 주체」, 『민중과 한국신학』, 180-185.
21   안병무, 『민중신학이야기』, 31-34.

구약성서적 근거를 찾기 위해 이스라엘 민중의 위치와 성격, 그리고 그들의 수난과 관련된 이스라엘 민족사 및 신앙사 형성을 살펴본다. 이스라엘 역사의 핵심적인 사건인 출애굽 사건이 고백되는 이스라엘의 고대 신앙고백(신명 26,5-9)에서 시작하여 그들의 왕조사, 예언자의 메시지, 시편 및 지혜문학에 나타난 민중의 존재와 그 사명을 밝힘으로 구약성서에 나타난 민중신학을 구성한다.[22]

김정준은 폰라트가 신명기 26장 5-9절의 고대 신앙고백에서 신앙의 전승 단계와 하느님의 구원사를 찾아내는 공헌을 하였지만, 이 신앙고백의 고백자가 누구냐 하는 측면은 간과했다고 지적한다.[23] 이어서 김정준은 이 신앙고백자는 '유랑', '학대', '고통', '중노동', '신고', '압제' 등의 용어로 대표되듯 수난의 삶을 살아온 백성이라고 밝히면서, 이를 민중신학의 민중의 실재라고 본다. 다음으로 김정준은 신명기 역사서에 기록된 민중의 삶의 기록에 주목하면서 이스라엘 왕조사에 나타난 민중의 실존에 관심을 기울인다. 대표적으로 사렙다 과부 이야기(1열왕 17,10-16)와 나봇의 포도원 사건(1열왕 21,1-26)은 민중의 삶과 지배층의 부조리를 보여 주면서 하느님의 율법 정신을 강조하는 신명기 사가의 역사의식을 드러내는 사례가 된다. 계속해서 김정준은 구약의 예언자들은 민중의 현실에 많은 관심을 가졌다고 지적하면서, 예언서 속의 민중의 실재를 아모스 예언 속에 나타나는 민중은 '궁핍한 자'(ebyon, 2,6; 4,1; 5,12; 8,4,6), '가난한 자'(dalim, 2,7; 4,1; 5,11; 8,6), '괴롭당하는 자'(anawim, 2,7; 8,4) 등에서 찾는다.[24] 이

---

22 김정준, 「민중신학의 구약성서적 근거」, 『민중과 한국신학』, 30.
23 "신앙고백의 문제에 대해 고백의 내용이 무엇이냐 함에만 관심을 기울여 온 경향이 있다. 그러나 그러한 고백을 하는 고백자가 누구냐 함도 그 대상이나 내용에 못지않게 중요하다." 같은 책, 33.
24 김정준, 「구약성서에 나타난 빈자 연구」, 『신학연구』 14, 1973.

들은 북왕국 이스라엘 사회에서 착취당하고 모든 권리를 상실한 사람들이다. 이에 김정준은 "아모스는 수난 받는 민중의 인권과 소유의 평등을 외친 예언자이며 아모스의 신학은 분명히 민중신학이다"라고 말한다.[25]

이어서 김정준은 시편과 지혜문학에서 '민중'을 탐구한다. 김정준은 탄식시를 일반 대중이 노래한 슬픔, 괴로움, 탄식의 절규로 규정하면서, 시편에 나타난 수난의 경험은 경제적 빈곤, 정치적 압박, 사회의 죄악에서 비롯된 피해, 육체적, 심리적 고통 등의 네 가지 경험으로 나눈다. 결국 그에게 탄식시는 역사 현실에서 소외당하고 천대받고 가난과 멸시를 받고 있었던 하층계급 민중의 삶과 애환이 묻어 나오는 노래로 이해된다. 또한 김정준은 욥을 민중문학으로 본다.[26] 그는 욥의 고난을 보편적인 고통이 아니라 까닭 없이 모든 것을 박탈당한 사람의 고통, 즉 민중의 고통으로 이해해야 한다고 말한다. 그리고 잠언서는 지배층의 교육서가 아니라 이스라엘 민중의 생활 경험에서 나온 격언, 속담, 수수께끼, 금언 등이 총망라 수집된 것이라고 본다.

그리하여 김정준은 오경, 예언서, 성문서 등에서 하느님의 구원사의 대상, 그리고 하느님의 신앙고백의 주체가 바로 민중신학에서 말하는 그러한 민중이었다는 점을 밝히고 구약성서를 근거로 한 민중신학은 가능하다고 결론짓는다.

김정준은 민중신학의 성서적 근거를 특정 본문에서 찾으려 하지 않고, 성서 전체를 민중신학의 관점에서 풀어내면서 민중신학적 구약성서신학을 수립하려고 시도한다는 점에서 다른 일반 민중신학자와 결을 달

---

25 김정준, 「민중신학의 구약성서적 근거」, 48; 김정준, 「아모스의 신학」, 『신학사상』 23, 1978, 760-768 참조.
26 김정준, 「욥기의 신학」, 『구약신학의 이해』, 1973, 381-412.

리한다. 구약성서 안에서 민중신학의 논리를 뒷받침할 전거를 찾는 것이 아니라, 민중신학적 관점에서 성서신학을 서술하고 있다. 이러한 접근은 성서가 민중신학에 봉사하는 '증빙 자료'(proof text)의 역할을 넘어 민중신학적 구약신학을 수립할 가능성을 제시하기 때문에 중요하다. 민중신학의 구약성서적 전거를 '성서의 핵심'을 통해 제시하려는 조직신학자들보다는 총체적인 경전 이해로 출발하고 있다.

그러나 김정준이 구약신학 안에서 민중신학의 근거를 찾아 나갈 때 관심의 초점이 '민중'신학적 해석의 틀, 민중의 눈으로 구약의 신학을 정립해 나가기보다는 정경 구분에 따른 구약 각 부분 안에서 민중의 실존을 찾는 방식으로 논의를 전개한 점은 아쉬움으로 남는다. 본문에서 민중의 실존을 찾는 방식은 구약성서에 존재하는 반해방적 전통에 관해서는 침묵할 수밖에 없기 때문에 편향적인 성서신학을 도출해 내는 한계가 있다. 성서에는 하나의 일관된 신앙 전통이 있는 것이 아니라 다양한, 때로는 상치되는 신앙 전통, 즉 해방의 전통과 반해방의 전통이 공존한다. 성서 안에 다양한, 그리고 때로는 상치하는 전승이 흐르고 있다는 사실은 많은 학자들이 지적한 바이기도 하다.[27]

성서에는 다양한 전통이 공존하는데, 성서 해석에 있어서 해석자의

---

[27] 가령, 폴 핸슨은 구약성서에 신앙고백적 유산(confessional heritage)에서 비전을 지향하는 그룹과 실용주의를 지향하는 그룹이 대립되고 있음을 지적한다. Paul D. Hanson, *Dynamic Transcendence*(『역동적 초월』, 김이곤 옮김, 컨콜디아사, 1981). 브루그만은 그의 책 『예언자적 상상력』에서 평등경제, 정의와 공감의 정치, 하느님의 주권적 자유가 우선하는 종교를 지향하는 대안의식(alternative consciousness)과 복지와 풍요, 억압적인 사회정치, 통제된 하나의 정적인 종교를 유지하는 왕권의식(royal consciousness)이 성서 안에서 발견되고 있다고 본다 Walter Brueggemann, *The Prophetic Imagination*(『예언자적 상상력』, 김쾌상 옮김, 대한기독교출판사, 1981); Walter Brueggemann, "Trajectories in Old Testament Literature and the Sociology of Ancient Israel", Journal of Biblical Literature; "구약 문헌의 전승 궤도들과 고대 이스라엘에 관한 사회학", 〈신학총서〉 1, 1981, 7-43.

입맛에 맞지 않는 본문이나 전통을 외면하는 것은 편협한 성서 이해로 봉착된다. 민중신학이 민중이 주체로 등장하는 본문만 선호해서 연구한다든가, 여성신학이 여성해방적 본문만 해석의 대상으로 삼는다면 온전한 신학 작업을 이룬다고 볼 수 없는 것 아닌가? 여성신학이 가부장적 본문을 통해 여성의 억압 기제를 고발하고 여성의 희생이 반복되지 않기 위한 저항적 신학 해석으로 삼듯이 민중신학도 구약성서의 반민중적 본문을 민중의 눈으로 비판적으로 해석할 필요가 있다.

민중의 눈으로 고대 이스라엘 통사(通史)를 엮어 낸 문익환[28]

문익환에게 성서는 역사서이다. 그는 『히브리 민중사』를 통해 히브리(합비루)의 역사를 써 내려가면서 이스라엘의 하느님이 아닌 억압받는 천민들의 하느님, 즉 국경을 넘어선 민중의 하느님을 표현하기 위해 히브리란 용어로 시작한다. 문익환은 "야훼는 이스라엘 민족신이기 전에 억압받는 천민들의 신이었던 것입니다. 야훼가 이스라엘 민족신의 테두리를 깨고 세계의 신이 될 소지가 바로 여기 있었던 것이 아니겠습니까?"[29]라고 말한다.

『히브리 민중사』의 특징은 민중사의 해방적 측면을 드러내는 데만 편중하지 않고, 히브리 민중의 해방운동이 왕정의 등장으로 억압 국면으로 넘어가는 비극의 역사를 민중적 시각에서 비판적으로 조명한다는 데 있다. 가령 히즈키야와 요시야에 의한 개혁을 관 주도의 개혁으로 평가하고 비판함으로써 민중의 해석학적 관점으로 민중의 사회전기뿐 아니라 반민중적 사회전기를 포함한 역사의 음과 양을 모두 민중해방의 관점

---

28 문익환, 『히브리 민중사』, 정한책방, 1990/2018.
29 같은 책, 33.

에서 다룬다. 『히브리 민중사』의 역사 서술적 관점은 민중해방 전통이다. 출애굽과 함께 민중사로 시작된 역사가 왕궁사로 둔갑하지만 이스라엘 왕궁사 속에 묻혀 있는 민중사, 민중사에 찍혀 있는 하느님의 발바닥 자국을 돋쳐 내는 작업을 시도한다.

> 손으로 만들고 손으로 쓰는 역사가 아니라 땅바닥에 찍힌 발바닥의 역사를 찾아야 한다는 생각이 들었습니다. 발바닥이 움직이지 않고서는 우리는 한 걸음도 전진할 수 없는 것이 아니겠습니까? 그들이 움직이지 않으면 온 세상이 딱 멎어 버리는 밑바닥 계층, 발바닥처럼 그 얼굴이 그 얼굴인 이들은 누구일까요?[30]

문익환은 성서의 이스라엘 역사를 민중이 역사의 주체란 관점으로 풀어내면서 왕조 중심의 성서 역사를 뒤집어 히브리 민중사로 다시 엮어낸다. 그에게 있어서 성서는 히브리 민중사이다. 따라서 텍스트인 성서를 선별하여 다루지 않고 통으로 꿰뚫어 읽는다. 이 관점에서 구약의 구원 전승은 네 차례의 해방 전쟁(합비루의 출애굽, 가나안의 농민혁명, 농민혁명군의 지도자 사울의 암몬과의 전쟁과 승리, 합비루 중의 합비루였던 다윗의 전쟁과 승리), **예언자들의 비판**(저항운동의 창시자 엘리야, 재야 예언자 아모스, 호세아, 이사야, 미가, 나훔, 하바꾹, 스바니야, 예레미야)을 통해 맥이 이어진다.

문익환의 히브리 민중사는 성서 전체를 다루지 못한 미완의 책으로 남아 있지만 민중의 사회경제사는 잘 다루어진 반면 서남동 등이 관심하였던 문화 전통은 관심의 대상이 아니다. 이와 유사한 이유로 해방 전승

---

30 같은 책, 23.

과 두 축을 형성하는 구약의 창조 전승은 거의 다루지 않고 있어 성서 전통을 통으로 아우르는 데 한계를 노출하고 있다.

민중신학적 성서 가치관 정립과 가치 실현을 위한 결단

지금까지 현재의 삶을 해석하는 데 참고 자료 역할을 하는 성서텍스트와 성서텍스트에 대한 민중신학적 성서 해석을 세분화하여 살펴보았다. 이러한 구분에 따라, 먼저 상황신학으로서의 민중신학은 민중 사건 현장의 의미를 들춰내기 위해 성서를 전거 자료로 활용하였다는 의미에서 민중신학의 텍스트는 민중 사건이며 성서는 참고 자료였다. 참고 자료로서의 성서텍스트의 해석학 혹은 가치관은 민중신학적 성서 해석을 통해 제공된다.

민중신학의 성서 이해와 달리 성서텍스트의 민중신학적 해석은 성서텍스트 안의 핵심, 즉 '성서 안의 성서'를 찾아내는 접근 방식이 아닌, 성서 전체를 민중신학적으로 풀어내야 할 새로운 과제를 지닌다. 성서 전체를 민중신학적 관점에서 해석하여 성서에 나타난 민중의 고난과 투쟁 그리고 그 아픔에 응답하시는 하느님의 구원 행동을 들춰내고, 반민중적 억압 상황을 고발함으로써 기독교가 궁극적으로 지향하고 있는 세계에 관한 성서적 가치관을 제시해야 한다. 즉 민중신학적 성서 해석은 성서 안에 담긴 민중지향적 성격과 반민중지향적 성격을 양면 모두 드러내어, 하느님은 민중의 삶 속에서도 응답하시지만 지배자들의 삶 속에서도 해방된 평등 사회를 이루기 위해 비판을 통해 응답하신다는 점을 밝혀내야 한다. 또한 계시의 뜻이 권력과 지배자들에 의해 왜곡되고 가려진 부분을 찾아 이에 대한 비평적 분석이 수행될 필요가 있다.

성서에서 보여지는 하느님의 당파성은 민중이란 계층 자체를 선택하는 데 있지 않고, 그 계층이 당면한 삶의 부당성을 심판하고 의를 실현하기를 요청하는 데 근거한다. 성서는 일관되게 창조 질서 회복을 위해 끊임없이 역사에 개입하시는 하느님의 모습을 보여 준다. 그 하느님의 구원 활동 속에는 민중도, 지배자도, 소시민도 있다. 민중신학의 과제는 그 다양한 삶 속에서 하느님이 민중을 통해 지향하는 삶의 방향을 제시할 수 있어야 한다. 민중의 현실을 찾을 수 있는 본문만을 선별하는 것에서 넘어서서 모든 본문 안에서 민중의 삶의 질곡이 해소되는 하느님의 나라가 어떻게 추구되는지를 밝혀야 할 것이다. 성서의 이러한 근본적 가치가 성서텍스트가 민중성서신학 수립을 가능하게 하며, 나아가 한국 전통이라는 또 다른 텍스트를 통해 민중적 경세관을 제시하도록 돕는다.

다양한 구약의 전승을 밝혀내는 데 민중신학이 구약신학에서 더 착안해 보아야 할 주제는 '평등 이스라엘'의 붕괴와 이스라엘 왕도신학의 발생과 전개 과정이다. 또한 본문의 양면을 드러내는 작업으로 출애굽을 좀 더 다각적으로 재조명해 볼 필요가 있다. 출애굽은 민중해방의 전형적 사건이면서도 해방 후 제도화 과정에서 민중을 또다시 배제하는 억압적 측면이 함께 발견되기 때문이다. 해석의 복합성 혹은 양면성이 운동성을 흐릴 것이란 우려가 있다. 그럴지도 모른다. 그러나 삶 자체가 그렇게 단면적인 평가를 거부하는 복합성을 지니고 있는 것이 아닌가? 한 면만을 부각할 때 시간이 흐르면 부작용은 나타나기 마련이다. 급격한 변화에 대한 조급성은 그 과정에서 오히려 민중의 소외와 폭력의 순환, 한의 순환을 가져오는 것 같다. 조금 느리더라도 삶의 다양성을 폭넓게 변증법적으로 고민하며 해석 과정을 밟아 나가는 민중신학의 뜻풀이를 기대해 본다.

성서는 교회의 경전이란 비중의 무게로 그리스도교 전통 안에 머물러 있기를 원하는 한은 쉽게 포기할 수 없는 텍스트이다. 따라서 오히려 그 안의 제국주의적 편집 목적과 의도를 벗겨 내면서 민중신학적 가치와 성서의 가치가 함께 지향하는 지점이 있음을 제시할 수 있어야 한다. 로랜드 보어는 성서를 현실 유지와 권력 보존을 위해 오용하는 자들로부터 성서를 구하자는 취지에서 『성서와 대안 좌파』Rescuing the Bible를 썼지만, 페르시아제국과 종교의 역학 관계에서 배타성을 기초로 경전을 독점하려 했던 제사 그룹의 최종 편집 의도와 결과로부터 성서를 구해 내는 작업은 민중신학적 관점에서 최근의 정경 형성과 최종 형태 연구에 대한 비판적 접근으로 가능할 것이다.

안병무의 말을 빌려 성서 해석의 목적을 설명하자면, "성서로부터 우리의 행동 지침이나 사회 윤리를 직접 끌어낸다는 건 있을 수 없다. 성서는 우리에게 결단을 요구한다".[31] 즉 성서는 사랑과 정의의 행동을 하라고 요구하고 결단하도록 한다. 따라서 민중신학의 해석학적 틀로 텍스트인 성서를 재해석함으로써 민중정의를 실현하는 정의, 평화 세상을 위해 결단하도록 개인과 공동체를 이루고자 하는 것이다. 이를 위해서는 성서 텍스트에서 민중이 어디에 언급되고, 민중 사건이 보도된 본문을 선택적으로 연구하는 폭을 넘어 성서를 민중신학적 해석 틀에서 비평적으로 분석하는 데까지 나아가야 할 것이다. 이때 성서신학은 민중신학의 '민중정의'에 대한 신학적 논의를 해석학적 전거로 삼게 된다. 이런 점에서 민중신학의 성서적 전거 마련과 성서신학의 민중신학적 해석 틀의 전거 마련은 지속적이고 상호적인 대화를 통해 보충되고 순환되어야 한다.

---

31 안병무, 『민중신학 이야기』, 77.

끝으로 민중의 사회전기와 성서텍스트의 관계를 설명할 때 자주 사용되는 텍스트와 콘텍스트의 개념을 명확히 구분하여 정립할 필요가 있다. 텍스트와 콘텍스트는 각각의 텍스트에 상응하는 콘텍스트가 있으며, 그 콘텍스트가 텍스트의 의미를 풀어내는 기준이 되는 것이지, 하나의 텍스트가 다른 텍스트의 콘텍스트가 되는 것이 아니다. 예를 들어 성서텍스트를 생성한 당대의 콘텍스트가 아닌 현재의 콘텍스트에서 성서텍스트에 직접 접목하는 방식의 해석은 또 다른 방식의 증빙 자료로서의 텍스트와 콘텍스트의 프레임일 뿐이다. "서남동은 콘텍스트에서 텍스트로 가는 사람이라면 안병무는 텍스트에서 콘텍스트로 가는 사람이다"[32]라는 평가는 텍스트와 콘텍스트의 개념을 좀 더 명확하게 구분한 뒤 내려야 할 평가라고 본다.

성서텍스트와 콘텍스트는 성서가 전제로 하는 혹은 실제 쓰인 시대의 정황이다. 성서가 텍스트이듯이 현재적 사건(경험)도 텍스트이다. 이 텍스트 역시 현재의 콘텍스트에서 해석되어야 한다. 사건을 경험하는 주체가 한국인이며 동시에 그리스도인이라는 이중의 정체성을 지니고 있기 때문에 콘텍스트의 전거를 마련해 주는 많은 텍스트들 중에 성서텍스트가 포함되는 것이다. 성서텍스트와 함께 한국의 전통, 문화, 경전 등은 성서와 더불어 민중 사건의 콘텍스트를 형성하는 전거가 되는 텍스트이다. 즉 현재 삶이 텍스트이고, 성서에서 도출한 신학은 현재의 나를 규정짓는 여러 콘텍스트를 형성하는 참고 배경 중 하나이다. 이때 성서 문자가 콘텍스트가 아니라 성서를 성서 시대의 콘텍스트에서 해석해서 도출한 신학이 콘텍스트이다.

---

[32] 같은 책, 67.

아직까지 민중신학이 지향하는 신학적 해석학이 형성되지 못하고 있다. 민중신학이 현장의 민중 사건에 계시된 하느님의 뜻을 밝혀 공동체가 그 뜻을 실현하도록 설득하기 위해서는 민중의 사회전기에서 도출된 민중 공동체의 해석학적 가치를 마련하기 위해 민중 공동체가 지향하는 삶의 목적과 상태가 무엇이며, 이를 위한 실천 지침인 민중신학적 경세관을 수립해 가야 한다. 개별 민중이나 어느 특정 계층이 민중신학의 주체가 아니라, 다양한 종류의 억압 상황의 왜곡을 바로잡고, 질고를 극복함으로써, 정의, 평화 세상을 만들어 가는 과정에 참여하고자 하는 그리스도인이면 누구나 피해 당사자인 민중의 관점에서 성서와 한국 전통, 그리고 현재의 역사적 사건에 담긴 계시의 의미를 성찰할 수 있도록 돕는 것이 민중신학의 과제이다. 기독교 경전으로서의 성서텍스트는 민중신학의 한 축을 형성하는 중요한 텍스트이며, 성서를 보는 열쇠는 '민중의 편에서!', 모든 것을 당하는 자의 편에서 보는 것이다.[33]

| 참고 문헌 |

NCC신학연구위원회 엮음, 『民衆과 韓國神學』, 한국신학연구소, 1982.
서남동, 『민중신학의 탐구』, 한길사, 1983.
안병무, 『민중신학 이야기』, 한국신학연구소, 1987.
문익환, 『히브리 민중사』, 정한책방, 1990/2018.
김진호 외, 『죽은 민중의 시대: 안병무를 다시 본다』, 삼인, 2006, 147-160.
이영미, 『하나님 앞에 솔직히, 민중과 함께: 애가에 대한 성서신학적 · 민중신학적 해석』, 한국신학연구소, 2011.

33　같은 책, 85.

5

민중신학의 교회론

김희헌

들어가는 말

교회가 한국 역사에 정신적 활력을 주던 때가 있었다. 그러나 긴 분단체제를 지나오는 동안 한국 교회는 생명과 평화의 거처로서보다는 적대적 이데올로기의 온상처럼 작동하기도 했다. 기독교의 본질적 특성이라 할 만한 긍휼과 청빈의 영성, 화해와 포용의 활동, 저항과 변혁의 정신은 점차 배제되고 억압된 반면, 신학적 근본주의, 정치적 반북주의, 종교적 배타주의가 기독교의 얼굴 노릇을 자처했다. 성장과 축복을 향한 욕망에 지배당한 지난 두 세대 동안 이런 현상이 뿌리내리면서, 마침내 '개신교가 지속가능한 종교인가'를 묻는 물음이 낯설지 않게 되었다.

한국 교회는 현재 믿음의 긍지를 잃고 세기말적 어둠에 묻혀 뒤척이고 있다. 이 위기는 외적 제도의 위기라기보다는 내적 신념의 붕괴, 즉 기독교 신앙 자체의 위기이다. 교회는 종교적 문맹에 빠져서 사회적 아픔과 희망을 읽지 못하고 있다. 그간 한국 교회는 민중들이 통곡하는 현장에서 함께 눈물 흘리지 않았고, 민중들의 꿈이 약동하는 광장에서 함께 변혁의 노래를 부르지 않았다. 촛불시민혁명을 통해서 형성된 사회적 흐름은 한국 사회 구조를 재편성해 가는 가운데 한국 교회의 환골탈태를 요청하고 있다. 교회 자체가 적폐 세력으로서 역사에서 도태될지 모른다는 위기의식은 과장이 아니다.

특히 금년 초부터 한반도는 숨 가쁜 속도로 분단체제를 해체하면서 가히 지각변동이라 할 만한 대격변의 시기를 보내고 있다. 한국 교회는 다가오는 시대에 맞게 거듭날 수 있을까? 한국 교회가 맞은 새로운 과제를 분별하고 수행하기 위해 민중신학은 어떤 도움을 줄 수 있는가? 그 답을 찾기 위해 이 글은 교회가 교회다울 수 있기 위한 모색의 한 방편으로서 안병무라는 기독교인이 세워 갔던 믿음의 몇 가지 좌표를 확인하고, 그것을 통해서 길을 잃은 한국 교회가 나아갈 방향을 제안하고자 한다.

교회에 관한 안병무의 삶과 신학

안병무는 절망에 빠진 한국 교회를 되살리기 위해 치열한 삶을 살았던 신앙인이었으며, 역사와 함께하는 종교의 길이 어디에 있는지를 깊이 궁리한 신학자였다. 신학자로서 정체성을 확립하기 이전의 삶에서 그는 구도자의 모습을 갖고 있다. 신앙인 안병무의 교회에 대한 열정과 사랑은 교회의 본질을 회복하려는 것이었다. 그의 교회 사랑은 기성 교회에 대한 통렬한 비판과 평신도 중심의 신앙 공동체 운동으로 나타났다. 그 운동은 수도적 생활 공동체 운동으로 실험되기 시작하다가 마침내는 고난 받는 민중의 삶의 현장 속에서 신앙 공동체의 본질을 되찾으려는 운동으로 전개되어 갔다. 안병무의 마음에 그려진 교회가 처음에는 제도적 요소를 전제하고 있었다면, 민중신학적 구상이 구체화되어 감에 따라 점차적으로 민중의 삶과 투쟁 속에 담겨 있는 사건적 요소를 강조하는 방향으로 진행되었다.

예수를 향한 신앙운동의 열정에서, 사도행전에 나오는 교회의 본래 모습을 되살리려는 진심에서, 신앙의 공동체를 이루기 위한 헌신의 순수에서 안병무는 진정으로 '교회적'이었다. 역사적 예수의 참모습을 발견하고자 했던 그의 신학적 치열함 역시 신앙 공동체를 통해 이루고자 했던 그의 구도자적 열망과 무관하지 않다. 기성 교회에 대한 그의 신랄한 비판은 예수운동을 현실에 되살려 내려는 열망의 뒷모습이었다. 그는 욕망을 따라 무언가를 소비하려는 마음에게 먹잇감을 던져 주는 종교를 거부했고, 율법과 교리에 집착하여 영혼의 날개를 부러뜨린 종교 역시 거부했다. 교회의 자리는 피조물이 함께 신음하고 진통하는 자리여야 하며, 교회의 사명은 피조물이 바라는 '하느님의 자녀들'이 등장하는 데 있다는 고백으로 자신의 종교적 삶을 실험했다.

안병무에게 교회는 무엇일까? 그에게 '교회'라는 단어는 양가적인 의미를 지닌다. 교리와 교권에 의해서 주도되는 종교 집단으로서의 교회는 온몸으로 저항해야 하는 것인 반면, 예수운동을 이어 가려는 신앙 공동체로서의 교회는 온 삶을 바쳐 이뤄 가야 할 그 무엇이다. 그것은 확립된 제도 자체가 목적이 되어 버린 기성 교회에 대한 신랄한 비판이자, 예수의 삶을 본받으려고 하는 신앙 공동체에 대한 절대 긍정이다. 훗날 그는 한 편지에서 "교회를 부정하고 공동체를 구성하려고" 애썼다고 술회한다. 다시 말해서, "교회와 교권을 일생 동안 거부했지만, 큰 의미에서 그리스도교 안에서 산 것은 기독교가 세상에 나오게 한 장본인인 예수 때문"이었다는 고백이다.

안병무는 일생 동안 신앙 공동체 운동을 전개했다. 일신교회(1947), 향린교회(1953), 갈릴리교회(1975), 한국디아코니아자매회(1980), 한백교회(1987)는 그 운동의 결과물이다. 그를 이해하기 위해서는 민중신학자라는 정체성보다 그가 얼마나 '교회적' 존재였는지를 먼저 아는 것이 필요하다. 그럼에도 우리는 안병무 자신의 개인적 실험과 성취보다 그가 한국 교회에 끼친 커다란 영향에 주목해야 한다. 그의 민중신학적 가르침으로 인해 한국 교회에 신학적, 교회적 모험이 잇따르게 되었기 때문이다.

안병무가 교회론을 본격적으로 다루기 시작한 것은 1977년의 글 「민중과 교회」부터이다. 그는 이 글에서 신약성서학자답게 고린토인들에게 보낸 편지, 마르코복음과 루가복음 등 성서 본문을 분석하며 자신의 교회론을 시작한다. 그가 주목한 문제는 '민중과 교회'의 관계, 즉 '누구를 위한 교회가 참교회인가' 하는 문제였다. 그의 민중신학적 교회론은 10년 정도 지나서 완성된 모습을 취한다.

1986년 아시아기독교협의회(CCA) 신학자 회의에서 발표한 「민중신학의 새 교회상」에서 그는 "예수 공동체에서 엿볼 수 있는 교회의 원모습", 그러나 역사적으로 변질되어 갔기 때문에 오늘 다시 추구해야 할 참된 교회의 모습을 다음과 같이 일곱 가지 목록으로 제시한다. 첫째, 민중과 예수의 만남의 장을 기점으로 한 교회. 둘째, 종말 의식을 회복하고 민중 현장으로 보냄을 받는 공동체. 셋째, 성직자가 독점했던 성서 해석권을 민중의 삶으로 되돌려 주는 교회. 넷째, 민중의 삶의 현장에서 태동하는 교회. 다섯째, 민중 문화 전통을 예배 형식 속에 수용하는 교회. 여섯째, 민중 사실 속에 예수 사건이 현재하고 있음을 증언하는 교회. 일곱째, 민중해방운동이 예수 사건과 연계되어 있다는 사실을 증언하는 교회.

이 목록에서 우리는 안병무의 교회론이 표방하는 핵심적인 관심사를 보게 된다. 그것을 요약하면 다음과 같다. 첫째, 전통 신학이 민중을 교회의 선교 대상으로 간주하는 반면, 안병무는 민중과 예수의 만남을 교회의 출발점으로 삼는다. 왜 교회의 출발점이 민중과 예수의 만남인가? 예수 사건이 발생하는 자리가 민중 사건이기 때문이다. 이것은 이원론으로 물든 서구 신학으로부터의 "엑소더스 과정에서 얻은 해석학적 혁명"이라고 안병무가 표현한 것으로서, 안병무의 '사건의 신학'이 지닌 유기체적 사유의 특징을 보여 준다.[1] 사건의 신학은 민중 사건 속에 현존하는 그리스도를 증언하는 신학으로서, 교회의 증언 역시 "민중 사실 속에 예수 사건이 현재하고 있음"에 관한 것이다. 안병무의 교회론은 그의 사건의 신학이 지닌 비이원론적 해석학의 렌즈를 통해서 해석돼야 한다.

둘째, 예수 사건이 민중 사건의 현장에서 발생한다면, 교회 역시 민중의 삶의 현장에서 태동한다. 그런 의미에서 안병무의 사건의 신학은 현장신학이요 상황신학이다. 예수의 가르침대로 하느님이 일하는 신이라면(요한 5,17), 하느님을 만나는 자리는 그가 일하는 현장이다. '현장'과 '상황'이라는 표현을 통해 담고자 하는 것은 실천적 관심이요, 살아 있는 종교가 되고자 하는 열정이다. 다시 말해서 교회는 기성 질서를 향유하는 종교 기관이 아니라 '종말 의식을 회복하고 민중 현장으로 보냄을 받은

---

1 안병무, 『민중과 성서』, 한길사, 1993, 220.

공동체'여야 한다. 또한 민중의 삶의 자리에서 형성된 문화와 전통이 예배에 수용될 때 삶과 예배가 분리되지 않을 것이다.

셋째, 안병무는 역사 속의 교회를 현실과 이상 사이에 존재하는 '탈脫-향向의 공동체'로 보았다. 따라서 생동하는 종교가 되기 위해서는 전통과 제도의 한계와 폐해를 넘어서고자 하는 구도적求道的 열정을 필요로 한다. 16세기 유럽의 종교개혁운동이 바로 그 생동하는 종교 정신을 대변한다. 이 운동은 전통적인 방식의 종교적 경건에 대해서 정직한 의혹을 제기했을 뿐만 아니라, 신의 이름을 빙자하여 진리와 양심을 짓밟는 율법적 질서를 거부했다. 안병무 역시 "성직자가 독점한 성서 해석권을 민중의 삶으로 되돌려 주는 교회"가 되어야 한다고 주장한다. 그것은 종교개혁운동의 정신을 이어 가려는 것으로서 민중을 주인답게 하려는 것이다. '탈-향의 공동체'란 민중해방운동과 함께 움직이는 교회로서, 그 운동이 "예수 사건과 연계되어 있다는 사실"을 증언하는 공동체이다. 안병무는 그것을 가리켜 '복음의 원점'을 향한 교회의 운동이요, 그 운동이 기존 교회의 '사활의 열쇠'라고 주장한다.

뒤이어지는 글에서 이상의 세 가지 사항을 하나씩 보다 구체적으로 서술함으로써 안병무의 마음을 거쳐 피어난 민중신학의 교회론을 말하고자 한다.

민중신학적 교회론의 해석학적 렌즈로서의 사건의 신학

안병무의 교회론은 그의 신학적 세계관인 '사건의 신학'의 안내를 받아서 조명되어야만 한다. 이른바 '사건의 신학'이 그의 교회론의 못자리이다. 안병무는 신학을 '현존現存의 그리스도'를 묻는 작업으로 이해했다. 그가 역사적 예수를 좇아 살았던 것은 현존하는 그리스도를 증언하기 위해서, 다시 말해 성서의 예수와 현재의 민중 사건에 드러나는 그리스도를 잇기 위해서였다. 안병무는 이 과제의 실마리를 '사건' 개념에서 찾았다. 그는 "사건으로서의 예수, 즉 '예수 사건'으로서 그를 새롭게 이해하게 되니까 역사적 예수에게 접근하는 큰 신작로가 열린 느낌이 들었다"고 말한다.[2]

사건의 신학은 사건을 일으키는 하느님에 대해 주목한다. 사건에 대한 해석이 교리로 정립된 후 그 교리에 기초하여 사유하는 신학의 관성을 뒤엎고, 교리 이전에 발생한 사건을 중시한다. 그래야 현재 발생하는 하느님 사건을 제대로 볼 수 있다. 사건의 신학에서는 "그리스도의 십자가도 사건이요, 부활도 사건이요, 오순절도 사건"이며, "바울의 생애 전체도 사건의 연속"이며, 기독교의 역사도 사건을 통해 이뤄져 가는 것으로 이해된다.[3] 사건의 신학은 역사의 사건 속에서 예수 사건을 보는 것이요, 따라서 역사의 가장 깊은 골짜기인 민중 현장이야말로 하느님이 가장 깊이 개입하는 사건의 현장이 된다. 사건의 신학은 민중 사건 속에 현존하는 그리스도를 증언하는 신학으로서, 교회는 민중 사건을 통해서 발생하는 예수 사건을 증언하고 그 사건에 참여하는 믿음의 공동체로 이해된다.

안병무는 제도화된 교회가 민중의 현장 속에 그리스도가 현존하고 있다는 믿음을 완전히 포기했다고 비판한다. 역사적으로 제도 교회는 교리와 신조에 의존하는 폐쇄적인 공간으로서 존립해 왔다. 처음에는 그리스도교 공동체의 보존과 교권 확립을 목적으로 '예수 사건의 비역사화'가

---

2 안병무, 『민중신학 이야기』, 한국신학연구소, 1990, 26.
3 안병무, 『우리와 함께하는 예수』, 한국신학연구소, 1997, 219.

발생했지만, 교회가 예수 사건의 역사성에 대해서 침묵하는 것을 넘어서 예수운동 자체를 왜곡하는 방식으로 나아가게 되었다. 예수를 신격화하여 경배의 대상으로 신비화하고, 예수 사건을 역사로부터 분리하여 케리그마화함으로써 신조와 교권 안에 유폐시킨 것이다. 이렇게 비역사화된 신학은 민중들의 삶과 문화를 억누르는 방식으로 기능하게 되었다. 이는 결국 '말씀이 육신이 되어' 역사 속으로 들어오시는 해방과 구원의 하느님에 관한 기독교의 믿음과 정면으로 대립될 수밖에 없었다. 그것은 믿음의 왜곡이자 교회 공동체의 방향 상실이었다.

안병무의 사건의 신학은 기독교 신앙을 관념화된 신조에서 구해 내기 위해서 역사적 사건에 주목하며, 민중 사건 속에 현존하는 그리스도를 강조함으로써 기독교 신앙의 핵심인 성육신 사건의 참뜻을 밝히고 성서적 신앙을 회복하고자 한다. 예수를 사건으로 볼 때 성서 속의 예수를 민중 사건과 결부 지어 이해할 수 있다. 그렇게 함으로써 우리는 "수천 년 전 이방에서 일어난 민중 사건이 오늘 우리의 민중 사건으로 재연"되고 있다는 점뿐만 아니라, "오늘의 우리 민중 사건이 그 시대 민중 사건의 현재적 사건으로 조명"된다는 사실을 받아들이게 된다.[4] 예수 사건과 민중 사건의 만남이 교회의 기점이라는 안병무의 주장은 여기에서 가능하다.

민중 사건과 예수 사건을 겹쳐서 보는 사건의 신학은 신학적 사유 방식에서 보다 근본적인 전환을 의도하고 있다. 그것은 서구의 전통 신학이 이원론적 사유 방식을 낳을 뿐만 아니라, 지배 이데올로기로서의 기능을 하게 된다는 비판에 기초한다. 안병무는 "동양적인 사고를 엄숙히 재검토하여 받아들"일 필요가 있다고 봤다. 이 작업은 안병무가 이룩한 일

---

4 안병무, 『민중과 성서』, 3.

종의 '해석학적 혁명'으로서, 그 내용은 다음과 같다. 첫째, 하느님의 계시를 역사적 사건 현장으로부터 해석하기 위해 기본 관점을 전환하는 것. 둘째, 역사와 우주의 역동적 운동을 강조하기 위해 만물의 사건성을 중시하는 것. 셋째, 신을 자연/역사로부터 분리시키고, 피안적 신의 이름으로 세계의 억압적 구조를 정당화하는 사유 구조를 극복하는 것. 넷째, 초자연주의적 유신론에 뿌리를 두고 있는 모든 이원론적 사유를 극복하는 것. 다섯째, 사건을 일으키는 만물의 연관 관계를 밝힘으로써 사유와 실천에서 개체주의를 극복하고 공동체성의 의미를 확인하는 것이다.[5]

교회에 관한 이해 역시 위와 같이 변화된 신학적 세계관 위에서 재정립된다. 청년 안병무에게 그리스도의 현존은 예수의 참모습을 닮아 가려는 신앙 공동체의 내적 구심력을 통해 증언되는 것이었다면, 이제 그리스도의 현존은 민중 사건 속에서 드러나는 것으로서, 교회는 민중 사건에 참여함으로써 예수운동을 이어 가며 그리스도의 현존을 증언하는 공동체로서 이해된다. 여기서 민중은 단지 교회 선교의 대상이 아니라, 예수 사건과 결합되어 교회를 태동시키는 존재가 된다. 『민중신학 이야기』에서 교회론의 제일성第一聲으로 말했던 '교회의 주인은 민중이다'라는 주장은 여기서 가능해진다.

그렇다면 참교회, 교회의 본래 모습에 대한 민중신학의 주장은 분명해진다. 안병무는 이렇게 말한다.

> 예수 공동체는 예수의 민중 공동체이다. 민중이 전한 예수 사건의 전승에는 예수의 현장인 민중이 그 공동체의 주인이어야 한다는 사실이 전제되어 있

---

5 같은 책, 220-228.

다. 따라서 우리는 민중과 예수의 만남, 민중과 예수 사이에서 일어난 사건 속에서 참교회를 추구해야 한다. … 하느님 나라가 도래하는 종말적 현장에 지금 모인 공동체, 이것이 교회의 원모습이다.[6]

민중들의 삶의 현장에서 피어나는 교회

안병무는 교회가 예수와 민중이 만나는 곳에서 태동하였고, 오늘의 교회는 민중들의 삶에 뿌리를 내림으로써 관념적 교리와 제도의 껍질을 깨뜨리고 거듭난다고 본다. 교회는 민중 현장에서 일하시는 하느님을 만나고, 민중 사건을 통해서 정의와 평화로 화육하는 그리스도를 경험한다. 민중이 처한 역사적 상황에 주목하고 민중의 고통과 꿈을 나눌 때 교회는 기성 체제의 기득권을 향유하는 종교 기관이 아니라 부름 받은 공동체로서의 사명을 감당할 수 있게 된다. 교회가 증언하는 복음은 민중의 상황 속에서 재해석되어야 하며, 선교적 실천은 민중 현장 속에서 그 생명력을 가져야 한다.

교회가 전통이나 교리를 객관적인 진리인 것처럼 간주하고, 그것을 구원의 보편적인 기준으로 삼을 때 사건의 현장에서 경험해야 할 창조의 하느님으로부터 유리되고 만다. 하느님이 지금도 창조 활동을 멈추지 않고 있다면, 하느님의 활동은 기성 교리에 모두 담기지 않는다. 그런 의미에서 '복음의 상황화'는 신학의 정언명령이다. 안병무가 한국 민중의 상황 속에서 한국적 기독교를 추구했던 것은 기독교 복음으로부터의 이탈

---

6 안병무, 「민중신학의 새 교회상」, 『사회와 신학』 제1집, 1991 봄, 359-360.

이 아니다. 그는 서구의 문화와 기독교의 복음을 분리해야 한다고 봤다. 그 둘을 분리해서 인식하지 않았기 때문에 '기독교인이 되는 것이 곧 서구인이 되는 것으로 생각'하는 오류에 빠졌다고 봤다. 안병무는 한국 기독교에 '역사적 자각과 주체적 현실 인식'이 필요하다고 봤고, 민중신학을 통해서 '한국적 그리스도인상의 모색'을 시도했다. 그는 "새로운 한국적 그리스도인상의 모색은 눌리고 착취당하는 민중과 민족의 고난에 동참하면서 하느님 앞에 정직하게 서려는 노력과 병행될 수밖에 없다"고 말한다.[7]

안병무가 민중신학을 통해서 한국적 신학을 전개하기 위해 사상 투쟁을 하고, 한국적 그리스도인상을 모색했던 것이 오늘날 다른 사회적 상황 속에 놓인 사람들에게 어떤 의미를 줄 수 있을까? 다시 묻자면, '한국적'이라는 말에 담긴 함의는 한국이라는 콘텍스트를 떠나서는 의미를 잃고 마는 것에 불과한가? '한국적'이라는 말은 일차적으로 한국 그리스도인을 향한 반성과 과제를 던진다. 그러나 그것이 다른 상황 속의 사람들과 무관한 것만은 아닐 것이다.

한국 민중의 상황 속에서 그리스도의 현존을 증언하려고 했던 안병무는 성서가 요청하고 있는 어떤 공동의 부름을 들었다. 그는 이렇게 고백한다. "고대 이스라엘 히브리가 '야훼만'을 부르짖던 상황이나 예수의 '야훼만'의 신념이 갈릴리 민중의 해방을 위한 투쟁에로 집중되었어야만 할 상황이 우리의 오늘의 그것과 같은 것인 한, 거기에는 공동의 목표가 있다."[8] 따라서 예수 사건은 갈릴래아의 오클로스에게만 한정되는 것이 아니라 한국의 민중 사건 속에서도 터져 나오는 '화산맥'과 같은 것이요,

---

7 안병무, 『역사 앞에 민중과 더불어』, 한길사, 1986, 18.
8 같은 책, 48.

일본의 상황에서도 터져 나오는 것이 아닐 수 없다.

안병무에게 상황신학으로서의 민중신학이란 단지 상황성(contextuality)을 의미하기보다는 더 실천적인 관심, 즉 민중 현장 속에서 사건을 일으키는 종교를 향한 갈망과 연관된다. 그가 한국적 그리스도인상을 모색한 것의 이유는 바로 그것 때문이다. 말하자면, '한국적'이라는 말은 한국 그리스도인으로서 가진 '새로운 공동체'를 향한 현실 인식이자 목표 의식을 의미한다. 그의 말을 들어 보자. "예수 사건이 지금 민중 속에서 일어나고 있다는 사실을 증언하고, 또 그 사건을 몸소 체현하는 공동체가 되는 길만이 사는 길이다. 한국 그리스도인의 올바른 정체 확립이라는 우리의 과제를 푸는 열쇠는 바로 그러한 공동체적 삶 속에 간직되어 있다."⁹

오늘의 교회는 파편화된 세계를 치유할 공동의 과제를 갖고 있다. 여기서 '한국적'이라는 말이 특수한 '국지주의'(parochialism)에 대한 옹호가 될 수는 없다. 세계교회는 '하느님의 선교'라는 비전을 오래전부터 공유하고 있으며, 안병무 역시 그 비전을 통하여 교회가 새로운 공동체로서 부름 받고 있다는 사실을 분별했다. 그것은 성서를 통해 세계의 모든 신앙 공동체가 함께 받은 부르심(calling)이다.

이천 년 전 히브리서 기자는 '성문 밖으로'를, 즉 'Exodus'를 명한다. 내 교회, 내 교파, 이른바 방주로서의 교회를 만들기 위해 아귀다툼을 일삼던 교회를 향하여 성문 밖으로 나아가자는 것이다. 성문 밖으로 쫓겨난 이에게로! 여기가 하느님 선교의 장이라는 사실을 깨달은 그리스도교는 마침내 자신의 할 일을 알게 될 것이다. 그것은 가난한 자와 눌린 자의 입이 되고 손발

---

9 같은 책, 34.

이 되어 그들의 인간으로서의 기본적 권리를 되찾아 주고 지켜 주려는 노력이다.[10]

민중신학은 교회가 태동하는 자리를 민중 삶의 현장에 둔다. 이것은 민중신학적 사유 방식에서 두 가지 중요한 함의를 갖는다. 첫째는 해석학적 원칙에 관한 것이다. 텍스트(성경)와 콘텍스트를 해석하는 관점(hermeneutic eye)을 무엇으로 삼을 것인지가 중요하다. 민중신학은 그 원칙을 '민중의 눈으로' 보는 것으로 삼는다. 둘째는 해석학적 목적과 결부된다. 특정한 이해와 해석이 무엇을 위해 봉사하고 있는지를 자각하는 것 역시 중요하다. 민중신학은 민중의 해방을 위한 실천에 관심한다. 이런 두 가지 원칙에 충실한 신앙 공동체가 1980년대에 탄생한 민중교회였다.

민중교회는 노동자, 농민, 도시빈민의 삶의 현장 속에서 복음의 진실을 증언하고자 하는 한국 기독교의 독특한 실험이었다. 이 실험은 민중신학을 구현한 기독교 종교운동으로서, 인권운동, 통일운동, 생명/생태운동 등의 민중운동과 함께 전개되었다. 사회적 영성과 깊이 결합된 민중교회의 실험은 한국 교회가 폭발적인 양적 팽창을 하던 성장주의 시대를 거쳐 오는 동안 잊힌 듯했다. 그러나 번영신학에 물든 한국 교회가 여전히 그리스도의 복음을 말할 수 있는 것은 민중들의 삶 속에서 복음의 진실을 밝히고자 했던 민중교회 전통이 존재하기 때문이다. 민중교회 운동은 한국 교회가 나아갈 길을 앞서 걸어간 선구적 실험으로서, 번영신학에 물든 한국 교회를 갱신하는 과정에서 많은 용기와 영감을 줄 것이다.

---

10   안병무, 『기독교의 개혁을 위한 신학』, 한국신학연구소, 1999, 574-575.

역사 속의 교회 운동

역사 속의 모든 교회는 현실의 무게와 이상의 충동을 동시에 안고 살아갈 수밖에 없다. 그것은 상황에 대한 충실이자 사명이 부여하는 책임이기도 하다. 교회는 이 사실을 분별하며 공동체를 새롭게 할 생동하는 믿음을 가져야 한다. 출애굽 공동체가 가나안에 정착한 후 성전을 짓고 율법을 만들어 제도 종교로 변모해 간 사실을 우리는 안다. 종교가 기성 질서의 향유자이자 체제의 수호자로 전락한 때, 성전과 민족이라는 소유의 한계를 뛰어넘는 '새로운 공동체'의 탄생이 요청되었다. 예수의 십자가와 부활에 잇댄 신앙 공동체로서의 교회(에클레시아)가 그것이다. 하지만 유대인의 종교에 드리워진 운명의 그림자가 역사의 도상에 있는 모든 교회에게도 동일하게 드리워져 있다는 사실 또한 부정할 수 없다. 따라서 교회는 자신을 갱신함으로써 거듭나는 '탈-향의 공동체'가 되어야 한다.

안병무는 왜 복음서가 '에클레시아'라는 단어를 거의 언급하지 않았는지를 물으며 이 문제를 환기시킨다. 교회를 뜻하는 '에클레시아'라는 단어는 바울로 서간에서 46회나 사용된다. 그런데 시기적으로 바울로 서간보다 후대에 쓰인 마르코복음이나 루가복음이 그 말을 모를 리가 없는데도 불구하고 언급하지 않은 이유가 있을 것이라고 안병무는 추정한다. 그럴 만한 역사적 현실이 있거나, 아니면 일부러 안 쓴 의도가 있었을 것이라는 말이다. 안병무는 거기에서 '제도화되어 가는 교회에 대한 민중적 저항과 고발'을 발견해야 한다고 주장한다. 이것은 21세기를 살아가는 오늘의 교회에도 적용되는 말이다. 안병무의 고민을 들어 보자.

오늘날 우리의 상황은 예수가 처했던 민중의 상황과 다를 바 없다. 또 바울로와 마르코가 했던 그 고민을 우리도 할 수밖에 없는 상황이다. 교회가 어느 편에 설 것인가? 교회의 존립과 확장을 위해서 비역사적인 케리그마를 옹호할 것인가? 아니면 민중의 사실적 상황을 외칠 것인가? 나는 교회의 존립을 위해서 어쩔 수 없이 케리그마를 말해야 했던 그 입장을 무시하거나 부정하고 싶지는 않다. 또 오늘날 우리 교회가 양자 중 하나만을 선택하는 것도 바라지 않는다. 이 둘이 긴장 속에서 서로를 받아들여야 한다. 그러나 명심해야 할 것은 교회가 누구를 위해 존재하느냐 하는 것이다. 아무리 교회당이 있고 조직이 있어도 하느님의 뜻대로 민중을 위한 교회가 아니라면 그런 교회는 그리스도교가 아니다.[11]

안병무가 주장했던 '교회의 기점'으로서의 민중과 예수의 만남, 그것은 역사 속의 교회가 생동하는 신앙 공동체로서 살아가고자 하는 싸움에서 믿음의 좌표가 되는 것이다. 그것은 민중신학이 내세우는 '유별나게 새로운 것'이 아니라, '교회 자체의 모습을 되찾게 하는 것'이다. 교회가 교회답게 존재하기 위해서는 예수운동이 지닌 정체성을 재확립하는 것이 필요하다. 그것은 '예수의 에토스가 한 번 피워 봤던 꽃'을 다시 피우기 위해서 예수를 따르는 모든 신앙 공동체가 회복해야 할 정체성이다. 안병무는 그것을 가리켜 '원점으로 돌아가는 운동'이라고 봤다. 교회의 원점은 모든 생명을 살리는 운동으로서의 예수운동이다.

안병무는 예수의 에토스를 다시 피우기 위해 '원점으로 돌아가는 운동'을 해야 한다는 점을 여러 곳에서 강조한다.[12] 예수운동의 정체성이 회

---

11 안병무, 「민중과 교회」, 한길사, 1992, 133-134.
12 안병무, 『기독교의 개혁을 위한 신학』, 595; 『생명을 살리는 신앙』, 한국신학연구소, 1997, 139; 『역사 앞에 민중과 더불어』, 126.220; 『민중신학 이야기』, 167.

복되는 '원점'으로 돌아가는 운동은 과거로 회귀하는 운동이 아니라 다가오는 나라(basileia)를 향한 운동이다. 역사 속의 교회는 "하느님 나라 자체는 아니지만 이제 올 하느님 나라를 앞당겨서 사는 공동체"로서 '하느님 나라에 참여하기 위해 이 역사에 있는 전위대'이다. 무엇을 위한 전위대인가? 생명을 살리는 운동이다. 안병무는 교회의 사명이 '살림운동'에 있다고 말한다. 그것이 모든 예수운동의 본질이자 정체성이다. 살림운동을 위해 "신이 맨 밑바닥으로 온 것, 아니 밑바닥이 된 것, 바로 그것이 예수의 사건"이요, 민중 사건에 임한 이 예수 사건을 증언하는 것이 교회의 사명이다.[13]

  기성 교회는 계속적인 갱신을 통해 바로 이 '원점'을 분명히 해야 한다. 원점을 분명히 한다는 것은 교리적 어법들 이전에 존재하는 해방과 은총의 사건에 주목하는 것이다. 교리 이전의 사건에 주목하는 것이다. 사건 속에서 하느님의 부르심을 듣고, 그 부르심에 응답하는 사건을 통해서 신학을 전개하는 것이다. 만일 하느님의 부르심에 대한 믿음, 그 부르심에 응답하는 신앙의 진실에 대한 믿음을 잃어버렸다면, 눈을 뜨고 이 역사 속에서 벌어지고 있는 사건을 봐야 한다. 거기에는 여전히 빼앗기고, 밀려나고, 진압되고, 배제되는 이 세상의 질서 속에서도 믿음을 안고 살아가는 사람들이 여전히 존재한다. 신학은 그들과 함께 시대를 견뎌 낼 믿음을 새롭게 지어내기 위해 외로운 망루에 오르고, 보루를 쌓는 땀을 흘리며, 마침내 평화의 진지를 구축하는 것이다. 신학은 그들이 하느님의 자녀들이며, 그들을 통해서 그리스도가 우리의 시대 속으로 부활한다는 사실을 증언할 수 있어야 한다. 교회의 길은 오늘의 그리스도가 현존하는

---

13 안병무, 『생명을 살리는 신앙』, 203.

사건을 찾고, 그 사건 속에서 하느님의 부르심을 듣고, 그 부름에 응답하기 위하여 사건에 참여하는 것에서 발견해야 한다.

나가는 말: 다가오는 시대와 민중신학

2018년 3월 탄자니아의 아루샤에서 세계교회협의회(WCC)의 '세계선교와 복음전도위원회'(CWME)가 주관한 선교대회가 열렸다. 1910년 스코틀랜드 에든버러에서 열린 제1회 대회로부터 열네 번째에 해당하는 대회로서, 세계 각국의 대표들 1천여 명이 참석하였다. 이 대회는 2013년 부산 총회를 맞아 발표된 선교문서, 「함께 생명을 향하여: 변화하는 세상 속에서의 선교와 복음전도」(TTL)의 정신을 구체화하려는 것이었다. 이 문서는 세계교회의 선교 방향을 새롭게 제시한 문서로 평가받고 있다.

그 역사를 살펴보면 이렇다. 1961년 WCC 뉴델리 총회에서 합류한 CWME는 이제까지 공식적으로는 단 한 번의 문서만 발표했다. 1982년 WCC 중앙위원회에서 승인된, 「선교와 복음전도: 에큐메니칼의 증언」이 바로 그것이다. 그 이후 30년 동안 세계교회의 선교 지평은 매우 크게 달라졌다. 이에 WCC는 2006년 브라질에서 개최된 9차 총회 이후, 세계 선교의 새로운 '비전과 개념과 방향'을 결정할 선교문서를 준비하게 되었다. TTL이 바로 그 결과물이다. 이 문서에 담긴 대담한 정신은 선교의 방향을 거꾸로 뒤집은 것에 있다. 이제까지 기독교 선교가 강자들이 주도하고 '중심부로부터 주변부로' 진행되는 선교였다면, 앞으로의 선교는 거꾸

로 진행되어야만 한다고 선언한 것이다.[14]

아루샤 선교대회의 주제는 '변혁적인 제자도'(Transforming Discipleship)였다. 여기에 함축된 의미를 풀어 보면 이렇다. 첫째는 오늘날의 '복음전도'를 어떻게 하느냐의 문제이다. 과거에 서구의 교회가 제국주의적인 방식을 취했다면, 그 해악을 극복한 '예언적인 복음전도'(prophetic evangelism)가 필요하다는 것이다. 둘째는 선교 역량의 구성에 대한 것으로서, 개인주의 문화 속에 전파된 번영신학이 스스로 자족하며 소비하는 신앙을 남겼다면, 이제는 변혁적인 선교를 가능케 할 동력을 구성하는 일이 필요하다는 것이다. 셋째는 주변부로 밀려난 빈자와 약자들을 선교의 '대상'으로 삼기보다는 그들이 '주체'가 되는 선교(mission from the margins)를 가능케 하는 것이다. 이 세 가지 주제는 '제자의 길'을 걷고자 하는 신앙인들이 계속해서 물어야 할 것으로서, 민중신학이 가진 문제의식이나 주장들과 일치한다.

오늘날 한국 교회에 민중신학의 자리가 있는가? 지난 한 세대 동안 민중신학의 정신을 실험하고자 했던 많은 신앙 공동체들은 많은 어려움을 겪어 왔다. 대부분의 한국 교회는 예수운동의 꿈을 잃고 황금 우상의 허무에 지배당하며 진리를 스스로 저버리는 뼈아픈 실패를 경험했다. 이제 교회가 어둠에 깊이 잠겼다는 느낌, 복음이 길을 잃었다는 직감, 종교적 진실과 진심이 실체를 잃고 언어적 잔상에 의존하고 있다는 생각이 한국 교회에 퍼져 있다. 많은 기독교인들은 성공주의와 결합된 값싼 은혜에 물든 교회를 벗어나고 있으며, 배타적이고 자기중심적인 정신을 벗어나지 못한 교회는 사회적 적폐라는 생각에 이르렀다.

---

14   금주섭 엮음, 『함께 생명을 향하여: 변화하는 세계 지형 속에서 선교와 전도』, 대한기독교서회, 2016 참조.

한국 교회는 민중의 종교성을 깊은 차원에서 읽고 대처하는 것으로써 다시 출발해야 한다. 즉자적 현실에 만연한 편협성과 자기욕망을 소비하며 독버섯처럼 자란 개신교의 종교성은 깊은 회개가 필요하다. 한국 교회는 신앙인을 반지성주의에 빠뜨리고 안락한 종교 서비스에 탐닉하게 함으로써 인간을 더욱 인간답게 타오르게 할 예수운동의 전선을 붕괴시켰던 과오를 반성해야 한다. 교리주의에 물든 정신의 무능을 떨쳐 내고 성장주의 시대를 지나온 제도의 병폐를 이겨 내며 새로운 시대를 준비해야 한다.

한국 사회는 지금 평화의 시대를 열어 가고 있다. 이 평화의 물결은 한반도와 동북아시아는 물론이요 세계의 정치 지형까지 지각변동을 일으키고 있다. 이렇게 도도하게 밀려오는 평화의 시대가 반북주의에 깊이 물든 한국 교회에게 도전이 된다는 사실은 참으로 슬픈 일이다. 한국 교회는 이제 새로운 종교적 상상력으로 자신을 변혁하는 일에 힘써야 한다. 하느님의 사건에 참여하려는 꿈을 다시 품고, 이전과는 다른 세계를 그려 보며 선교의 방향을 재설정해야 한다. 배타주의에 물든 옹색한 정신을 떨쳐 내고, 돈과 힘에 길들여진 자본주의적 종교성을 갱신해 가며, 사랑과 정의가 협력하여 이 세계를 진리와 아름다움으로 물들여 가도록 믿음의 거처를 다시 세워 가야 한다.

예수가 전한 복음의 특징은 복음을 전하는 예수 자신이 바로 메시지가 된다는 것에 있다. 그의 복음은 다른 무엇을 얻기 위한 도구나 수단이 아니다. 복음 자체가 추구될 만한 존재론적 목적이 되는 특징을 갖고 있다. 그것이 가능한 이유는 그의 복음이 남을 지배하는 이야기가 아니라, 낮은 자들과 함께하는 이야기로 구성되었기 때문이다. 이 복음의 부름에 참여하여 생명의 길을 걸었던 사람들이 많다. 민중신학은 그 길을 걷는 사람들과 함께하고자 하며, 그들을 통해 사건을 일으키는 하느님의 흔적을 신학의 언어로 풀어내는 것을 사명으로 삼고 있다. 낮은 곳에서 생명과 정의와 평화를 일구어 가는 신앙 공동체가 교회이며, 그러한 공동체를 통해 일어나는 사건의 의미를 증언하는 신학이 민중신학이다.

한국 교회가 되찾아야 할 믿음의 좌표는 민중과 함께했던 예수의 갈릴래아 선교이다. 안병무는 교회의 출발점을 민중들 속에 담긴 '예수의 에토스'에서 찾았다. 교회가 생동하는 공동체로서 역사를 살아가기 위해서는 바로 이 '예수의 에토스'를 민중의 삶 속에서 피워 내야 한다. 그것은 '민중 사건 속에 그리스도가 현존하고 있음을 증언'하는 일이다. 바로 이 증언과 믿음의 활동으로써 무기력에 빠진 교회의 한가운데에서 종교 혁명을 다시 시작해야 한다.

| 참고 문헌 |

안병무, 『민중과 성서』, 한길사, 1993.
───, 『기독교의 개혁을 위한 신학』, 한국신학연구소, 1999.
───, 「민중신학의 새 교회상」, 『사회와 신학』 제1집, 1991 봄.
───, 『민중과 교회』, 한길사, 1992.
───, 『생명을 살리는 신앙』, 한국신학연구소, 1997.
───, 『역사 앞에 민중과 더불어』, 한길사, 1986.
───, 『우리와 함께하는 예수』, 한국신학연구소, 1997.

에필로그

'운동의 신학'에서 '고통의 신학'으로
포스트–'1987년 체제'의 민중신학

김진호

세대론

    1980년대 중·후반, 당시 비판적 사회운동가들과 이론 집단 사이에서는 맑스주의적 인식론과 사회 해석이 대대적으로 유행하고 있었다. 민중신학 이론운동가들과 활동가들[1]도 마찬가지였다. 한국신학계 일각에서는 이들을 가리켜 '제2세대'라고 불렀다. 누가 먼저 이렇게 불렀는지는 알 수 없지만 이 용어는 도처에서 널리 사용되었다. 하지만 그 함의가 구

---

[1] 1980년대 민중민주운동에 복무하던 이들 사이에는 이론운동가들과 활동가들로 역할이 분담되어 있었다. 여기서 이론운동가들은 일반적인 학문 제도 밖, 운동 현장과 깊이 연관되어 있다는 점에서 전문적인 학자 집단과는 구별된다.

체적으로 무엇인지에 대해서는 모호했다. 누구를 가리키는 표현인지, 학자들에 국한된 것인지, 이론운동가·활동가·목회자를 포함하는 것인지, 그리고 구체적으로 '어떤 맑스주의'와 연계된 신학적 내용을 지칭하는 것인지 등에 대해서 거의 합의되지 않은 채 사용되었다.

그런데 '제2세대'로 명확히 분류되었던 이들 자신이 이 용어에 적극적인 의미를 부여한 것은 아니다. 만약 그랬더라면 선배 민중신학자들과는 다른, 자신들의 신학적 특성을 설명하기 위해, 이른바 '세대론적 개념화'의 시도를 적극적으로 모색했을 것이다. 하지만 그들은 세대론을 펴기보다는 이 두루뭉술한 호칭을 그대로 수용하였다. 게다가 '제2세대'는, 제1세대'와는 다른, 자신들 특유의 논리를 펴면서도 선배 민중신학자들과의 차별성을 드러내기보다는 연계성을 설명하는 데 더 몰두했다.

민중신학의 세대론을 이론화하려는 시도는, 제2세대 민중신학 운동의 주요한 '이론운동가'였지만 동시에 제3세대 민중신학을 대표하는 학자인 최형묵에 의해서 1990년에 처음 제기되었다. 「그리스도교 민중운동에서 본 민중신학」(『신학사상』 69, 1990 여름)에서 그는 민중신학의 세대 분류 기준을 '신학자의 분류'가 아니라 '신학 경향의 분류'라고 주장한다. 이것은 이제까지 '세대' 운운했던 이들이 자초했던 혼란을 명쾌하게 정리한 것이다. 실제로 소장민중신학자이지만 서술 형식과 내용에서 선배 민중신학자들과 별반 차이가 없는 이들이 많았다. 또 제1세대로 분류하는 것에 누구도 의문을 달지 않는 이들도 1980년대에 맑스주의적 문제의식을 담은 글을 쓰기도 했다. 이런 혼란에 대해 최형묵은, 신학자가 아닌 '신학 경향의 차이'로서 민중신학의 세대론을 정리한 것이다.

여기서 이 '차이'는 어떻게 나타나는가. 일반적인 신학사적 분류법에 따르면 신학 경향의 차이란 서양의 어떤 신학사적 계보와 연결되는

지와 관련이 있다. 루돌프 불트만의 계보인가 칼 바르트의 계보인가, 에 반젤리컬 신학(evangelical theology)의 계보인가 에큐메니컬 신학(ecumenical theology)의 계보인가 등등. 그러나 최형묵은, 한국 민중운동과의 연관성을 민중신학의 내적 구성 요소로 해석했던 서남동의 관점에 따라, 한국 민중운동과 조응하는 신학적 경향의 변화에 주목하면서 세대를 구별하고자 한 것이다.

구체적으로 1970년대와 1980년대는 비판 담론들의 시대 해석에 명확한 차이가 있다. 1970년대 박정희 군부독재 체제를 비판하는 데에는 '서구민주주의적 합리성'에 의존해서 시대를 해석하는 경향이 일반적이었다. 그런데 '1980년 광주'의 체험 이후, 한국 사회의 비판 담론들 속에는 반미 기조가 강하게 불타올랐다. 이미 1970년대 이후 세계는, 민주주의와 사회주의가 대화하고 종교들이 만나며 인종들이 화해하는 탈냉전 기조의 '데탕트Détente의 시간' 속에 있었지만, 한국인들은 1980년대에도 여전히 '냉전의 시간'을 살고 있었기에 '반미'란 서구적 합리성 전반에 대한 불신을 의미했다. 이렇게 기각된 서구적 합리성의 빈 자리를 차지한 것은 '동구사회주의적 합리성'이었다. 데탕트 시대의 동구사회주의가 아닌, 냉전 시대의 비타협적 변혁론을 강조하던 사회주의의 합리성 말이다. 당시 무수한 민중신학적 이론운동가들과 활동가들 그리고 신학자들은 이러한 변혁의 갈망을 품은 담론들을 공유하고 있었다. 하여 1980년대 비판 담론의 시대 해석들과 대화하면서 민중신학의 제2세대는 새로운 신학적 경향을 나타내게 된 것이라는 주장이다.

이는 민중신학 운동의 전개를 '이론적 실천'의 관점에서 재해석하였다는 점에서 민중신학스러운 분류학이라고 할 수 있다. 하지만 여기에도 문제점이 있는데, 이 시기에 제출된 수많은 민중신학적 연구물들이 한국 민중운동과의 연계성보다는 서양의 진보적 신학 계보와의 연계성을 조명하는 데 더 집중하고 있었기 때문이다. 최형묵의 기준에 의하면 이러한 논문들은, 민중신학적 연구들이긴 하더라도, 민중신학의 저항의 계보 '밖'에 위치한다. 하여 세대론적 해석은 민중신학의 전개를 살피는 '하나'의 관점에 지나지 않는다. 그럼에도 이 책은 세대론에 주목하고 있다. 제목 속에 들어 있는 '동시대적'(contemporary)이라는 표현처럼, 민중신학을 동시대 비판 담론들과의 조합을 통해 민중문제에 개입하려는 담론적 실천의 관점에서 이야기하는 데 최형묵이 개념화한 세대론적 시각이 유용하기 때문이다.

이런 관점에 기초해서 김진호는 1997년 「민중신학의 계보학적 이해. 문화정치학적 민중신학을 전망하며」(『시대와 민중신학』 4, 1997)에서 '민중신학의 제3세대'를 천명했다. 그것은 1990년대 이후 논의되기 시작한 새로운 문제의식들과 궤를 같이한다. '1980년대'라는 시간성은 권위주의에서 민주주의로의 전환을 지향하는 '거대한 변혁(great revolution)의 시대'라고 할 수 있다. 하지만 동시에 이 '거대한 변혁'의 문제 틀이 현실에서 관철된 것은 대통령직선제와 대통령 권한의 국회 분점이라는 엘리트 정치 중심적 개헌에 국한되었다. '1987년 체제'는 여기까지였다. 이 민주헌법에서 대중은 여전히 권력의 주체가 되지 못했고, '법 밖의 타자'에 대한 법률적 혹은/그리고 사회문화적 고민은 결여되어 있었다. 하여 '1980년대'라는 시간성 속에는 동시에 '프리-1980년대'적이고 배타주의적인 권위주의적 요소가 샴쌍둥이처럼 분리할 수 없이 얽혀 있는 것이 아닌가 하는 비판적 논점들이 1990년대 이후 제기되었다. 민중신학도 이러한 비판적 논점과 맥을 같이하면서 '제3세대'론을 폈던 것이다.

이러한 '제3세대'론은 그 담론적 주체들이 적극적으로 세대론을 폈다는 특징이 있다. 이는 제2세대 민중신학 담론들이 제1세대와 구별 짓기를 시도하지 않은 것과는 대조된다. 거기에는 1980년대와 1990년대라는 시간성 속에서 기독교 운동이 직면한 상황의 변화와 관련이 있다.

1980년대에 그 시대성을 선취한 것은 민중신학의 전문 연구자들이 아니라 '이론운동가들'과 '활동가들'이었다. 그 무렵에는 대규모의 매우 역동적인 기독교 청년·학생 활동가들이 있었다. 그들은 동시대 민중민주운동에 참여한 비기독교권의 활동가들과 긴밀한 연대 활동을 하고 있었는데, 그들을 하나로 엮는 신념과 이론의 배후에는 맑스주의가 있었다. 이는 개신교계의 청년·학생들에게 심각한 내적 갈등의 요소가 되었다. 하여 그들은 민중신학자들에게 맑스주의와 어떻게 동거할 수 있는지에 대해 대답할 것을 거세게 요구하였고, 이에 대한 공식적인 첫 번째 응답이 1987년 박성준의 글 「한국 기독교의 변혁과 기독교 운동의 과제」(『전환』, 사계절, 1987)였다. 이후 일련의 민중신학적 작업들은 이러한 요구를 좀 더 체계화하는 방향으로 이어졌다. 즉 민중신학 이론가들의 주된 신학 활동은 요청에 대한 응답이지, 제2세대의 필요성에 대한 강변이 아니었다.

반면 1990년대 이후 개신교계는 급속도로 사회운동이 쇠퇴하였다. 이는 민중신학 이론가를 향해 '응답하라'고 요구할 활동가 주체의 부재를 뜻한다. 하여 민중신학 연구자들 스스로가 지난 시대의 한계를 짚어 내고 새로운 신학 운동의 가능성을 발견해 내야 했다. 요컨대 '제3세대 민중신학'은 '제3세대론'에서 출발했던 것이다.

한편 제1, 제2, 제3세대의 민중신학적 담론은 각기 1970년대, 1980년대, 1990년대 등, 대략 10년 주기의 시대 해석들과 조우하면서 전개되었는데, 이중 제3세대 민중신학은 2010년대가 끝나 가는 현재까지도 계속되고 있다. 그것은 '1987년 체제'가 장기간 지속되고 있고 그 내외적 위기가 점점 심화되고 있다는 점에서 포스트-'1987년 체제'를 향한 제3세대의 문제 제기가 여전히 유효하기 때문일 것이다.

1980년대와 제2세대

이승만-박정희-전두환 정권에 이르기까지 한국의 정치는 권위주의적 독재정치였다. 권위주의 체제의 전반부는 사회에 대한 국가의 폭력으로 점철되었지만, 후반부는 국가 폭력이 경제성장과 결합되어 나타났다. 박정희 정권이 사회를 병영화兵營化함으로써 추진한 강도 높은 산업화는 커다란 성공을 이룩했다. 그러나 그것은 인권유린과 노동탄압을 대가로 지불한 성공이다.

하여 박정희 정권기의 많은 민중민주운동은 독재 체제와 국가 주도의 산업화의 폭력성에 대한 문제 제기로 나타났다. 독재정권의 무단통치, 그리고 야만적 산업화의 폭력성을 비판하는 저항운동을 주도한 것은 기독교와 대학의 진보적 청년들이었다. 그리고 이들의 선도적 저항에 비판적 성직자들과 대학교수 등도 다수 가담했다. 그런데 이 시기 저항운동의 특징 중 하나는 그 지적 자양분이 서구적 합리성에서 유래했다는 점이다. 실제로 서구 사회의 합리성은 권위주의적 정권이 민주정권으로 이행하고 야만적 산업화가 보다 인간적인 산업화로 전환되는 과정에서 형성되었다. 이 시기 한국 사회의 가장 급진적인 저항 담론이라고 할 수 있는 민중신학도 예외가 아니었다.

그런데 1979년 갑자기 박정희 정권이 내파하고, 이듬해 전두환이 이끄는 신군부가 쿠데타로 집권하게 되었다. 하지만 독재정권의 정당성은 급격하게 실추했다. 이에 쿠데타 세력은 설득보다는 공포의 정치를 통해 국민적 통합을 이룩하려 했다. '북한에 의한 안보 위협'이 광주에서 내란을 일으키는 것으로 나타났다고 주장하면서 이 비상사태를 수습하기 위해선 부득이하게 군인이 정치에 개입하여야 한다는 것이었다.

하지만 공포정치로 정권의 정통성은 국민에게 인준받지 못했다. 저항은 더 확산되었고 급진화되었으며 조직화되었다. 또한 저항이론들은 훨씬 더 체계화되었다. 이때 저항이론의 체계화에 영향을 미친 지적 자양분은 '비타협적인 동구사회주의적 이론들'이었다. 이전 시대의 저항담론의 토대가 되었던 서구민주주의적 합리성이, '5·18 광주' 이후 한국의 저항세력에게선 기각된 것이다. 그것은 미국이 신군부의 광주 학살극을 사실상 승인했다는 주장이 폭넓게 받아들여졌기 때문이다.

1980년대에는 이러한 저항이론들에 기반을 둔 '민주주의를 향한 밑그림들'이 등장했다. 이 시대는 수많은 논쟁들의 시대였다. 대학가를 중심으로 벌어진 '한국 사회 성격 논쟁' 혹은 '한국 사회 구성체 논쟁'이 그 대표적인 사례다. 그리고 개신교 청년들 사이에서 벌어진 이른바 '아이덴티티 논쟁'도 대단히 격렬했다.

이 모든 논의들은 박정희 정권의 반민주성을 넘어서는 새로운 사회를 향한 다양한 갈망들이라는 점에서 공통된다.[2] 그런 점에서 이 모든 밑그림들의 지향점은 '민주주의'라고 할 수 있다. 즉 독재 정부와 연결된 일체의 사회적 체계를 민주주의적 체계로 전환시켜야 한다는 기획들이다. 하여 1980년 이후의 민주주의 요구들은, 그 이전의 예언자 같은 선도적

---

2 더 나아가 박정희 정권을 비롯한 남한 정권 전체가 미국의 신식민지 상황에 놓여 있다는 점에서 민주화는 저 서구 제국으로부터의 해방을 포함하는 것이었다. 요컨대 해방과 민주주의는 분리할 수 없는 하나의 고리였다.

인 갈망의 외침과는 달리, 사회 설계자들의 기획과 같은 형식을 띠었다. 그런 담론의 기조를 이 시대 이론운동가들과 활동가들은 '과학적'이라고 불렀다.

제1세대를 대표하는 안병무도 '1980년 광주'의 기억을 성찰하면서 폭로와 증언을 넘어서 민중신학적 사회 설계들을 제시했다. 이 시기에 제시된 여러 가지 그의 신학적 키워드들, 가령 공公, 탈脫과 향向, 통일헌법 등이 그것을 시사하는데, 그의 신학의 진수 중 진수인 '오클로스론'은 동시대 각 분야의 민중론자들 가운데 가장 빛나는 기획에 속한다.

그의 오클로스론이 성립하는 데 가장 핵심적인 발견은 '유언비어'다. 마르코복음이 오클로스의 예수 이야기라는 주장은 안병무 이전에 일본의 신학자 다가와 겐죠(田川建三)에게서 먼저 나왔다. 오클로스가 병자, 세리, 창녀 등 '비귀속적 박탈계층'이라는 것도 다가와의 발견이었다.[3] 그런데 다가와는 그런 오클로스가 마르코복음을 만들었다고 했지 그것이 '역사의 예수'와 어떤 연관성이 있는지에 대해서는 말하지 않았다. 반면 안병무는 이 복음서에서 역사의 예수를 읽으려 했다. 문제는 안병무의 독법의 근거가 무엇인가라는 것이다.

1970년대의 안병무는 이에 대해 답하지 못했다. 그런데 1980년 5·18 광주의 경험을 거치면서 그는 실마리를 찾아낸다. '유언비어'流言蜚語(rumor)에 대한 착상이 그것이다. 공적 언어가 아닌 말, 공적 언어에서 배제된 말, 그러나 공적 언어의 은폐를 폭로하는 말, 이것이 그가 발견한 유언비어다.

안병무는 마르코복음 이야기의 특성을 유언비어라고 주장한다. 예

---

3   농민은 땅에 '귀속된' 박탈계층이고 노동자는 공장에 '귀속된' 박탈계층이라면, 오클로스는 그 사회에서 귀속성이 부정된 박탈계층이라는 것이다.

수가 불의한 권력에 의해 비참한 최후를 맞이한 것에 원통해하던 대중이 그이에 대한 자신들의 기억들을 풀어놓기 시작하고 그것이 모이고 스토리를 이루다가 누군가에 의해 채록됨으로써 이 복음서가 탄생한 것이라는 얘기다.

놀랍게도 이것은 그동안 마르코복음에서 역사의 예수를 발견하는 데 실패했던 서구 예수학계의 한계를 돌파하는 실마리가 된다. 이제까지 서구 예수학계는 예수와 전달자를 나눔으로써, 예수의 고유한 말과 행적을 발견해 내려 했다. 하지만 안병무는 다르게 보았다. 구술 전승인 유언비어에는 지배적 언어가 왜곡하고 은폐한 진실을 기억하고 전달해 내는 대중의 어법이 들어 있다. 이렇게 마르코복음에는 예수에 대한 대중의 기억이 들어 있고, 그 기억 속에는 지배층에 의해 은폐, 왜곡된 역사적 예수에 대한 진실이 담겨 있다. 즉 예수와 마르코복음 사이의 불연속성에서 예수를 물었던 서구 예수학계와는 달리 연속성에서 물은 것이다.

그런데 그 대중의 정체는 오클로스다. 여기서 다가와가 발견한 '비귀속적 박탈계층'이라는 게 빛을 발한다. 그들은 마을에 속한 농민이 아니다. 마을의 질서를 통제하는 회당에서 배제된 이들이다. 회당을 지배하는 바리사이에게서 마을 밖으로 배제된 존재로 해석된 자들인 것이다. 해서 예수가 회당 안에서 바리사이와 안식일 논쟁을 벌인 후 바리사이가 예수를 적대하기로 하자, 예수는 더 이상 회당 안에서 활동할 수 없었고 마을 외부의 공터인 '호숫가'에서 활동했다. 바로 그곳에는 오클로스가 있었다. 그렇게 보자, 서구 예수학계가 마르코복음에 나오는 예수의 공간 이동을 나타내는 구절들을 이 복음서 저자의 첨가 구로 본 것과는 달리, 역사의 예수의 활동을 보여 주는 중요 구절들임이 드러나게 되었다.

이렇게 유언비어에 대한 안병무적 관점이 실마리가 되어 역사의 예수, 그이가 어떤 활동을 했는지에 대해 민중신학적 해석이 가능해졌다. 그이는 오클로스와 더불어 하느님 나라 사건을 일으켰다. 그 나라는 이들이 하느님의 새로운 백성으로 부름 받는 나라다. 자신들이 살고 있는 사회 속에서 배척된 자들, 하여 어느 곳에도 속하지 못한 자로 취급되는 자들, 그런 이들이 '하느님 나라의 민民'이 되는 체제, 바로 이것이 안병무가 말하는 하느님 나라다.

그러나 1980년대적 성찰의 결과임에도 안병무의 오클로스는 동시대 역사의 주목거리가 되지 못했다. 오히려 그 시대는 '흩어진 자들', '존재가 산산이 부서진 자들', '자아가 붕괴된 자들'보다는 '속한 자들의 거대한 연대'가 절대적인 의미를 지녔다. 이 시대의 밑그림들 대부분은 치열하게 갈등하고 있었지만 하나의 거대한 연대를 이루는 '주체의 의미'에 대해 탐구하고 있었다.

그 시대는 '연대'(soliderity)의 시대였다. 1980년대 중·후반경 전국의 대학생들을 엮는 거대한 연대체들을 만들려는 일련의 시도들이 벌어진다. 또 노동자들도 공장 단위로, 지역 단위로, 업종 단위로 연대체를 결성하고 대대적인 공동 투쟁을 기획한다. 사회운동 단체들도 마찬가지다. 그 결과 대학생-노동자-시민을 엮는 대규모 저항운동들이 벌어졌다. 이는 1987년 엄청난 규모의 사회적 운동으로 이어져 독재 체제를 종식시키는 법적, 제도적, 담론적 변화를 이룩한다. 즉 독재정권이 민주정권으로 이행되는 것을 넘어서, 독재에서 민주로 체제 교체(레짐 체인지)에 성공하게 된 것이다.

이러한 레짐 체인지를 향한 대대적인 사회적 투쟁의 대열에서 민중신학의 두 가지 다른 흐름이 주목을 끌었다. 하나는 '민중교회운동'이다. 1980년대 초 신군부에 의해 신학대학에서 강제 퇴출된 일단의 신학도들이 민중신학자들의 영향으로 노동자 교회나 농민 교회, 빈민 교회 등을 만들었다. 한데 여기서 중요한 것은, 이들 교회들이 개별적으로 탄생하여 각기 활동한 것이 아니라, 처음부터 교단별, 지역별, 범주별(농촌, 도시빈민, 노동 등) 연대체로 결속하였고, 이는 다시 모든 민중교회들을 엮는 연합체로 결성되었다는 데 있다.

이렇게 민중교회들은 집단 인격체로서 서로 교류하면서 기성 교회들과는 다른 조직, 예전, 담론을 통해 새로운 교회적 실험을 열정적으로 모색한다. 특히 전통적인 '포교적(전도적) 교회'가 아닌, 주위의 민중운동과 연대하는 '선교적 교회'를 만드는 데 전력을 다했다. 나아가 지역별, 범주별로 사회운동 단위들과 긴밀히 연계되어 활동했다.

민중교회운동은 신학대학이나 교단, 전문신학자들의 지원을 거의 받지 못했지만 민중교회운동에 참여한 목사와 신자들은 고군분투하며 대단한 활약을 펼쳤다. 비록 전체 교회에 비하면 절대소수이고 그나마 거의 대부분 교회들이 미자립 소형 교회들이었지만, 독재 체제의 돌진적 산업화(rush-to industrialization)의 주역 혹은 동맹자들이었던 대다수 교회들과는 달리, 민중적인 민주 체제를 지향하는 교회운동으로 한국뿐 아니라 전 세계적인 주목의 대상이 되었다.

그런데 '1980년대적 전환', 곧 독재 체제에서 민주 체제로의 전환이 농익어 갈수록 민중교회운동은 변모하지 않을 수 없게 된다. 거대한 연대의 시대는 내적인 차이보다 함께 추구해야 할 외적 의제가 더 강한 영향력을 미치는 시대다. 하지만 민주주의가 제도화되는 시기 이후 사회의 각 부문은 각자의 과제와 각자의 욕망이 무엇보다도 중요한 요소로 부상하게 된다. 그것은 '연대'보다는 '차이'가 더 중요한 정치 행위가 되었다는 것을 뜻한다. 이른바 '차이의 정치'의 시대가 도래한 것이다.

또한 한국에서 민주화의 시대는 소비자본주의의 시대와 겹친다. 그리고 지구화도 거의 함께 찾아왔다. 그런데 지구화가 밀물처럼 사회의 전 영역으로 밀려드는 것은 신자유주의의 광풍에 떠밀리면서부터다. 민주화—소비자본주의—신자유주의적 지구화, 이렇게 세 요소가 얽히면서 한국 사회의 각 행위자들은 자신들 각자의 '차이'를 마치 상품처럼 욕망의 형식으로 지각하게 했다. 그리고 그런 욕망의 주체가 되기 위해서는 무한 경쟁의 전쟁에 돌입해야 했다. 하여 그 시대는 '차이'를 매개로 하는 전문화의 시대였다.

민중교회들도 다르지 않았다. 민중교회운동에 참여한 교회들은 예배 공동체이자 운동의 단위였고 사회복지의 수행자이기도 했다. 여기서 각 교회들이 안고 있던 내적 차이들은 언제나 부차적이었다. 그것보다는 단일대오의 연대가 중요했다. 그래서 여러 요소가 결합된 복합적 주체로 남아 있었다. 여기서 거대한 연대의 한 부문이라는 것이 중요했다.

그런데 민주화—소비사회화—신자유주의화의 시대로 빨려 들어가면서 민중교회들 각자는 내적 차이들의 중요성에 직면하게 되었다. 더 교회적인 전통을 강화하거나 더 실험적인 교회가 되거나, 아예 교회를 떠나 사회운동의 일부가 되거나 복지기관이 되거나 … 어느 경우든 전문적 행위자가 되지 않으면 존립 자체가 위협받는 시대가 되었다. 이것은 민중교회운동이 더 이상 집단 인격체적 연합 운동의 성격으로 전개되는 것이 효과적이지 않다는 것을 뜻한다. 하여 민중교회운동은 1990년대 이후에는 다른 여러 양식으로 분화되어 새로운 정체성을 찾아 떠나는 여정에 오르게 된다. 그 과정에 민중신학은 이렇다 할 기여를 하지 못함으로써, 이 경로에서 민중신학의 역할은 단절된다.

두 번째 흐름은 한창 아이덴티티 논쟁 중에 있던 1980년대 청년·학생들과 연결된 재야 전문 신학자들의 이론적 실천으로 나타났다. 아이덴티티 논쟁이란, 1980년 '5·18 광주' 이후 비타협적인 동구사회주의적 합리성이 청년층에 강력한 영향력을 미치게 되면서 개신교 청년들 사이에서 벌어진 기독교 세계관 논쟁을 말한다. 개신교적 아이덴티티를 강조하는 그룹과 맑스주의와 개신교 신앙이 조합된 새로운 신앙적 아이덴티티를 갈망하는 그룹 간의 격렬한 논쟁이 벌어졌고, 이는 개신교 청년·학생 운동 진영을 두 편으로 갈라놓았다. 여기서 후자에 속하는 청년들은, 당시 진보적 청년·학생들 사이에서 왕성하게 벌어지던 맑스주의 학습 운동에 참여하면서, 민중신학자들을 향해 전통적 교회의 아이덴티티와는 다른 새로운 기독교 세계관에 대해서 질문 공세를 퍼부었다.

1986년 박성준이 '새로운 아이덴티티'로서의 민중신학론을 폈을 때, 기독교와 맑스주의의 동맹을 추구하던 개신교 청년들은 열광적으로 수용하였다. 이어서 강원돈은 기독교 세계관을 맑스주의적 언어로 재구성하는 일련의 작업을 왕성하게 수행하였다. 그가 '물物의 신학'이라고 명명한 이 신학적 작업은 안병무와 서남동 등 제1세대적 민중신학을 맑스-레닌주의적 유물론과 모순 없이 결합하려는 데 목적이 있었다.

그런데 새로운 아이덴티티로서의 물의 신학은 세계관에 관한 논의에 집중하고 있었다. 당시 유럽에서도 기독교와 맑시즘의 대화가 진행되고 있었지만, 이미 조직과 조직, 이념과 이념 사이에 폭넓은 연결망이 형성되어 있었기에 그 대화는 기독교 전통과 맑스주의와의 접점을 찾아 재해석하는 방식이 중심을 이루고 있었다. 또 라틴아메리카의 해방신학에서도 맑스주의와의 대화가 모색되었지만, 해방신학에서 맑스주의는 이데올로기 비판의 도구에 가까웠기에 세계관의 치열한 갈등을 덜 겪을 수 있었다. 반면 민중신학 제2세대는 기독교 전통을 해체하고 새로운 아이덴티티를 주장하였기에 긴장의 정도가 매우 깊었다.

하여 민중신학에 우호적인 교회 사역자들조차도 제2세대의 담론이 교회를 배려하지 않는다고 문제를 제기하곤 했다. 하지만 위에서 언급했듯이 제2세대 담론은 기독교 사회운동에 참여하고 있는 청년·학생들의 요청에 대한 응답이었다. 사실 몇 안 되는 연구자들이 다른 것까지 감당할 여력은 없었다. 요컨대 제2세대 담론의 현장은 진보적인 기독교 청년·학생들의 운동의 자리였다. 그리고 그에 부응하듯, 기독교 사회운동 진영에서는 그 글들이 열렬히 탐독되었다. 수많은 학습 집단이 조직되었고 수많은 이론운동가들이 매개적 역할을 담당했으며 그들이 묶어 낸 학습자료들이 사적 팸플릿 형식으로 무수히 제작, 유포되었다.

1980년대 청년·학생운동에서 이론운동가 현상은 일반적이었다. 민중신학도 예외가 아니다. 한데 대체로 이론운동가들은 전문 연구자들의 아카데믹한 맑스주의 이론을 현장의 운동 이론으로 변환시키는 데 적잖은 역할을 하였다. 하지만 민중신학적 이론운동가들의 주된 역할은 달랐다. 제2세대 민중신학적 텍스트들이 매우 난해했기에 그것을 해설하는 것에서 시작해서, 그것에 기반을 둔 성서 해석은 어떠해야 하는지, 신·교회·구원 등은 어떻게 이해해야 하는지, 기독교 역사를 어떻게 바라보아야 하는지 등, 운동 현장보다는 신앙의 일상적 현장에서 필요한 신학적 지식을 구성하는 일에 복무했다. 하여, 제2세대의 주역들은 자신들의 신학을 자칭 '운동의 신학'이라고 이름 붙였지만, 정작 그들의 문건들은 운동보다는 새로운 기독교 세계관을 구성하고 그것을 일상적 신앙의 해석에 적용하는 내용을 담고 있었다. 아이러니하게도 그것이 결국 운동의 신학을 가능하게 했던 것이다.

이것은 자연스레 학습 교재 제작 현상을 낳았다. 비기독교권에 비해

재정적으로나 조직적으로나 후원 체계가 잘 갖추어진 기독교권의 청년·학생운동 기관들은 재원을 마련하고 이론활동가들을 조직하여 교재 제작을 시작하였다. 1980년대 중·후반에서 1990년대 초까지 교단 단위의 혹은 초교파적인 기독교 청년·학생운동 기관들 중 교재 제작에 참여하지 않은 곳이 없을 정도로 붐을 이루었고, 그중 몇 개는 수만 권이 판매되는 놀라운 열독 현상으로 이어졌다.

1980년대의 민주화운동은 권위주의적 독재정권의 양보를 이끌어 냄으로써 1987년 헌법 개정에 성공했다. 이로써 민주주의는 더 이상 갈망의 대상이 아니라 실현 가능한 것이 되었다. 그 후 10년 만에 사실상의 정권교체가 실현되었다.

그러나 민중신학 제2세대의 역사에서 이론운동가로 참여했던 이들은 이러한 변화를 긍정적으로 전유할 수 없었다. 우선 기독교 사회운동은 이 시기에 궤멸적 위기에 직면했다. 동구사회주의 국가들의 몰락으로 냉전 시대의 비타협적 맑스-레닌주의적 해석에 의존하던 진보 운동권은 심각한 타격을 받았다. 여기에 민주주의적 공론장이 다양해지면서 변화에 기민하게 대응하지 못한 기독교는 오히려 권위적 공론장으로 쇠락해 버리고 있었다. 또한 시민사회 영역이 확대되면서 시민운동의 공간이 생겨났고 수많은 개신교 활동가들이 시민운동 영역으로 옮겨 갔다. 이는 민중신학 텍스트를 읽어 줄 독자가 사라졌음을 의미한다. 한편 진보적 활동가들이 대거 이탈하면서 개신교는 빠르게 보수주의화되고 있었고, 이는 기독교 네트워크에서 민중신학의 자리가 없어졌음을 의미했다.

이것은 일견 세대론적 의미의 민중신학의 종말을 의미할 수 있었다. 신학대학이나 학술지에서 민중신학 논문들은 간간이 발표되었지만 그것은 사회운동과는 무관했고 사회적 변화를 둘러싼 논의에 개입하는 것도 아니었으며 민중 현장을 증언하는 것도 거의 아니었다.

그런데 세대론적 민중신학의 계보가 완전히 사라진 것은 아니다. 1980년대 이론운동가 경력의 연구자들 일부가 1990년대 초부터 모임을 계속하고 있었고, 그들 중 일부는 새로운 유형의 교회의 사역자이기도 했다. 또 그들의 일부는 기독교 외부에서 한국 사회를 비판적으로 다루는 담론의 장에 개입하여 민중신학적 담론을 계속 펴기도 했다. 바로 그들이 1997년에 '제3세대 민중신학'의 출범을 선언했다.

'1987년 체제'와 제3세대

글을 쓸 공간도 읽을 대중도 사라진 상황, 이것은 민중신학자들에게 뿌리 뽑힘의 체험이었다. '새로운 아이덴티티'를 강조했던 만큼 기독교 전통 내에서 그들이 있을 곳은 별로 없었다. 그러나 기독교 범주의 바깥에서 그들은 여전히 기독교 신학자들이었다. 많은 맑스주의자들은 민중신학자들의 유물론적 신학은 허구라고 비판했다. 많은 시민론자들은 민중의 시대는 끝났고 이젠 시민을 성찰해야 한다고 주장했다.

이런 뿌리 뽑힘의 체험 덕에 민중신학자들은 기독교에 대해 보다 근원적으로 사유할 수 있었고, 과거 열렬히 추구했던 비타협적인 맑스-레닌주의적 유물론에 대해서도 냉철하게 성찰할 수 있었다. 또 민주화와 함께 도래한 시민의 사회를 비판적으로 바라볼 수 있었다.

1997년 '민중신학의 제3세대'론은 바로 이러한 비판적 문제 제기에 대해 스스로 내놓은 하나의 대답이었다. 여기서 주목할 것은 '명료한 경계의 해체'였다. 기독교, 한국, 민족, 유물론, 민중 등, 지난 시절 명확한 것이라고 생각했던 범주들이 실은 시공간 속에서 끊임없이 팽창과 수축을 하고 있으며 심지어는 경계 자체가 무수한 틈을 갖고 있다는 것이다. 그리고 이러한 복잡하게 운동하는 경계들의 메커니즘은 권력의 작동 양식에서도 복잡할 수밖에 없는 것이라고 해석했다. 권력은 특정한 주체에게 독점된 것이 아니고, 그 작동 양식도 폭력적인 것만은 아니다. 권력은 도처에서 발생하고 그것의 작동 양식도 노골적으로 드러나기만 하는 것이 아니라 은폐되어 있는 경우가 많다는 것이다. 이것은 '미시 권력'에 대한 문제 제기 그리고 '내면의 독재자'에 대한 문제제기도 민중신학의 주제가 되었음을 뜻한다.

그런데 이러한 문제의식은 민중신학자들의 실존적 고민의 산물만은 아니다. 기독교 사회운동의 요청은 없었지만, 시대의 변화가 그런 문제의식을 요청했다고 할 수 있다. 1987년 민주주의적 제도화가 본격화되었는데 이 과정은 권력의 공공화公共化 과정이 아니라 사사화私事化를 의미했다. 거시 권력에서 일상의 미시 권력까지 거의 모든 시민적 주체들이 자신이 점유할 수 있는 권력의 장을 더 많이 확보하고자 무한경쟁을 벌였고 그것을 맘껏 향유하는 권리를 위해 집착했다. 1987년 개정헌법은 대통령 직선제와 대통령 권한의 국회 분점에 초점이 맞춰져 있었지만, 즉 통치의 최고 수위권의 분점에 집중된 것이지만, 그 효과는 이렇게 전 사회를 권력 게임의 장으로 변모시켰고 전 국민의 권력 게임 중독 현상으로 나타났다. 그런 점에서 1987년 민주헌법은 권력 사유화의 레짐regime이 되었다. 제3세대의 일부 민중신학자에게 포착되었던 '1987년 체제'는 그랬다.

한편 '1987년 체제'가 구체화되는 데 간과해서는 안 되는 중요한 요소는 '소비사회화'다. 한국 사회에서 민주 체제가 등장할 무렵 내구소비재산업의 비중이 비약적으로 증대했다. 바야흐로 소비사회로의 전환의 기점이 바로 이 시기인 셈이다. 소비사회는 대중을 소비자로 호명하는 사회다. 소비자는 소비 능력과 상응하면서 그 권력의 크기가 형성된다. 그런데 이런 메커니즘을 제약할 민주주의적 제도화가 미비했다. 아니 오히려 부추겼다. 요컨대 한국 사회에서 민주주의와 소비사회는 권력의 사유화와 무한경쟁화를 강화시키는 나쁜 조합을 이루는 경우가 많았다.

제3세대 민중신학은 이러한 '1987년 체제'를 비판적으로 대면하면서 출범했다. 권력의 사유화와 무한경쟁화가 모두에게 사회적 고통을 가중시키고 있고, 이러한 고통을 회피하려는 방어적 행동의 하나가 가학성의 현저한 증가로 나타났으며, 이러한 가해 메커니즘의 계층구조(hierarchy)에서 아래로 갈수록 고통의 밀도가 심화되고 있다는 비판적 문제의식이다. 하여 제3세대 담론들은 고통의 메커니즘을 읽는 데 주목했다. 제1세대 민중신학을 '증언의 신학'이라고 하고, 제2세대를 '운동의 신학'이라고 부른다면, 제3세대를 가리키는 또 다른 이름은 아마도 '고통의 신학'이라고 해도 과언이 아닐 만큼 이 문제는 제3세대 민중신학의 핵심 주제였다.

고통의 문제는 1997년과 2008년에 사회를 거의 파탄지경으로 몰아붙인 금융자본주의적 위기를 경유하면서 이젠 민중신학만이 아니라 한국 사회비판담론들의 가장 중요한 의제의 하나가 되었다. '헬조선'이라는 말 속에는 자신들의 삶의 현장을 돌이킬 수 없는 비가역적 악마성의 일상화로 이해하는 대중의 막막한 자괴감이 들어 있다. 그런데 그 출구가 보이지 않는다. 그리고 누구든, '이건 아니지'라고 생각할 때조차 그 악마적 질서에 거슬러서 살 수 없다. 그런 상황에서 사람들은 고통을 겪는다. 몸이 아프고 정신이 병들었다. 혹은 그 대신에 증오를 품는다. 그런데 그 증오를 부추기는 자들이 있다. 개신교는 그런 증오를 부추기는 최전선에서 있다. 하여 증오의 촉진자로서 개신교는 한국 사회 해석의 중요한 주제가 되었다. 즉, 민중신학의 고통 연구는 신자유주의의 전지전능하고 무소부재한 악마적 신성의 해석에서부터 증오의 촉진자로서의 한국 교회에 관한 해석에까지 폭넓게 주제를 확장했다.

한편 고통 연구의 연장 선상에서 제3세대 담론이 주목한 또 다른 주제는 '타자'다. 사회적 고통이 증오로 옮겨 가는 가해의 메커니즘에서 '타자'의 문제가 부각된다. 어떤 경우는 기존의 타자화된 존재가 공격의 대상으로 다시 지목되기도 하고, 새로운 타자를 만들어 내기도 한다. 이러한 타자의 생성 과정에서 타자화 담론이 확산되면서, 사회적 증오를 정당화시키는 편견의 기제가 작동하며, 그것으로 인해 가해자와 피해자(타자)는 증오를 정당한 처벌처럼 오인하게 된다. 한데 이러한 편견과 오인의 기제는 배타주의적인 기독교 신학의 담론과 매우 닮았다. 이는 증오의 메커니즘 자체가 신학적인 비평의 대상임을 의미한다. 또한 담론상의 유사성 탓인지 실제로 기독교가 증오의 사도로 활약하는 경우가 많다는 점에서, 기독교 신학과 신앙 그리고 교회에 대한 민중신학적 비평이 요청된다. 제3세대 민중신학의 '타자'에 대한 담론은 바로 이러한 현상과 메커니즘에 대한 비판적 개입으로 제기되었다.

이러한 타자화 메커니즘뿐 아니라 타자화된 존재의 주체에 관한 논의도 제3세대의 주요 주제였다. 타자화된 존재는 자아의 붕괴를 체험하면서 무능력화되는, 즉 쓸모없는 존재가 되어 버리곤 하며, 때로 그로테스크한 괴물적 주체로 나타나기도 한다. 이 과정에서 타자의 언어 붕괴 현상이 포착되는데, 서남동은 일찍이 이것을 '한恨의 소리'라고 규정한 바 있다. 요컨대 이는 '언어가 되지 못한 고통의 소리'라는 것이다. 하여 언어 질서 속에서 해독 불가의 텍스트가 바로 '한의 소리'다. 그런 점에서 서남동이 말한 '한의 사제로서의 민중신학자'의 역할은 그 소리를 언어화하는 자, 그리하여 시민사회에 그것을 번안해 주는 자인 것이다. 이런 맥락에서 제3세대는 서남동을 재해석하면서 민중신학적 윤리로서의 '증언의 정치'를 제안한다.

한편 1980년대에 제기된 안병무의 오클로스론이 오늘날 다시 주목되고 있는데, 그것은 '속할 곳을 잃어버린' 오클로스가 바로 현대의 타자론을 가장 적절하게 설명하고 있기 때문이다. 그런데 동시에 오클로스론은 그들 자신이 사회적 실어증의 한계를 돌파하여 구술체로서의 예수 이야기를 만들어 냈고 나아가 마르코복음이라는 문서를 탄생시킨 것처럼, 타자화된 존재의 재주체화를 보여 준다. 물론 이러한 민중의 자기초월은, 합리적 계산법으로 해명할 수 없는, 종말론적 사건이다. 그런 점에서 제3세대는 종말론적 사건으로서의 타자의 재주체화를 예수 사건으로 해석하기에 이른다.

이러한 제3세대 민중신학 연구자들은, 앞서 얘기한 것처럼, 매체도 독자도 사라진 담론적 폐허 위에서, 게다가 그들이 활동해 왔던 장의 외부로 밀려난 떠돌이로서 담론 생산자의 여정을 시작해야 했다. 이 여정에서 그들이 발견한 것은 '제3의 장소'들이었다. 그중 첫 번째 '제3의 장소'라면 교회다. 교인과 비교인의 경계가 모호해지며, 기독교도와 타 종교인 나아가 비종교인의 경계가 모호해진 교회, 또 목회자와 평신도의 경계가 모호해지고 찬송과 노래의 경계가 모호해지며 성서와 신문의 경계가 모호해진 교회다. 해서 이 교회들에는 전통적인 개신교 신앙 성향의 신자들뿐 아니라 멀티 신자 유형[4]의 신자들이 적지 않다. 1980년대 말 이후 이

---

4   '멀티 신자'(multi-believers)란, 한 종교에 대한 배타적 신심을 갖는 것이 아니라, 여러 종교의 진리들과 의례들에 대해 존중하는 태도를 갖는 신자를 가리킨다. 한 종교에 대한 배타적 신심

런 교회들이 몇몇 등장했다. 김경호는 그런 교회를 가리켜 '민중신학에 기반을 둔 교회'라고 명명했다. 실제로 이들 교회들의 사역자들은 제3세대적 감수성으로 민중신학을 구현하는 교회를 만들고자 했다.

두 번째 장소는 연구 공동체다. 여기서는 신학과 인문학 및 사회과학의 경계가 해체된 담론들이 실험되었다. 또 아카데미즘과 현장의 경계를 흐트러뜨리는 담론들이 생산되었다. 세 번째는 교회 바깥의 매체들에서 기독교 신학적인 담론들이 소통되었다. 물론 이것은 민중신학만의 성과는 아니다. 하지만 민중신학자들의 활동은 어느 누구 못지않다. 아무튼 이들 매체들은 기독교적 주제를 다루든 않든 그것에 대해 말하는 신학자들의 텍스트를 필요로 했다. 또 그 매체의 소비자들은 기독교도든 아니든 신학자들의 해석을 탐독했다.

제3세대 민중신학은 여전히 주류 신학계나 주류 교회와 소원한 관계에 있다. 도리어 타 종교나 비종교권 학계와 더불어 한국 사회의 대중 현실과 정치에 대해 논하는 공론장에 더 적극적으로 참여한다. 동시에 제3세대 연구자들에게 있어서 더 중요한 무대는 새로운 정체성을 탐구하려는 멀티 신자 성향이 강한 종교인들, 그리고 종교와 사회에 대해 진지하게 묻고자 하는 비종교적 대중과 나누는 공론의 장이다.

제3세대 담론은 점점 활동 영역이 확장되고 있고, 그 영향력도 커지고 있다. 물론 아직 제3세대는 신학계에서 낯설다. 또 제2세대가 권위주의 체제를 민주 체제로 전환시키는 데 일정한 기여를 한 것에 비해 담론적 성과가 미미하다. 그런데 어쩌면 제3세대의 끝이 다가오고 있는지도 모른다. 그것은, 권위주의적 독재 체제가 민주 체제로 전환된 것이 제2세

을 갖는 종교성은 서양의 종교개혁과 그 이후의 근대화 과정에서 지배적인 종교 양식으로 확정된 것인데, 오늘날에는 멀티 신자적 신앙 유형이 점점 확산되고 있는 추세다.

대와 제3세대로 나뉘는 계기가 된 것처럼, 1948년 냉전적 반공국가 레짐이 2018년 '4·27 판문점 선언'을 계기로 탈냉전적 평화체제로 이행하는 뚜렷한 조짐이 보이기 때문이다. '6·12 북미정상회담' 이후 전 세계에는 한반도의 탈냉전화에 이르기까지는 여전히 많은 장애물이 있다는 현실적 문제의식이 확산되었지만, '6·13 지방선거 및 국회의원보궐선거' 결과는 한국인들 자신에게는 '4·27'과 '6·12'가 탈냉전을 향한 비가역적이고 신속한 변화의 징후로서 받아들여졌음을 시사한다. 그렇다면 탈냉전적 평화 레짐 시대의 민중신학은 민중문제의 새로운 차원에 대한 해석을 요청받게 될지도 모른다. 그렇다면 민중신학 제4세대의 등장은 그리 멀지 않았다.

| 참고 문헌 |

강원돈, 『물의 신학』, 한울, 1992.
김진호, 「민중신학의 계보학적 이해. 문화정치학적 민중신학을 전망하며」, 『시대와 민중신학』 4, 1997.
김진호, 김영석 엮음, 『21세기 민중신학』, 삼인, 2013.
박성준, 「한국 기독교의 변혁과 기독교 운동의 과제」, 『전환』, 사계절, 1987.
서남동, 『민중신학 탐구』, 한길사, 1983.
안병무, 『민중신학 이야기』, 한국신학연구소, 1990.
이상철, 『탈경계의 신학』, 동연, 2012.
이숙진, 「자기계발이라는 이름의 종교: 코칭프로그램의 자기테크놀로지를 중심으로」, 『종교문화비평』 25, 2014.
정용택, 「지금, 민중신학에서 '운동'과 '현장'이란 무엇인가?」, 『진보평론』 62, 2014 겨울.
최형묵, 「그리스도교 민중운동에서 본 민중신학」, 『신학사상』 69, 1990 여름.

편집 후기

아시아 신학 총서를 다시 이으며

　　분도출판사는 1982년 대만의 개신교 신학자 송천성의 『아시아인의 심성과 신학』을 시작으로 '아시아 신학 총서'를 열었고, 지난 2003년 가톨릭 종교학자 박일영의 『한국 무교와 그리스도교』로 10권을 채웠다. 그간 의미 있는 신학 저작들이 많이 나왔지만, 여러 사정으로 총서를 펴내지 못하다가 『민중신학, 고통의 시대를 읽다』로 오랜만에 아시아 신학 총서를 재개하게 되었다. 사실 '아시아'라는 말은 지리적으로나 사상적으로 퍽 애매한 말이지만, 더욱 폭넓고 다양한 신학을 이 총서에 포함시킬 수 있는 장점도 있다. 향후 피터 판이나 펠릭스 윌프레드와 같은 저자들을 비롯해 탈식민신학이나 한국의 종교신학도 이 총서에 포함될 수 있기를 기대한다. 『민중신학, 고통의 시대를 읽다』가 아시아 신학 총서에 들어옴으로써 한국적 주체성을 살리면서도 더 보편적인 맥락에서 민중신학을 바라보고 가톨릭 신학계에도 최근의 민중신학 경향들이 알려질 수 있는 계기가 되길 바란다.

한국의 현실에서, 가톨릭계 출판사가 민중신학에 대한 책을, 그것도 필자 전원이 개신교 학자들로만 이루어진 책을 내는 것은 쉬운 일이 아니다. 입장을 바꾸어서, 저자들이 국내 가톨릭 신학자들로만 이루어진 신학책을 개신교계 출판사에서 내줄 것인가, 질문해 본다면 이 어려움을 쉽게 이해할 수 있을 것이다. 근래의 중요한 민중신학 저작인 『21세기 민중신학』이 교계 출판사가 아닌 인문 사회과학 출판사에서 나왔다는 사실은 그 자체로 많은 것을 시사한다.

민중신학은 처음부터 누군가에게, 그리고 신학자 자신에게도 불편한 언어였으며, 지금도 그렇다. 그래서 '성공한 민중신학자'라는 말은 '부유한 수도자'만큼이나 어색한 표현이라고 할 수 있다. 민중신학은 제자리를 잃고 배회하는 민중처럼 여전히 신학 세계에서 유랑하고 있다. 개신교 학자들의 글로만 이루어진 책이라 가톨릭 교리에만 익숙한 이들에게는 다소 충격적일 수도 있고 보수층에서는 문제를 제기할 수도 있다. 예를 들면, 성소수자를 다룬 글과 민중 메시아론이 그러할 것인데, 성소수자들의 은폐된 고통에 주의를 기울인다면 주류 사회와 종교들의 배려에서조차 방치된 이들의 아픔을 읽을 수 있을 것이다. 서구 신학계에 충격을 던졌던 민중 메시아론에 대한 글도 전통적인 존재론적 메시아관에서 잠시 숨을 돌리고 관계-사건론적 메시아관의 의미를 염두에 두고 읽는다면 여전히 새롭고 뜻깊은 의미의 공간을 발견할 수 있을 것이다. 결국 고통을 어떻게 바라보고 수용하며 해석하는가의 문제이다. 혹시나 노파심에서 하는 말이지만 본서는 교리서가 아니라 신학책이며 해석서이다. 진리를 전유하고 있다는 도그마적 사유에서 벗어나 열린 시선으로 읽어 주기를 간곡히 바란다.

개신교에서 출발했지만 주류 개신교에서 외면당하는 민중신학이 가톨릭으로 온다고 해서 환영받을 일은 더더욱 없을 것이라는 예상은 충분히 가능하다. 민중신학에 대한 비판은 누구나 할 수 있고 토론으로 이어진다면 환영할 일이지만, 교리적 확신으로 재단하는 일은 없어야겠다. 사상의 자유는 어떤 상황에서건 지켜져야 하는 가치이기 때문이다.

예수가 당시 주류 종교인들의 미움을 사 죽임을 당했다는 것을 우리는 익히 알거니와, 위대한 교부 오리게네스와 모든 것을 버리고 사막으로 간 수행자 에바그리우스도 이단이었다는 사실을 기억할 일이다. 그들이 쌓은 신학적, 영성적, 수행적 노력이 없었다면 그리스도교는 지금보다 훨씬 메말랐을 것이다. 오리게네스와 에바그리우스의 영향을 듬뿍 받아서 동방의 영성을 서방으로 전달한 요한 카시아누스는 베네딕도에게 지대한 영향을 끼쳤고 베네딕도의 수도규칙에는 요한 카시아누스의 흔적이 많이 담겨 있다. 베네딕도의 정신을 오늘 한국에서 구현하고자 하는 분도출판사는 거창하게 표현하자면 이러한 구원사적 맥락 안에 놓여 있으며, 분도에서 발간하는 『민중신학, 고통의 시대를 읽다』도 그 자리에 함께 있다고 할 수 있다.

원고 집필과 수정을 요청하면서 우리말에 각별한 애정을 가지고 가능한 한 간결하고 명확한 표현을 부탁드렸다. 그러나 이 말이 반드시 쉽게 써야 한다는 뜻은 아니다. 고통과 억압이 갈수록 다면적이고 교묘히 은폐되며 또 평범한 시야가 가려진 뒷공간에서는 공공연한 폭력도 행사되기 때문에 이를 설명하는 언어도 다층적이고 그만큼 복잡할 수밖에 없다. 일상에서 배제되었기 때문에 일상에 익숙하지 않은 언어로 설명해야 하는 상황도 종종 생긴다.

개신교 신학자들의 글을 모아 가톨릭 계열 출판사에서 펴내는 본서가 교회일치적 차원에서 자그마한 기여라도 했으면 좋겠다. 국내 교회일치 신학의 대표적 성과를 꼽는다면, 대한성서공회에서 발간한 『공동번역성서』와 1979년 서강대 신학연구소와 한국신학연구소가 펴내고 분도출판사가 발간한 『하나인 믿음』을 들 수 있다. 이 작업들은 지금도 중요하게 여겨지는 업적이다. 그러나 개신교와 가톨릭이 공동으로 사용하려던 공동번역성서는 공동으로 외면받는 상태가 되고 말았고, 『하나인 믿음』에는 중요한 의제들에 대한 뛰어난 글들이 다수 실려 있지만 나온 지도 오래됐고 소수의 학자들에게 말고는 많이 알려져 있지 않다. 최근에는 진보적인 개신교 신학자들과 가톨릭의 평신도 신학자들이 세미나에서 만나거나 강의도 서로 같이 진행하는 일이 있지만, 민중신학의 여러 주제들을 기획하여 한 권의 책에 담아낸 예가 가톨릭 안에서는 아마도 처음 있는 일일 것이고 앞으로도 가까운 시일 내에는 실현되기 어려울 것이다. 본서를 통해 한국의 가톨릭 신학자들이 자극을 받고 신학 전선에 더 적극적으로 가담하여 활발한 토론이 일어나길 기대해 본다.

일상에서 지워진, 존재하지 않는 존재들의 목소리를 반영해야 하는 민중신학이나 해방의 신학은 여러 신학 중 하나의 신학이 아니라, 모든 신학이 마땅히 구현해야 하는 이상과 목표와 방법을 통칭하는 언어라는 점에서 개별적인 일반 신학 과목들과 궤를 달리한다. 그래서 비민중신학이나 비해방신학이란 것은 존재할 수 없다. 제아무리 보수를 자처하는 신학이라도 나름대로는 민중의 염원과 고통을, 해방을, 하느님에 대한 탐구를 겉치레로라도 인정하지 않을 수 없는 것이다.

가난한 사람들을 교회에서 만나는 일이 갈수록 어려워지고 있으며 젊은이들과 지성인들은 급격하게 교회를 떠나고 있다. 하느님을 읽고, 예수를 읽고, 민중을 읽고, 해방을 읽는 독자들이 사라져 가는 세상과 교회에 개신교의 벗들과 더불어 또 하나의 언어를 내놓는다.

분도출판사 편집부

필자 약력

김윤동
연세대학교 신학과와 장신대 신학대학원을 졸업했다. 제3시대그리스도교연구소 연구원, 사회적 협동조합 노느매기에서 청년 활동가로 일하고 있다.

김진호
한백교회 담임목사를 지냈고, 『계간 당대비평』 주간을 역임했다. 현재는 제3시대그리스도교연구소 연구실장이며, 『한겨레신문』『한겨레21』『경향신문』『주간경향』 등에서 칼럼니스트로 활동하고 있다. 『예수 역사학』『리부팅 바울』『반신학의 미소』『급진적 자유주의자들. 요한복음』『시민 K, 교회를 나가다』『권력과 교회』 등 다수의 저서가 있다.

김희헌
클레어몬트신학대학원에서 민중신학을 과정사상의 범재신론과 연결하는 종교철학의 작업으로 박사(Ph.D.)학위를 받았다. 현재 향린교회의 담임목사로 시무하고 있다. 단행본으로『서남동의 철학』『민중신학과 범재신론』 등을 썼고, 동료들과『다시 민중신학이다』『한국 신학의 선구자들』『남겨진 자들의 신학』 등을 함께 썼다.

박재형
한신대학교 및 동 대학원을 졸업하고, 독일 뮌헨대학교 신학부에서 박사(Dr. Theol.)학위를 받았다. 한신대, 감신대, 협성대, 인천대 외래교수를 역임하였고, 현재는 한신대에서 강의하고 있다. 한국민중신학회 총무로 활동하고 있으며, 한국기독교사회문제연구원 연구실장으로 재직 중이다. 주요 저서로는 『생명과 평화를 여는 정의의 신학』(공저)『장공 김재준의 신학 세계 2』(공저)『혐오와 여성신학』(공저) 등이 있다.

박지은
밴더빌트대학교에서 히브리성서로 박사학위를 받았다. 현재 이화여대 강사로, 『혐오와 여성신학』『위험사회와 여성신학』『21세기 세계여성신학의 동향』『남겨진 자들의 신학』『한국 신학의 선구자들』의 공저자로 참여하였다.

신익상

감리교신학대학교에서 '변선환 신학 연구'로 박사(Ph.D.)학위를 받았다. 현재 성공회대학교 연구조교수이고 성공회대, 감신대, 이화여대 등에서 '종교와 과학', '철학적 신학' 등을 가르치고 있다. 단행본으로『변선환 신학 연구』『이제 누가 용기를 낼 것인가?』가 있고, 역서로 존 폴킹혼의『과학으로 신학하기』, 공저로 Mission in the Context of Margins,『남겨진 자들의 신학』『종교인은 돈을 어떻게 생각하는가?』『포스트휴먼 시대, 생명·신학·교회를 돌아보다』등이 있다.

이상철

시카고신학대학원에서 '타자의 윤리'로 박사(Ph.D.)학위를 받았다. 현재 한백교회 담임목사이고, 한신대에서 '기독교와 인문학', '기독교윤리학'을 가르치고 있다. 단행본으로『죽은 신의 인문학』『탈경계의 신학』이 있고,『남겨진 자들의 신학』『가장 많이 알고 있음에도 가장 숙고되지 못한 '십계'에 대한 인문학적 고찰』『헤아려 본 세월』등의 책에 공저자로 참여하였다.

이영미

뉴욕 유니온신학대학원에서 박사(Ph.D.)학위를 받았다. 현재 한신대학교 신학부 구약학 교수로 재직 중이다. 단행본으로『이사야의 구원신학: 여성 시온 은유를 중심으로』『하나님 앞에 솔직히, 민중과 함께: 애가에 대한 성서신학적·민중신학적 해석』이 있고, 정의와 생명 가치 실현을 위한 성서 해석에 관심을 가지고 성서 연구를 하고 있다.

이정희

'역사 주체로서의 민중'에 대한 신학적 근본 물음의 가능성에 대해, 예수-메시아-사건을 히브리적 상상력을 바탕으로 한 교회 건축 미학의 가능성 물음을 공부했다. 한국민중문화신학을, 의대에서 과학과 신학의 경계로서의 몸에 대해, 기독교 예술학부에서 상징과 영화, 그리스도교 미술에 대해 강의했다.『기독교사상』『살림』『신학사상』의 편집 노동이 삶이었다.

정경일

뉴욕 유니온신학대학원에서 참여불교와 해방신학을 비교 연구한 논문으로 박사(Ph.D.)학위를 받았다. 현재 새길기독사회문화원 원장으로 일하고 있다. 공저로 Terrorism, Religion and Global Peace,『순례』『사회적 영성』『고통의 시대, 자비를 생각한다』등이 있고, 역서로는『붓다 없이 나는 그리스도인일 수 없었다』(공역)가 있다.

정용택

제3시대그리스도교연구소 상임연구원, 연구집단 CAIROS 운영위원, 『진보평론』 편집위원으로 일하고 있다. 한신대 신학과에서 신약성서신학 및 기독교사회윤리학을 전공했고(박사 과정 수료), 현재는 '노동과 복지'를 주제로 한 박사 논문을 준비 중이다. 『사회적 영성』, 『세월호 이후의 사회과학』, 『당신들의 신국』, 『가장 많이 알고 있음에도 가장 숙고되지 못한 '십계'에 대한 인문학적 고찰』 등에 공저자로 참여했다.

최순양

이화여대 기독교학과를 졸업하고, 드류대학교에서 부정신학/여성신학으로 철학박사(Ph.D.)학위를 받았다. 현재 이화여대에 출강하고 있다. 공저로는 『한국 신학의 선구자들』, 『21세기 세계여성신학의 동향』, 『위험사회와 여성신학』, 『혐오와 여성신학』, 『남겨진 자들의 신학』 등이 있고, 논문으로는 「스피박의 서발턴의 관점에서 바라본 아시아 여성신학과 민중신학적 담론에 대한 문제 제기」와 「캐서린 켈러의 과정신학적부정신학」 등이 있다.

최형묵

연세대 졸업, 한신대 대학원 박사(기독교윤리학 전공). 현재 천안살림교회 목사, 한신대 외래교수, 한국민중신학회 회장, 제3시대그리스도교연구소 운영위원 등을 맡고 있으며, 저서로 『뒤집어 보는 성서 인물』, 『무례한 자들의 크리스마스』(공저), 『반전의 희망, 욥』, 『한국 기독교의 두 갈래 길』, 『한국 근대화에 대한 기독교윤리적 평가』, 역서로 『무함마드를 따라서 – 21세기에 이슬람 다시 보기』 등이 있다.

홍정호

감리교신학대학교를 졸업하고 연세대 연합신학대학원에서 공부했다. 한국기독교교회협의회(NCCK) 신학위원, 연세대 한국기독교문화연구소 전문연구원 등을 역임했다. 『종교개혁 500년, 以後 신학』, 『촛불 민주화 시대의 그리스도인』, 『가장 많이 알고 있음에도 가장 숙고되지 못한 '십계'에 대한 인문학적 고찰』 등에 공저자로 참여했다. 현재 신반포감리교회에서 목회하면서 연세대 연합신학대학원에 겸임교수로 출강 중이다.

황용연

버클리 연합신학대학원(GTU) 박사 과정에서 공부하고 있으며, 제3시대그리스도교연구소의 객원연구원이다. 저서로 『죽은 민중의 시대, 안병무를 다시 본다』(공저)가 있으며, 유학길에 오르기 전에 민중신학에 관한 많은 글을 발표했다. 현재 주된 관심은 탈식민주의적 관점에 입각하여 민중신학을 재해석하고, 한국 사회를 분석하는 것이다.

| 알려 드립니다 |

분도출판사는 오래전부터 아시아 신학 총서 및 종교학 총서 등을 통하여 현대의 신학 동향과 종교학 저작들을 소개하여 왔습니다.
『민중신학, 고통의 시대를 읽다』도 이러한 출판 활동의 연장 선상에서 이루어진 학술적 결과물입니다.
민중신학자들의 신학적 견해는 가톨릭교회의 공식 교리 및 신학과 다를 수 있음을 알려 드리니 참고하시기 바랍니다.